MÉMOIRES

DE

LOUIS XVIII.

MÉMOIRES

DE

LOUIS XVIII,

RECUEILLIS ET MIS EN ORDRE

PAR M. LE DUC DE D****.

TOME TROISIÈME.

Bruxelles,
LOUIS HAUMAN ET COMPᵉ.

1832.

MÉMOIRES

DE

LOUIS XVIII.

CHAPITRE PREMIER.

Le comte de Provence entre dans une carrière nouvelle.— Il doit changer de manière de vivre. — Intérêt que ses mémoires offriront désormais. — Préambule politique. — M. de Calonne regrette d'avoir convoqué les notables. — Composition de cette assemblée. — Trois partis la divisent. — On partage le travail en sept bureaux. — Ce qu'on y envoie. — Lettre du maire de Cognac. — Calonne retarde la séance d'ouverture. — Bon mot. — Plaisanteries. — Les notables à Versailles. — Mort du comte de Vergennes. — Le comte de Montmorin le remplace aux affaires étrangères. — Ambition du baron de Breteuil. — Plaisanterie du comte d'Artois. — Défiance du roi.

Avec l'année 1787 commença une ère nouvelle de ma vie. Renfermé jusque là dans l'enceinte du château de Versailles, demeure de la famille royale, je n'étais guère connu que de ceux qui fréquentaient la cour. Les provinces, à l'exception de celles que j'avais parcourues, ignoraient presque mon existence, ou n'en parlaient que par ouï-dire; car fidèle à mon principe, je ne posais jamais le pied que là où le roi avait mis le sien.

Je m'étais maintenu dans cette nullité prudente qui convient à un prince du sang dans un temps de calme. Mais désormais cette conduite ne devait plus être de saison; une carrière, à la fois brillante et orageuse, s'ouvrait devant moi : j'étais appelé à la parcourir par la force des circonstances. Il ne me serait plus permis de me tenir dans les coulisses; car il est des époques où le prince doit disparaître pour ne plus laisser voir que le citoyen; où l'homme privé, renonçant à ses habitudes paisibles, doit se pénétrer de cette maxime de Solon, qui déclarait traître tout citoyen assez égoïste pour vouloir rester neutre dans les débats politiques. J'allais me trouver dans cette occurence : la France sortait du long repos dont elle avait joui depuis la guerre civile de la Fronde sous le règne de Louis XIV, et je devais, plus qu'un autre, prendre part aux agitations dont elle était menacée.

Placé le plus près du trône, j'avais par conséquent intérêt à sa conservation; je devais le soutenir de mes conseils, de mes actes; et si malgré mes efforts il venait à s'écrouler, un devoir me restait encore à remplir, celui d'employer mon courage et ma part d'intelligence à le relever et à l'affermir sur une base plus solide. Il est délicat pour un prince de se louer lui-même; cependant je puis dire comme historien que, guidé par la prudence sans doute, mais sachant aussi m'aider par moi-même, j'ai accompli dignement la tâche que je m'étais imposée, qu'à travers tant de calamités, d'obstacles et de trahison, mon ame n'a point fléchi, et que la fortune ne l'a pas trouvée indigne du retour de ses faveurs.

Mais pour revenir au moment qui, comme je l'ai dit au commencement de ce chapitre, m'offrait une carrière nouvelle, j'avouerai avec franchise que je le vis arriver sans terreur. La Providence, qui, dans ses décrets, réservait à la France un choc terrible, étendit sur moi le même voile dont elle couvrait tous les yeux. Je ne vis pas le fantôme gigantesque de la révolution, qui se dessinait déjà dans les vapeurs de l'avenir. Je n'aperçus que la palme immortelle que prépare la renommée au prince qui sait s'élever au dessus du vulgaire. Cependant je n'avais pas seulement en vue ma propre gloire; je voulais, en me faisant connaître, contribuer au bien de l'Etat, obtenir l'estime de la nation et la confiance du roi, qui ne pouvait la placer sur une tête plus dévouée; car, je le répète, tant que mon frère et le malheureux Louis XVII ont vécu, leurs intérêts ont été uniquement les miens. La malice de mes ennemis a pu calomnier mes intentions, mais je la défie d'incriminer un seul de mes actes.

Je suis arrivé à une époque où ces Mémoires vont prendre à la fois un caractère grave et important; je n'aurai plus à raconter les intrigues mesquines d'une cour frivole ou renfermée tout entière dans la grandeur matérielle de Versailles. Une tâche plus digne occupera ma plume, celle de présenter, dans ce qu'ils ont de plus attachant, les grands événemens qui changèrent la face de l'Europe. Les anecdotes auront plus d'intérêt : je ne tracerai point de fades portraits de courtisans ; mais j'esquisserai ces physionomies imposantes, dont les qualités, les talens, les vertus et les crimes peuvent donner quelquefois au pinceau le moins habile de la verve et de la couleur. Je veux ouvrir à mon lecteur le cabinet des souverains ; il assistera à ces conseils, à ces décisions dont les conséquences sont incalculables ; je veux faire poser devant lui les acteurs de la révolution, et afin de ne pas répéter inutilement des faits connus de tous, je les passerai rapidement en revue, pour m'attacher à faire surtout ressortir les parties secrètes de cette époque de notre histoire ; car à mesure que j'écris ces événemens, je me sens de plus en plus animé de cette émulation d'écrivain qui porte à faire usage de tous les documens, et je me persuade qu'il doit m'être permis, à la fois comme historien et comme prince, de soulever en entier le voile d'un sanctuaire resté jusqu'ici à peu près impénétrable.

La convocation de l'assemblée des notables annoncée pour le lundi 29 janvier, sembla réveiller la France du sommeil léthargique où elle était depuis long-temps plongée. Avant ce moment, tout émanait du trône et rien de la nation; aussi elle accueillit avec transport une détermination qui la réintégrait dans une partie de ses droits; car qu'on ne croie pas que la royauté fût absolue et sans contre-poids. Il en existait un puissant dans les états généraux qui n'étaient pas un comité consultatif, mais bien une assemblée essentiellement délibérante, et sans laquelle, s'il faut le dire, aucun impôt ne pouvait être légalement perçu.

La faiblesse du peuple, l'avidité des grands, l'ambition du clergé, avaient laissé tomber ce droit en désuétude, mais il n'en existait pas moins; et pour rétablir sans péril l'ancien gouvernement de la France, il n'aurait fallu que rappeler chaque année les trois ordres d'état *et couronne de France*. Cette mesure conservatrice aurait tout consolidé; messieurs les ministres, les favoris et les favorites, ne voulaient ni se restreindre dans leurs prodigalités, ni subir l'affront de justes reproches. Le roi lui-même ne se présentait qu'avec une sorte de répugnance devant ces censeurs de sa conduite, devant ces hommes sévères, qui se montraient moins ses courtisans que ses sujets, en osant se plaindre de voir dévorer le fruit de leur travail par les parasites de la royauté, et en proposant sans cesse des réformes d'économie.

On trouva plus simple, pour se débarrasser de ces plaintes importunes, de ne plus assembler les états généraux; on ne voulut pas même des notables: il en arriva que, dégagé de toute surveillance, on se livra à des dilapidations de tout genre, et qu'en n'éprouvant plus de résistance on oublia l'art de combattre. Aussi dès qu'il fallut ramasser le gant, les armes tombèrent des mains des courtisans faute de savoir s'en servir. Voilà pourquoi la cour parut devant les états généraux de 1789 plutôt comme une victime qui se rend au sacrifice que comme une Amazone qui affronte le danger sans pâlir, parce qu'elle est habituée à triompher.

Mais tandis que la nation témoignait son allégresse de ce retour aux usages de la constitution primitive, celui qui avait décidé cette mesure commençait déjà à en redouter les effets. Le contrôleur général, qui joignait à une grande assurance un esprit irréfléchi, s'était imaginé qu'il n'aurait dans cette assemblée imposante que des admirateurs ou des gens peu à craindre. Il se berça de cette illusion jusqu'aux premiers jours de la nouvelle année, où la vérité commença à se dévoiler à ses yeux. Il reconnut alors son imprudence; mais il n'était plus temps de revenir sur ses pas : le dé était jeté, la partie entamée; il fallait la soutenir ou la perdre.

Je vais raconter d'abord tout ce qui précéda l'assemblée des notables; et ce que j'appris particulièrement. Celles qui avaient eu lieu antérieurement, au nombre de dix, dont les procès-verbaux avaient été conservés, donnaient une règle assez précise de la composition de ces sortes de réunions. On devait y appeler les premiers présidens et procureurs généraux des treize parlémens, les élus ou députés des états de Bretagne, de Languedoc, de Bourgogne et d'Artois, les maires de ce qu'on appelait *les bonnes villes*, puis un nombre déterminé de ducs et pairs, maréchaux de France, haute noblesse, prélature, conseillers d'État et maîtres des requêtes. Ceux que l'on convoqua dans cette occasion furent au nombre total de cent quarante-six, savoir :

Sept princes du sang : Le comte de Provence ou *Monsieur*, le comte d'Artois, le duc d'Orléans, le prince de Condé, le duc de Bourbon, le prince de Conti et le duc de Penthièvre.

Sept archevêques : De *Paris*, MM. de Juigné; de *Reims*, Talleyrand de Périgord; de *Narbonne*, de Dillon; de *Toulouse*, Loménie de Brienne; d'*Aix*, de Cussé; d'*Arles*, Dulau; de *Bordeaux*, Champion de Cicé.

Sept évêques : Du *Puy*, Gallard de Terraube; de *Langres*, Laluzerne; de *Rodez*, Seignelay Colbert; de *Gast*, Le Tria; de *Blois*, Lansierre Thémines; de *Nanci*, Fontanges; d'*Alais*, Beausset; de *Nevers*, Seguiran. Dans le nombre des membres du clergé on ne comptait aucun cardinal, on n'avait pas voulu les y appeler, pour éviter les difficultés de préséance. D'ailleurs le seul cardinal de La Rochefoucauld était apte à s'y trouver, car la vieillesse du cardinal de Luynes et l'éloignement du cardinal de Bernis ne permettaient pas de les employer dans cette circonstance solennelle.

Six ducs et pairs de France : MM. de Luxembourg, Béthune-Charost, d'Harcourt, de Nivernais, de La Rochefoucauld et de Clermont-Tonnerre.

Six autres ducs non pairs : MM. de Laval, du Châtelet, de Croy, de Chabot, de Guignes et de Robecq.

Huit maréchaux de France : MM. de Contades, de Broglie, de Mouchy, de Mailly, d'Aubeterre, de Beauveau, de Vaux et de Stainville, de Mirepoix, de La Fayette, de Croix-d'Henchin et de Gouvernet.

Neuf comtes : MM. d'Estaing, de Périgord, de Montboissier, de Thiard, de Choiseul, de Labeaume, de Rochechouart, de Brienne, d'Egmont et de Puységur.

Un baron : M. Flaschlenden.

Huit conseillers d'État : MM. Sauvigny, Pontin, Fourqueux, Le Noir, Vidau de La Tour, Lambert, de Duquencourt et La Galaissière.

Quatre intendans : MM. Berthier, Esmengart, Villedeuil et Néville.

Dix-sept premiers présidens et autant de procureurs généraux : Paris, MM. Aligre, Joly de Fleury ; *Toulouse*, de Senaux, de Cambon ; *Grenoble*, Berulle, de Reynaud ; *Bordeaux*, Le Berton, Dudon ; *Dijon*, Perrard, Saint-Seine ; *Rouen*, Pontcarré, Belbeuf ; *Aix*, La Tour, Castillon ; *Pau*, Lacase, Bordenave ; *Rennes*, Catuélan, Caradeuc ; *Metz*, Hocquart, de Lançon ; *Besançon*, Grosbois, de Beaume ; *Douai*, Polinchove, d'Oroz ; *Nanci*, Cœurderoi et Marcol.

Chambre des comptes : Paris, MM. Nicolaï, Montholon.

Cour des aides : Paris, MM. Barantin et Hocquart.

Conseil souverain d'Alsace : MM. Spon, Loylon ; de *Roussillon*, MM. Matarlic et Vital.

Venaient ensuite douze députés des pays d'État, vingt-cinq officiers municipaux, quatre membres convoqués en hors-d'œuvre sur leurs réclamations, et deux secrétaires.

Si tous ces hommes eussent été animés du même esprit, les affaires qu'on devait leur soumettre auraient mieux été ; mais malheureusement les notables étaient divisés en trois partis distincts. Le premier se composait de Neckéristes, fanatiques déraisonnables, extravagans ou perfides ; ils venaient par conséquent bien déterminés à s'opposer en tout aux volontés du contrôleur général, dont ils voulaient la destitution. Les plus influens étaient le duc d'Orléans, le prince de Conti et Brienne, qui, en ayant l'air de travailler pour le Genevois, se préparait à profiter de la chute de M. de Calonne, ainsi que plusieurs autres que je me dispense de nommer.

Le second parti, plus nombreux en apparence, mais moins fort en réalité, qui avait à sa tête le comte d'Artois et le duc de Penthièvre, manœuvrait en faveur du contrôleur général; mais ce parti renfermait plus de gens propres à donner leur voix qu'à l'élever avec succès dans la discussion. La cour espérait beaucoup en ces nullités, et, au résultat, elle n'en obtint rien. Le comte d'Artois fit la double faute de montrer de la hauteur là où toute exigence de rang devait disparaître, et de laisser voir l'ennui que lui causait tout travail sérieux. On reconnut dès-lors qu'il n'était pas apte à tenir le gouvernail, et l'on se tourna de mon côté, attendu que je mettais franchement la main à l'œuvre.

Le troisième parti, que malheureusement on retrouva toujours dans les occasions importantes, se forma de ces hommes timides, paresseux, indécis ou ambitieux, qui tournent en tous sens selon leurs craintes ou leurs intérêts, et qui finissent toujours par établir la majorité là où elle devient nuisible. Ce bataillon inconstant, qu'on caressait et qu'on méprisait, fut désigné sous le titre de *sauteurs*.

Quant à moi, qui n'aimais guère le contrôleur général ; et qui n'estimais pas davantage ses antagonistes, je me promis d'agir uniquement dans le double intérêt de la monarchie et du peuple, qui se confondaient dans mon esprit.

Il fut décidé primitivement que l'assemblée serait divisée en sept bureaux, présidés chacun par un prince. On m'assigna le premier, le second fut confié au comte d'Artois, le troisième au duc d'Orléans, ainsi de suite. On nous soumit à l'avance le travail dont on aurait à s'occuper. Il semblait important au premier aperçu, car il s'agissait de réformer diverses lois sujettes à interprétations différentes, et de décider quelle forme nouvelle serait donnée à la promulgation des édits, ou, en d'autres termes, si l'on ne pouvait pas enlever leur enregistrement au parlement. M. de Calonne, en se flattant d'obtenir notre assentiment à cette dernière mesure, oubliait que cette question était uniquement de la compétence des états généraux; nous ne nous en occupâmes point.

Nous devions examiner et améliorer l'administration des finances, de la justice criminelle et civile, réprimer les abus, nous enquérir du passif et de l'actif, travail herculéen qui, semblable à l'arche d'alliance, frapperait de mort celui qui oserait y toucher.

Il fallait encore soumettre à notre férule les douanes, les barrières, la régie des domaines, des gabelles, la manière de mieux établir l'impôt territorial, voir quelles mesures exigeait l'état civil des protestans, veiller à l'abolition des mains-mortes, aux assemblées provinciales, à un projet de caisse d'emprunt perpétuel; enfin, on nous donnait à faire en quelques semaines le travail de deux années, ce qui était avouer qu'on ne nous réunissait que pour la forme.

Les notables, en définitive, n'étaient appelés, je dois le dire, que pour deux seuls objets : le premier était de passer l'éponge sur ce qui s'était fait jusqu'alors, et le second, d'ouvrir des facilités pour anticiper sur l'avenir. C'était dans ce but que le choix primitif avait été établi; mais Calonne, avec son imprudence ordinaire, ayant en quelque sorte soumis à l'archevêque de Toulouse la liste des notables, celui-ci, sous prétexte de mieux savoir que lui ce qu'on devait en attendre, avait fait exclure ceux qui auraient voté pour le contrôleur général, et mis à leur place des hommes qui devaient lui être contraires. Cette mystification obtint un plein succès.

Il y avait parmi les notables bourgeois des gens incapables de rien faire par eux-mêmes. On avait appelé d'abord le maire de Cognac, qu'on raya de la liste par suite d'une lettre qu'il adressa au roi, et qui était conçue en ces termes :

« Sire,

« J'ai reçu la lettre dont Votre Majesté m'a ho-
« noré pour m'enjoindre de me trouver à l'assem-

« blée du 29 janvier. Je suis flatté de ce choix,
« mais je ne puis le remplir , ayant des paiemens
« considérables à faire le 30. J'envoie pour me
« remplacer mon commis , homme de sens et qui
« a la signature. J'espère au surplus que tout se
« passera bien , et que nos eaux-de-vie et nos fa-
« rines n'en souffriront pas.

« Je suis , avec un profond respect , sire , de
« Votre Majesté , le très humble et obéissant ser-
« viteur,
   « Maire de Cognac.

« *P. S.* Faites, s'il vous plaît, mes complimens
« à la reine sur ses dernières couches : elle appren-
« dra sans doute avec intérêt que ma femme vient
« de mettre au monde un gros garçon. Il a été
« tenu sur les fonts de baptême par M. Rocher,
« notre plus riche commerçant et par ma cousine
« germaine, madame Neiré, grosse bourgeoise
« bien apparentée. »

Le roi nous lut lui-même, en petit comité, cette
épître curieuse , elle fit l'amusement de deux ou
trois soirées. Mais tandis que nous nous livrions
à la gaîté , le contrôleur général fronçait le sour-
cil en songeant à la faute qu'il avait faite ; il lui
arrivait de tous côtés des rapports sur les dispositions hostiles des notables ; il s'en effraya ; et,
afin de pouvoir gagner ceux qui lui étaient contraires, il intrigua sourdement pour faire retarder

2.

l'époque de la convocation. On prit d'abord pour prétexte qu'il n'y avait pas à Versailles de lieu propre à une telle assemblée, qu'il fallait construire des salles et se réserver par conséquent le temps nécessaire à ce travail. Enfin on parla d'une première prorogation au 7 février. Je ne fus pas dupe de ce manége, qui me fit dire chez moi :

« Le contrôleur général conspire contre les no-
« tables avec des charpentiers et des tapissiers. »

Bientôt un autre motif de retard vint se joindre à celui-ci. Calonne tomba malade ou feignit de l'être, car ce point n'a jamais été bien éclairci. Au reste il n'aurait pas été étonnant qu'il se trouvât indisposé, par suite de l'agitation extraordinaire qu'il s'était donnée pour arriver à son but. Le contrôleur général fit répandre le bruit que le plan de finance dont il voulait faire part à l'assemblée nécessiterait une lecture de quarante-huit heures, que seul il l'avait rédigé, et que ce travail immense lui avait brûlé le sang. M. de Calonne, à la vérité, avait besoin de quelque temps pour se préparer à lutter contre ses nombreux antagonistes. L'opinion publique se manifestait par des écrits clandestins, des discussions sérieuses et de malignes plaisanteries. On afficha entre autres à la porte de sa demeure la pièce suivante ; *je sus d'où elle sortait.*

« Vous êtes avertis que M. le contrôleur géné-
« ral a levé une nouvelle troupe de comédiens,

« qui commenceront à jouer devant la cour, à
« Versailles, le lundi 29 de ce mois. Ils donne-
« ront pour grande pièce *les Fausses Confiden-*
« *ces*, et pour petite *le Consentement forcé*. Elles
« seront suivies d'un ballet-pantomime allégori-
« que, de la composition de M. de Calonne, in-
« titulé *le Tonneau des Danaïdes*. »

Cependant les notables, exacts au rendez-vous, arrivaient de tous côtés, ce qui n'empêchait pas de dire, pour faire un mauvais jeu de mots, « qu'on mettrait en friture tous les officiers muni-
« cipaux, parce qu'ils étaient des *Maires lents*. »
De même qu'en apprenant que le premier échevin de Paris, M. Gobelet, était nommé, on s'écria : « C'est bien peu d'un gobelet pour tant de
« cruches ! » Les circonstances étaient cependant assez graves, pour faire oublier la plaisanterie.

Tandis que les notables se montraient successivement à Versailles, le contrôleur général travaillait à faire retarder de nouveau la séance d'ouverture fixée au 7, qui lui paraissait encore trop prochaine. Un incident le servit à souhait ; le comte de Vergennes, attaqué d'une maladie mortelle, s'alita dans les derniers jours de janvier pour ne plus se relever. Son mal fit de si rapides progrès qu'il expira le 12.

J'ai entendu des gens regretter qu'il eût manqué à Louis XVI au moment de la révolution ; on a prétendu qu'il l'aurait empêchée, mais je suis persuadé du contraire. M. de Vergennes, homme de bien, homme de sens, prudent et sage, ne possédait cependant aucune des qualités supérieures qui distinguent les hommes faits pour dominer leur époque, ce n'était pas un génie à comprimer les passions déchaînées et diriger les événemens par leur propre impulsion. Il aurait suivi le torrent, qui dans sa fougue l'eût entraîné comme il nous entraînait tous.

Le comte de Montmorin, que le roi désigna pour successeur du ministre défunt, vint augmenter la liste de ceux dont l'état n'avait rien à attendre. Timide et pointilleux en politique, écoutant sans jamais comprendre, partisan de Necker, économiste, croyant à la probité d'autrui, se laissant éblouir par les grandes phrases, il ne fit que précipiter la marche de la révolution.

La cabale du château, qui avait à sa tête les Polignac et le contrôleur général, virent avec plaisir l'arrivée de M. de Montmorin au ministère, car il ne pouvait leur porter ombrage, ni leur faire craindre qu'il s'emparât de l'esprit du roi comme M. de Vergennes qui était parvenu à obtenir une partie de la confiance de Louis XVI. Les favoris aiment à accumuler les incapacités, afin de s'en faire un rempart derrière lequel ils se cachent.

Le quatre février eut lieu la présentation des notables par leur ministre respectif. Le clergé seul se dispensa de cette cérémonie.

Le baron de Breteuil, pendant les derniers

mens du comte de Vergennes, se donna beaucoup de mouvement pour obtenir son portefeuille ; la reine, à laquelle il était tout dévoué l'aida de son mieux ; mais il échoua dans son entreprise, le roi en ayant disposé à l'avance en faveur de M. de Montmorin, mais afin d'adoucir l'amertume de son refus, Sa Majesté lui dit :

— Je vous préfère au ministère de ma maison, pour vous garder plus près de ma personne.

La vanité du baron se plut à répéter ce compliment, mais son ambition lui fit regretter de rester dans une sphère inférieure.

Ces divers événemens occupèrent quelque temps la cour et la ville et servirent les désirs de M. de Calonne, qui vivait au jour le jour ; enfin il fut décidé solennellement que l'assemblée des notables serait fixée au 22 février. Chacun alors eut à se préparer pour cette séance ; ce fut pour moi l'objet d'une étude sérieuse, craignant que le comte d'Artois ne s'en occupât point assez, je crus devoir lui en dire quelque chose.

— Ma foi, me répondit-il, j'arriverai là comme il plaira à Dieu de m'y envoyer, et j'ai bonne envie, à l'instar du bon maire de Cognac, de me faire remplacer par Montyon mon chancelier, *homme de sens et qui a la signature.*

Je ne pus m'empêcher de rire de ce propos, et néanmoins ce n'était pas le cas de se livrer à la gaîté. Je voulus aussi avoir connaissance du discours du roi, qui le rédigeait sans le secours de personne ; je lui offris le mien, mais il Je refusa sous prétexte, que j'y introduirais des fleurs de rhétorique, ce qui ne l'aurait pas gâté assurément. Je n'eus donc plus qu'à songer à moi. Il m'était pénible cependant de ne point posséder la confiance de mes frères, c'était la conséquence naturelle des fâcheuses impressions qu'on leur avait données contre moi.

CHAPITRE II.

Une personne du plus haut rang veut rendre le comte de Provence favorable à M. de Calonne. — Le prince a une conférence avec le contrôleur général. — La personne qui le protége revient à la charge auprès du comte de Provence. — *Monsieur* maintient son indépendance. — Ouverture de l'assemblée des notables. — Marche du cortége. — Cérémonial observé. — Discours du roi. — Effet qu'il produit. — Discours du garde-des-sceaux. — Analyse de celui du contrôleur-général. — Réflexions. — Autre discours. — Conversation de la famille royale. — Flatteurs de M. de Calonne. — Ce qu'il leur dit.

Plus le jour de l'ouverture de l'assemblée approchait, et plus augmentaient aussi les angoisses de ceux dont elle pouvait compromettre la brillante existence. Le contrôleur général, persuadé que je n'étais pas pour lui, bien que je ne l'eusse pas dit ouvertement, essaya de me faire parler ; il employa l'intermédiaire d'une personne que je ne nommerai pas ; mais je crois nécessaire de dire que ce n'était pas la reine, qui n'aurait nullement consenti à influencer mon opinion. Cette personne aurait dû cependant avoir du crédit sur moi, et si elle n'en avait point, c'était sa faute. Voyant qu'elle n'osait point aborder la question, je vins charitablement à son secours,

— Soyez franche, lui dis-je, vous venez en ambassade de la part de Calonne.

— Il est désolé de vous déplaire..... il voudrait....

— Quoi? l'impossible.

— Vous faire revenir de vos préventions à son égard, vous développer tous ses plans, persuadé que vous en approuveriez la sagesse, M. de Calonne voudrait vous convaincre surtout de sa loyauté.

— Cela sera difficile.

— Voudriez-vous le condamner sans l'entendre.

Non sans doute, puisque je serai à même bientôt de connaître ses projets et par conséquent de les juger.

— Mais vous savez qu'avec l'esprit le plus juste on peut quelquefois faillir dans son jugement lorsqu'on est prévenu défavorablement sur la personne qui en est l'objet.

— Est-ce là ce que pense le contrôleur général?

— C'est du moins ce qu'il craint, votre refus de le voir autorise cette opinion.

— Je n'ai rien refusé, repartis-je après un instant de réflexion, je ne demande qu'à être éclairé, et je vous proteste que je ne porterai à l'assemblée ni haine ni prévention; cependant si cette assurance ne satisfait pas Calonne, je consens à lui accorder une heure d'audience, aujourd'hui ou demain, à son choix.

On me quitta et une demi-heure après je reçus un billet qui m'annonçait que le contrôleur général serait heureux de me voir dans la journée puisque j'étais disposé à lui accorder cette faveur. C'était le dimanche 14 octobre, on me proposait l'heure des vêpres comme étant la plus convenable pour faciliter l'entrevue sans éveiller la curiosité, car alors chacun serait occupé à remplir ce devoir de piété. J'acceptai et me préparai en conséquence.

M. de Calonne arriva à l'heure précise, il apportait avec lui un papier, sur lequel était indiqué tout son plan, le fameux résumé dont la lecture devait durer quarante-huit heures. Il entra en matière par les protestations d'un dévouement sans bornes et ne négligea aucune de ces insinuations adroites qui peuvent disposer favorablement un juge. J'écoutais tout sans rien contester, impatient que j'étais d'arriver au point le plus important pour moi, c'est-à-dire, de me convaincre de la bonne gestion du contrôleur général. Il ne dépendait pas de lui de me persuader que tout allait au mieux, et que, si nous n'étions pas encore revenus à l'âge d'or, nous étions du moins dans le siècle de l'argent.

— On s'effraie sans raison, monseigneur, me dit-il, les fonds arriveront bientôt de toutes parts.

Ce *déficit* dont on fait tant de bruit vient en partie d'une erreur de chiffres qu'il sera facile de rectifier ; mais pour arriver à ce but il est nécessaire d'employer certaines mesures qui semblent redoutables au premier aspect, bien qu'elles soient toutes à l'avantage de la cause commune. On ne peut juger un système que dans ses développemens progressifs et non lorsqu'il est encore à peine dans son début.

Calonne croyait avec son assurance m'éblouir, mais il s'aperçut bientôt que j'étais capable de lui disputer le terrain sur lequel il m'avait amené ; je rétorquai ses argumens avec un succès qui l'étonna d'autant plus qu'il croyait me prendre au dépourvu et me jugeait incapable de lutter avec lui : aussi il se retira peu satisfait.

Je ne tardai pas à recevoir une nouvelle visite de la personne qui m'avait déjà parlé, pour le contrôleur général, et voyant qu'on ne pouvait conclure une alliance, on finit par me demander la neutralité, c'est-à-dire de ne pas sortir dans mon bureau de ma qualité de président ; j'appris par la même voie qu'on avait fait les mêmes avances à tous les notables, et qu'on était *certain* d'avoir la majorité des suffrages. C'est de l'orgueil que cette monomanie de certitude qui n'est souvent appuyée que sur le vain désir du succès.

Enfin arriva le lundi 22 février. La salle destinée à l'assemblée était décorée avec une extrême magnificence ; elle était entourée de galeries, de tribunes et de lanternes soutenues par des colonnes ; le luxe et la splendeur éclataient de toutes parts dans un lieu où devait se traiter une question d'économie et de réforme : une portion de la salle, qui s'élevait en forme d'estrade, était destinée au roi, à la famille royale et à la pairie. Le trône, placé au centre, semblait devoir, par sa richesse, éblouir les notables, et les convaincre qu'on les assemblait moins par nécessité politique que par fantaisie,

Il y avait de chaque côté du siége royal deux fauteuils à bras, dont l'un devait être occupé par moi, et l'autre par le comte d'Artois. Des bancs somptueux étaient destinés aux princes ; les pairs, la noblesse et le clergé devaient s'asseoir sur des siéges fleurdelisés, ainsi que la magistrature ; quant aux maires et aux élus, on leur réservait tout simplement des banquettes couvertes de drap bleu.

A l'heure indiquée, la reine et les princesses partirent séparément, et le roi, après avoir entendu la messe, monta en voiture pour se rendre à l'assemblée. Je l'accompagnais ainsi que le comte d'Artois, le duc d'Orléans, le prince de Condé et le duc de Bourbon ; le prince de Conti et le duc de Penthièvre allèrent chacun dans leur carrosse. L'escorte était composée de quarante gardes-du-corps avec leurs officiers, de vingt-cinq chevau-légers commandés par le duc d'Agenois, d'un détachement de gendarmes. La fauconnerie, commandée par le chevalier de Forges, venait ensuite dans la voiture de service.

La route que nous suivîmes était bordée de troupes et d'une multitude nombreuse de curieux. Il y avait dans cette foule plus d'inquiétude que d'enthousiasme : quelques vivats s'élevaient de temps en temps pour le roi ; mais les bouches étaient closes pour nous.

Louis XVI repassait son discours qu'il voulait débiter, bien que le marquis de Brézé eût prétendu que l'étiquette exigeait qu'il le lût. Mais si l'amour-propre d'auteur se raidissait contre le texte des registres du grand-maître des cérémonies, la timidité du monarque vint plus tard au secours du marquis.

Il était midi lorsque nous entrâmes dans la salle ; les notables étaient déjà tous placés. Le roi alla droit au trône, et nous prîmes chacun le siége qui nous était assigné. Le garde-des-sceaux était assis devant Louis XVI, dans un fauteuil sans dossier, ayant à ses pieds deux huissiers à genoux, portant leurs masses. Cette partie du cérémonial n'eut pas de succès. Le roi salua l'assemblée, dit *Messieurs,* remit son chapeau, et poursuivit en ces termes :

— « Je vous ai choisis dans les différents ordres
« de l'État, et vous ai rassemblés autour de moi
« pour vous faire part de mes projets.

« C'est ainsi qu'en ont usé plusieurs de mes
« prédécesseurs, et notamment le chef de ma
« branche, dont le nom est cher à tous les Fran-

« çais, et dont je me glorifierai de suivre toujours
« les traces.

« Les projets qui vous seront communiqués
« sont grands et importans : d'une part, améliorer
« les revenus de l'État, et assurer leur libération
« entière par une répartition plus égale des impo-
« sitions; de l'autre, libérer le commerce des dif-
« férentes entraves qui en gênent la circulation,
« et soulager, autant que le permettent les circon-
« stances, la partie la plus indigente de mes sujets.
« Telles sont, messieurs, les vues dont je me suis
« occupé et auxquelles je me suis fixé après le plus
« mûr examen. Comme elles tendent au bien pu-
« blic, et connaissant le zèle dont vous êtes ani-
« més pour mon service, je n'ai point craint de
« vous consulter sur leur exécution. J'attendrai et
« j'examinerai les observations dont vous les croyez
« susceptibles : j'espère qu'aspirant tous au même
« but, vos avis s'accorderont facilement, et qu'au-
« cun intérêt particulier ne s'élèvera contre l'inté-
« rêt général. »

Ce discours très-simple exprimait clairement la pensée du roi, ou plutôt celle qu'on lui avait dictée ; il voulait dire, je vous fais appeler pour prendre vos conseils, sans m'engager aucunement à les suivre. Vous ferez en sorte d'approuver à l'unanimité ce qu'on vous proposera, afin que mon contrôleur général ait plus de facilité à s'emparer de votre argent dont tout le monde ici a besoin, hors moi.

L'assemblée traduisit, comme je viens de le faire, le discours royal, qui déjà l'indisposa contre les questions qui allaient lui être soumises. L'amour-propre, piqué dès le premier moment, se cabra, et l'on put prévoir qu'il serait peu docile au frein qu'on voulait lui imposer. Il faut un art supérieur pour parler à une assemblée délibérante, lorsqu'il s'agit de lui faire adopter, sans blesser son orgueil, des mesures qui la lèsent dans ses intérêts.

Le garde-des-sceaux prit ensuite la parole pour faire l'éloge du règne de Louis XVI. Le champ était vaste. Une guerre entreprise et soutenue avec gloire; l'indépendance de l'Amérique assurée, Dunkerque délivré de la présence humiliante d'un commissaire anglais, la magistrature rétablie, des lois promulguées, l'agriculture encouragée, les arts protégées, une sorte de liberté civile et une foule d'autres bienfaits généraux ou particuliers furent présentés avec éclat et en quelques phrases rapides. Un seul point n'était pas en harmonie avec le reste; les finances. On ne pouvait se louer de l'ordre qu'on y avait mis, puisque le déficit augmentait chaque jour. On fit une sorte d'aveu de cette position pénible, et M. de Miromesnil dit, qu'une expérience de douze années avait appris ce qu'il fallait faire pour remédier au mal qui existait de ce côté.

Le contrôleur général prit ensuite la parole. Il commença adroitement à déclarer que les propositions qu'il allait faire étaient devenues personnelles au roi, par le soin qu'il avait mis à les étudier et à se convaincre de leur convenance, il ajouta :

« La seule résolution de vous les communiquer,
« et les paroles toutes paternelles que vous venez
« d'entendre de la bouche de Sa Majesté, suffisent,
« sans doute, pour exciter en vous la plus juste
« confiance ; mais ce qui doit y mettre le comble,
« ce qui doit y joindre la plus vive reconnaissance,
« c'est d'apprendre avec quelle application, avec
« quelle constance le roi s'est livré à un travail long
« et pénible ; qu'on exige d'abord l'examen de tous
« les états que j'ai mis sous les yeux de Sa Majesté,
« afin de lui présenter, sous tous les points de
« vue, le véritable état de ses finances, enfin la
« discussion de chacun des moyens que je lui ai
« proposés pour l'améliorer et y rétablir l'ordre. »

Le contrôleur général fit ensuite l'énumération de tous les bienfaits du nouveau règne, insinuant qu'ils n'avaient pu être exécutés sans de grands frais, ce qui depuis 1774, occasionait chaque année un déficit d'environ quatre-vingts millions. J'ai cru dans le temps que M. de Calonne avait voulu dire deux cents millions, et depuis par des calculs que j'ai faits moi-même, j'ai arrêté le déficit de cette époque à cent vingt ou cent trente millions.

M. de Calonne avoua que pour arriver à une balance exacte entre la dépense et la recette, les moyens ordinaires seraient insuffisans, que ne pouvant songer à augmenter les impôts, il fallait pour atteindre le but qu'on se proposait, prendre de nouvelles voies, et que c'était là l'affaire importante de l'état à laquelle les notables devaient concourir.

« Il ne m'est pas permis, poursuivit le contrô-
« leur général, de parler de moi dans cette au-
« guste assemblée, qu'il ne doit être question que
« des grands intérêts qui nous réunissent ; mais
« ce que j'ai à dire sur l'économie ne leur est
« point étranger, et avant de développer ce qui a
« conduit Sa Majesté aux résolutions qu'elle veut,
« Messieurs, vous communiquer ; il n'est pas inu-
« tile de vous faire voir que leur nécessité ne peut
« être regardée comme suite de relâchement dans
« les dépenses. »

« En général, l'économie d'un ministre peut
« exister sous deux formes si différentes, qu'on
« ne peut dire que ce sont deux sortes d'écono-
« mie : l'une qui frappe tous les yeux par des de-
« hors sévères, qui s'annonce par des refus écla-
« tans et durement prononcés, qui affiche la
« rigueur sur les moindres objets, afin de décou-
« rager la foule des solliciteurs ; c'est une appa-
« rence imposante qui ne prouve rien pour la
« réalité, mais qui fait beaucoup pour l'opinion ;

« elle a le double avantage d'écarter l'importune
« cupidité, et de tranquiliser l'inquiète igno-
« rance.

« L'autre, qui tient au devoir plus qu'au ca-
« ractère, peut faire plus en se montrant moins
« stricte et réservée pour ce qui a quelqu'impor-
« tance; elle n'affecte pas l'austérité pour ce qui
« n'en a aucune, elle laisse parler de ce qu'elle
« accorde et n'exige le silence sur ce qu'elle épar-
« gne; parce qu'on la voit accessible aux demandes,
« on ne veut pas croire qu'elle en rejette la plus
« grande partie, parce qu'elle tâche d'adoucir
« l'amertume des refus; on la juge incapable de
« refuser, parce qu'elle n'a pas l'utile et commode
« réputation d'inflexibilité; on lui refuse celle
« d'une sage retenue, et souvent, lorsque par une
« application assidue à tous les détails d'une im-
« mense gestion, elle préserve les finances des
« abus les plus funestes et des impérities les plus
« ruineuses, elle semble se calomnier elle-même
« par un extérieur de facilité que l'envie de nuire
« a bientôt qualifiée de profusion. »

Ces deux économies amusèrent les auditeurs,
chacun reconnut le contrôleur général dans la
première, et lui seul insinuait que la seconde devait lui être appliquée. Cette prétention d'être
économe dans le fond et prodigue dans la forme
n'eut aucun succès. M. de Calonne ajouta que les
ressources les plus importantes seraient trouvées
dans la réforme de divers abus, que c'était le but

vers lequel tendraient tous les efforts du roi, et que pour y parvenir, on essaierait d'un mode nouveau d'administration.

Mais avant d'en venir là, le contrôleur général avait dit, après avoir renouvelé les aveux les plus tristes sur la situation du trésor :

« J'ai dû dévoiler au roi cette pénible vérité ;
« elle a fixé toute son attention, et Sa Majesté
« s'est vivement pénétrée de la nécessité d'em-
« ployer les moyens les plus efficaces pour y ap-
« porter remède.

« Mais quels peuvent être ces moyens?

« *Toujours emprunter* serait aggraver le mal
« et précipiter la ruine de l'état.

« *Anticiper encore*, on ne l'a que trop fait, et
« la prudence exige qu'on diminue la masse des
« anticipations actuelles.

« Économiser, il le faut sans doute, Sa Majesté
« le veut, elle en donne elle-même l'exemple, et
« elle est décidée à faire toutes les réformes pos-
« sibles dans sa propre maison, ainsi que dans
« tous les départemens qui en sont susceptibles,
« sans nuire aux forces de l'état. Elle les a réso-
« lues, et ses résolutions sont toujours suivies
« d'effet. Mais l'économie seule, quelque rigou-
« reuse qu'on la suppose, serait insuffisante, et
« ne peut être considérée que comme un moyen
« accessoire.

M. de Calonne se demanda ensuite ce qu'il restait pour combler le déficit, et répondit : *L'abolition des abus.*

« Oui, messieurs, ajouta-t-il, c'est dans les abus
« mêmes que se trouve un fonds de richesses
« que l'état a droit de réclamer, et qui doit servir
« à rétablir l'ordre. C'est dans la proscription des
« abus que réside le seule moyen de subvenir à
« tous les besoins, c'est du sein même du désordre
« que doit jaillir la source féconde qui fertilisera
« toutes les parties de la monarchie. »

M. de Calonne spécifia ce qu'il appelait des abus, de la manière suivante :

« Ceux dont l'existence, poursuivit-il, pèse sur
« la classe productive et laborieuse, les abus des
« priviléges pécuniaires, les exceptions à la loi
« commune, et tant d'exceptions injustes qui ne
« peuvent affranchir une partie des contribuables,
« qu'en aggravant le sort des autres ; l'inégalité
« générale dans la répartition des subsides, et
« l'énorme disproportion qui se trouve entre les
« contributions de certaines provinces et entre les
« charges des sujets d'un même souverain, la ri-
« gueur, et l'arbitraire de la perception de la taille,
« la crainte, les gênes et presque le déshonneur
« imprimé au commerce des premières produc-
« tions ; les bureaux des traites intérieures, et ces
« barrières, qui rendent les diverses parties du

« royaume étrangères les unes aux autres ; les
« droits qui découragent l'industrie ; ceux dont les
« perceptions exigent des frais excessifs ; ceux qui
« semblent inviter à la contrebande, et qui tous
« les ans font sacrifier des millions de citoyens ;
« le dépérissement du domaine de la couronne
« et le peu d'utilité que produisent ses faibles
« restes. La dégradation des forêts du roi et le
« vice de leur administration, enfin tout ce qui
« altère les produits, affaiblit les ressources du
« crédit, et rend les revenus publics insuffisans
« aux dépenses qui les absorbent. »

Le contrôleur général présenta en conséquence les moyens de parvenir à la réforme de ces abus par la création d'assemblées provinciales, qui seraient formées par les députations des districts qu'on établirait, et ceux-ci tireraient leur composition des élus choisis par chaque paroisse et chaque commune ; on annulerait les vingtièmes ; l'impôt territorial qui les remplacerait serait payé par l'universalité des propriétaires, sans distinction de rang ni égard pour aucun privilége. On supprimerait la capitation des nobles, la taille arbitraire convertie en impôt réel, la libre exportation des grains aurait lieu, les bureaux de traites supprimés à l'intérieur seraient reculés aux frontières, on allégerait le poids de la gabelle, on aliénerait la partie utile des domaines royaux, on supprimerait ou modèrerait plusieurs droits onéreux au commerce, enfin le contrôleur général termina son discours en ces termes :

« Les observations que vous présenterez à Sa
« Majesté auront pour but de seconder et de per-
« fectionner l'accomplissement de ses intentions ;
« elles seront inspirées par le zèle et mêlées des
« expressions de la reconnaissance due au mo-
« narque, qui n'adopte de projets que ceux où il
« voit le soulagement de ses peuples, qui s'unit à
« ses sujets, qui les consulte et ne se montre à eux
« que comme leur père.

« Que d'autres rappellent cette maxime de notre
« monarchie : *Si veut le roi, si veut la loi*, la
« maxime de Sa Majesté est : *si veut le bonheur
« du peuple, si veut le roi* ».

Ce discours fut écouté généralement avec plaisir, l'ensemble en était séduisant. Je me suis attaché à l'analyser, parce qu'il est peu connu.

M. de Calonne y déploya beaucoup de talens et d'adresse, lorsqu'il l'eut terminé, le garde-des-sceaux prit les ordres du roi et annonça que si certains membres de l'assemblée voulaient parler, Sa Majesté le trouverait bon. Alors deux hommes dont le suffrage était acquis à l'avance au contrôleur général se levèrent successivement. Le premier président d'Aligre pérora laudativement sans rien dire d'intéressant pour les notables ; le discours de M. Dillon, archevêque de Narbonne, n'eut pas plus de succès, on aurait cru qu'il n'avait parlé que pour rappeler que le clergé était le premier ordre de l'état. M. de Miromesnil dit ensuite que le roi avait divisé l'assemblée en sept bureaux ; il fit lire par M. Henin la composition de ces comités qu'on aurait dû laisser régler par les notables, et enfin M. Dupont ferma la séance par une déclaration royale qui prescrivait la manière de recueillir les votes. Ils devaient être pris individuellement en commençant par les officiers municipaux, la magistrature, les gentilshommes, les maréchaux, les ducs et pairs, les évêques, les archevêques et les princes présidens.

La séance fut ensuite levée, on se retira dans le même ordre, après être convenus que le lendemain chacun reviendrait à son bureau, dont on ferait l'ouverture en procédant sur-le-champ au travail. Nous nous réunîmes en conséquence le 23, en séance générale, que je présidai ; mais avant d'en rendre compte je veux décrire les détails du reste de cette journée.

A notre rentrée au château, nous nous rassemblâmes chez la reine, le roi s'y présenta avec une mine radieuse, il se berçait des plus riantes illusions, sa confiance était partagée par Marie-Antoinette, et le comte d'Artois qui, avec une naïveté charmante, avoua qu'il ne concevait pas la possibilité d'une résistance quelconque, *que la gent de France était taillable et corvéable à merci et miséricorde*, et que par conséquent, en lui faisant l'honneur de la consulter, elle devait répondre par une entière condescendance à tout ce qui lui serait demandé.

Le comte d'Artois avait malheureusement été élevé dans une ignorance totale des affaires politiques ; il appartenait au siècle présent par son âge et à celui de Louis XIV par ses idées. Comme son cœur, ses intentions étaient excellentes ; et s'il voyait mal, c'était plutôt la faute de son éducation que le tort de son esprit. Il en arriva que depuis ce moment jusqu'à sa sortie précipitée du royaume, il accumula erreur sur erreur, et ne fit plus rien qui ne fût mal interprété. Il anima à tel point contre lui l'opinion publique, qu'au premier mouvement populaire, la fuite pût seule sauver son existence.

M. de Calonne fut encore environné ce jour-là de flatteurs ; on porta aux nues son discours : on lui prédit le plus brillant succès. Mais ces applaudissemens ne purent lui cacher toutes les difficultés de sa situation, et il se montra soucieux et embarrassé : son assurance ordinaire semblait l'avoir abandonné entièrement. Je l'examinai avec attention, car il s'était rendu aussi chez la reine sous prétexte de lui parler d'une affaire, mais en réalité, pour puiser du courage dans les complimens qu'il espérait y recueillir. Quelqu'un lui dit :

— Vos calculs nous ont fait peur, mais vos ressources nous ont rassurés : nous ne craignons plus l'avenir.

— L'avenir, répondit M. de Calonne, appartient à la providence. Quant à moi, je n'y puis rien, si je ne suis pas secondé par la confiance implicite de ceux pour lesquels je me dévoue.

C'était dire qu'il fallait l'en croire sur parole sans chercher à approfondir ou à entraver ses projets. Je savais que ce n'était point l'intention de la majorité de l'assemblée. Quant à moi, j'étais fermement résolu de ne céder qu'à ma conviction intime, et à voir, avant toute chose, l'intérêt du roi et de la nation.

CHAPITRE III.

Discours que le comte de Provence prononce à l'ouverture de son bureau. — Débats en commençant. — L'archevêque de Narbonne se déclare contre M. de Calonne. — Comment celui-ci se défend. — Matières discutées. — Réunions successives. — On adopte plusieurs objets importans. — Mot de M. de Calonne. — On fait passer un Mémoire secret au comte de Provence. — Le duc de Liancourt. — Il cause avec Monsieur. — Le prince de Conti. — Projets. — Bureau du comte de Provence. — On entre en lutte. — Ce que dit Monsieur. — L'évêque de Nevers. — La colique politique, anecdote épiscopale. — MM. de Contades, de Beauveau, du Châtelet, etc. etc. — Un maire et deux étourdis, anecdote. — Causerie de Monsieur avec le comte d'Artois. — Cabale en jeu — — Conseil secret chez les Polignac. — Subterfuge adopté. — Colère du roi.

On se réunit donc en comité général le 23 février. J'ouvris la séance par les paroles suivantes :

« Messieurs,

« Appelé par la volonté du roi à vous présider, cette faveur, toute précieuse qu'elle peut m'être

« serait cependant incomplète si elle ne vous
« convenait point. Je voudrais qu'il me fût permis
« de vous demander votre consentement ; mais la
« chose ne pouvant être, je tâcherai de le mériter
« par la manière impartiale que je mettrai à diri-
« ger les délibérations. On vous a communiqué
« hier l'ensemble des matières sur lesquelles on
« veut vous consulter. Je vous les remettrai som-
« mairement sous les yeux : il sera question pre-
« mièrement du mode de formation d'assemblées
« provinciales et de l'assemblée territoriale. Vien-
« dront ensuite l'examen des priviléges et fran-
« chises du clergé, les tailles, le commerce des
« grains et les corvées ; chaque bureau en parti-
« culier examinera ces points capitaux : nous nous
« réunirons ensuite pour les discuter ensemble. »

« Je n'ai pas besoin de vous recommander un
« examen scrupuleux et tout de conscience, de
« n'apporter ici aucune arrière pensée, mais le
« seul amour du bien-être général. Vos qualités
« personnelles me répondent que vous compren-
« drez l'importance du ministère qui vous est
« confié. Néanmoins j'insisterai seulement sur un
« point que le roi m'a chargé de vous rappeler,
« la nécessité d'une discrétion commandée par le
« fond même des choses : tout ce qui se dira entre
« nous devra donc être un secret inviolable. »

C'était prétendre à l'impossible, je le savais ; mais à Versailles on avait insisté sur cette

particularité, la publicité effrayait tout le monde, hors le roi; cependant le lendemain et jours d'après le public sut tout ce que nous avions dit et fait.

Dès le premier moment il s'éleva une vive discussion entre M. de Calonne et M. de Dillon sur une phrase du discours du contrôleur général. J'en fus d'autant plus surpris que je croyais l'archevêque de Narbonne pour lui; mais j'ignorais que depuis peu l'archevêque de Toulouse et l'abbé de Vermont l'avaient adroitement circonvenu en lui faisant croire que le premier entrerait au ministère aussitôt après la clôture de l'assemblée, et qu'il lui en donnerait sa part.

La phrase en question était celle où en présence de S. M. M. de Calonne avait avancé que *ses projets étaient devenus personnels au roi.*

— S'il en est ainsi, dit le prélat, pourquoi appeler à discuter une chose arrêtée? Quant à moi, monsieur, je vous préviens que je suis décidé à examiner tout avec soin, ou à me retirer pour vous laisser le champ libre.

Le contrôleur général repoussa cette attaque par des expressions équivoques, disant que le roi était disposé à revenir sur ce qui semblerait susceptible d'amélioration, bien qu'il eût approuvé l'ensemble du plan; il présenta ensuite plusieurs mémoires concernant nos divers travaux.

Le premier traitait la question des assemblées provinciales dont l'organisation nécessitait des assemblées primaires et secondaires. Les premières étaient de deux espèces quoique ne formant qu'un seul degré; elles devaient porter le nom d'*assemblées municipales et paroissiales*. Celles-ci se composeraient d'officiers municipaux et de notables; celles-là des propriétaires de chaque paroisse, pourvu qu'ils eussent un revenu de six cents francs. On accordait aux propriétaires d'un moindre revenu la facilité de s'associer entre eux pour avoir un représentant, et par réciprocité on donnait aux grands propriétaires un nombre de voix proportionné à leur fortune (1). L'âge seul règlerait le rang dans ces assemblées. Des arrondissemens de vingt-cinq paroisses rurales ou villes formeraient des *districts*, dont les assemblées se composeraient de députés nommés par des assemblées paroissiales et municipales. La force contributive de chaque paroisse ou ville représentée devait régler l'ordre des séances; enfin on donnait à ces assemblées secondaires la nomination d'un député, pour composer l'assemblée provinciale, qui était le dernier degré de cette hiérarchie.

Ces trois classes d'assemblées correspondant entre elles, subordonnées graduellement les unes aux autres, étaient destinées à répartir les charges publiques, à proposer les chemins, les canaux, et à faire connaître les besoins généraux ou locaux

---

(1) Cette disposition fut rejetée par plusieurs bureaux.

(*Note de l'Éditeur.*)

de la province ; elles devaient se réunir une fois chaque année, mais les assemblées de province et de district auraient eu un bureau intermédiaire permanent. Ce corps était destiné à devenir un moyen de communication entre le gouvernement et les administrés ; il pouvait présenter des mesures, que le gouvernement se réservait d'examiner dans sa sagesse : aucune de ses opérations ne pouvait recevoir d'exécution même provisoire, que par l'autorisation de l'intendant de la province ; enfin toute juridiction, toute autorité exécutive lui était formellement refusée.

Je dois dire que ce projet fut réellement très goûté des notables ; ils y virent les moyens de procurer au royaume les plus grands avantages : aussi les objections furent faibles, et même nulles. On voulut seulement que ces assemblées fussent composées à l'instar des états généraux des trois ordres, et que la présidence passât alternativement dans les deux premiers. Le troisième ne s'y opposa point ; et en retour les deux autres votèrent, conjointement avec lui, une double représentation en sa faveur.

On s'occupa ensuite de la liberté du commerce des grains et de la suppression de la corvée. Ces deux points furent adoptés sans contestation ; mais on ne voulut pas consentir à l'aliénation des domaines de la couronne, la mesure paraissant contraire à la constitution du royaume.

Ces débats, calmes et modérés, rendirent au

contrôleur général tout son courage et son audace ; il se flatta de nous éblouir sur le reste, au point de dire au comte d'Artois, qui me le rapporta sans réfléchir :

— Maintenant que j'ai endormi les notables, je les enlèverai au pas de charge.

Mais ils allaient bientôt se réveiller de ce prétendu *sommeil*. Une personne bien intentionnée et qui ne voulut pas se faire connaître, déposa à la porte de mon appartement un cahier de notes assez étendues, dans lesquelles on dévoilait tout ce que M. de Calonne prétendait nous cacher. Des pièces à l'appui de ces notes en constataient l'exactitude. J'y aperçus des réticences si dangereuses, que j'en fus effrayé.

Jusque là j'avais conservé une attitude neutre, mais d'après les révélations mises sous mes yeux, j'aurais cru trahir mes triples devoirs de frère du roi, de citoyen et de membre de l'assemblée des notables, si je n'eusse employé tous mes moyens à me convaincre de l'innocence ou de la culpabilité du contrôleur général.

Je balançais encore, lorsque le duc de Liancourt arriva. C'était un homme plein d'honneur et animé du désir de faire le bien. Je ne pus m'empêcher de lui communiquer mes inquiétudes. Je croyais le surprendre, mais nullement.

— J'en ai reçu autant, me dit-il, et je venais l'annoncer à V. A. R.

— Que faut-il faire, mon cher duc? demandai-je avec anxiété.

— Notre devoir, monseigneur, éclaircir le fait, et forcer M. de Calonne à nous laisser voir son portefeuille de manière à ce que rien n'échappe à nos yeux.

Cet avis étant le mien, nous convînmes de nous entendre avec divers notables, en choisissant ceux dont le talent et surtout l'énergie nous inspirait le plus de confiance, afin que les mêmes questions et les mêmes demandes fussent faites dans les différens bureaux.

C'était le seul moyen d'opposer une forte résistance au contrôleur général, qui était appuyé du roi, du prince de Condé, des ducs de Bourbon, d'Orléans et de Penthièvre. Quant au prince de Conti, qui n'avait jamais su que plier le genou devant le pouvoir et s'était perdu dans l'esprit public par sa molle conduite pendant le dernier règne, après s'être montré toujours opposé à son père, il lui prit tout à coup fantaisie de jouer à son tour un rôle dans l'état; il se lança tête baissée dans les affaires publiques, brusqua les ministres, s'enfonça dans le parlement, et dans le cours de notre assemblée, conduisit son bureau de manière à mériter le sobriquet qu'on lui donna de *bureau des grenadiers des notables*; le mien fut qualifié de *bureau du sage*, ce qui ne put me fâcher. Mais malgré tout le tapage que faisait le prince de Conti, nous savions qu'on pouvait compter sur lui quand on voudrait faire luire à ses yeux une somme assez considérable pour refroidir son zèle : aussi restâmes-nous tranquilles sur ce point.

Nous vîmes donc les notables que nous avions désignés. On régla la marche qu'il fallait suivre pour forcer M. de Calonne à dévoiler la vérité, et ainsi préparés à l'attaque, nous attendîmes le moment de nous montrer. Aucun faux frère ne se trouvait parmi nous. Le contrôleur général resta dans une sécurité plus aveugle que jamais. Quant à moi, désirant tout prévenir et mettre ma responsabilité à couvert, je saisis une occasion favorable pour demander au roi s'il souhaitait sincèrement que la partie financière de nos travaux fût discutée en détail, ou s'il fallait la traiter seulement dans son ensemble.

Louis XVI me répondit qu'il désirait que tout s'expliquât avec autant de clarté que possible, étant ennemi de toute déception, puis il ajouta que sur ce point les calculs de M. de Calonne l'avait pleinement satisfait. Je n'insistai pas sur ce fait, content d'avoir obtenu ce que je désirais.

Je dois avant de passer outre donner la formation de mon bureau, et indiquer le caractère de chacun de ses membres, ainsi que le degré de confiance qu'ils m'inspiraient.

MM. de Dillon, archevêque de Narbonne, dont j'ai déjà parlé.

Seguiran, évêque de Nevers, personnage toujours en adoration devant le pouvoir et même devant ce qui n'en avait que l'ombre ; les mémoires du temps le font assez connaître. Je n'ajouterai qu'un trait caractéristique de sa vie. L'affaire du collier venait d'être jugée, le cardinal de Rohan se rendait à son exil, à la Chaise-Dieu, et Nevers se trouvant sur sa route, il envoie un de ses gens à M. de Seguiran pour le complimenter et lui demander asile pour la nuit. Celui-ci, auquel un de ses valets de chambre fait part de ce message, s'effraie de recevoir sous son toit, un homme en pleine disgrâce ; ne sachant comment sortir d'embarras, il ordonne qu'on lui prépare un bain, et, sous prétexte d'être en course dans la ville, il élude de parler à l'émissaire ; mais un second vient bientôt annoncer l'arrivée du cardinal. L'évêque perd la tête, et dans son effroi se jette dans la baignoire tout habillé. Le premier messager est alors introduit, M. de Seguiran se plaint d'une violente colique, et dit qu'il ne peut agir ni parler, mais néanmoins que son palais est à la disposition de Son Éminence, et que son grand regret est de ne pouvoir lui en faire les honneurs. Ces paroles, rapportées au prince Louis, le font rebrousser chemin ; il se contente de dire qu'il aurait soin d'écrire à Versailles la colique politique de l'évêque de Nevers, afin qu'elle lui obtînt les bonnes grâces de la reine.

Je reviens à ma liste.

Le duc de la Rochefoucault Liancourt, qu'il suffit de nommer.

Les maréchaux de Contades et de Beauveau; le premier, pauvre homme dans toute la force du terme; le second, homme d'honneur et de mérite.

Le duc du Châtelet, plus gentilhomme que courtisan; peu aimé des gardes françaises à cause de sa sévérité, mais estimé dans la bonne compagnie.

Le comte de Brienne, qui devint ministre de la guerre, non en vertu de son talent, mais par la protection de son frère; il était à nous dans ce moment.

Le baron de Flaschlenden, Alsacien un peu niais, dont le comte d'Artois s'empara plus tard, et que je retrouvai à l'époque de notre exil.

De Sauvigny, conseiller d'état, ex-premier président du parlement Maupeou, dévoué à tout ministre jusqu'à sa chute.

De Fourqueux, son confrère et son antipode, ayant un esprit ferme et droit.

D'Aligre, premier président du parlement de Paris; il avait été acheté par le contrôleur général; mais il eût été à nous, si nous avions pu couvrir l'enchère.

M. d'Ormesson, président au parlement de Paris, homme probe, mais opposé au ministère.

Lamoignon, qui remplaça bientôt le garde-des-sceaux, personnage morose, ambitieux, bien qu'il vantât sans cesse son désintéressement.

Saron, qui devint premier président après la démission de M. d'Aligre, se mêlant plus des sciences que de ses fonctions, instruit d'ailleurs, frondeur et pointilleux.

De Bernis, neveu du cardinal, co-adjuteur d'Alby, et bien connu.

Le prevòt de la Voltay, député de la noblesse de Bretagne, doué de bonnes intentions et de minces capacités.

Gérard, préteur de Strasbourg, ancien commis des affaires étrangères, ayant de l'esprit, du sens et de l'adresse.

Tholosan de Montfort, prevòt des marchands de Lyon, passant pour être avide d'avancement.

D'Isnard, maire de Marseille, sorte de sournois, qui passait pour manquer de fermeté, parce qu'il était souple; c'était au fond un homme fort instruit et qui possédait une connaissance très-étendue des lois. Le trait suivant donnera une juste idée de son caractère :

Champcenetz et Chabrillant, qui se faisaient toujours un malin plaisir de mystifier les nouveau-venus dînaient chez le ministre de la maison du roi, avec le maire de Marseille, qu'ils devaient croire fier d'un tel honneur. Ils le persiflèrent d'abord par des éloges emphatiques sur son esprit et ses talens. M. d'Isnard se confondait en protestations d'humilité, et les deux railleurs de continuer leurs hosanna en élevant la voix de manière à attirer l'attention de la société. Le maire provençal lassé enfin de cette mauvaise plaisanterie, leur dit :

Eh, messieurs, je me connais mieux que vous ne pouvez me connaître ; je ne suis pas un homme d'esprit, je ne suis pas non plus un sot, je suis entre deux, voilà qui est certain.

Ce propos mit les rieurs du côté de M. Isnard, Chabrillant et Champcenetz se mordirent les lèvres, et ne trouvèrent plus un seul bon mot de toute une semaine.

Venait ensuite Duperré-Daveneur, maire de Rouen, facile à conduire, parce qu'il voulait être quelque chose.

Je ne comptais pas sur le duc d'Orléans, et je ne sais pourquoi, il se rangea de notre côté, ou tout au moins la majorité de son bureau : nous fûmes en conséquence en mesure d'agir ; on décida cependant que je prendrai l'initiative afin que l'attaque eût plus de poids, et lorsqu'on vint à traiter les finances, je pris la parole en disant :

— Que dans une conjoncture semblable, lorsqu'on avouait que la dépense surpassait la recette, il convenait de nous fournir les preuves qu'on n'avait pu faire autrement, et que des dépenses indispensables auraient nécessité l'empiètement de quatre-vingts millions auxquels se montait le déficit; que je croyais qu'on devait demander au contrôleur général les soixante-trois états comprenant la totalité de son compte rendu, afin que nous pussions vérifier par nous-mêmes s'il était exact.

En m'exprimant ainsi, je regardais particulièrement l'évêque de Nevers et M. Berthier-de-Sauvigny, que je croyais tout dévoués à Calonne ; ils ne purent cacher leur consternation, et je jugeai d'après cela que le coup avait porté. Le bureau décida par acclamation que ma proposition était acceptée, et me pria de faire moi-même la demande de ces états au contrôleur général ; le duc d'Orléans et le prince de Condé agirent de même de leur côté, et la bombe éclata.

M. de Calonne ne s'attendait pas que les choses prendraient cette tournure. Il s'empressa de porter ses plaintes à la reine et au comte d'Artois, qui avait vu aussi la majorité de son bureau ainsi que celle des bureaux du prince de Condé, des ducs de Bourbon et de Penthièvre, faire la même demande que le mien. Le contrôleur général rejeta sur moi cette levée de boucliers, et aussitôt après l'assemblée, le comte d'Artois vint me voir muni des pleins pouvoirs de la reine.

Il croyait à l'exactitude des chiffres du ministre, et se plaignit vivement du mal que je faisais à une personne investie de sa confiance et de celle de Marie-Antoinette : c'était, me dit-il, donner un mauvais exemple en me plaçant à la tête d'une cabale qui dégénérerait en rebellion. Je lui répondis avec une mesure qui le mit dans son tort, et lui dis que, si dans cette affaire il voulait jouer le rôle des idoles du psaume 113, *os habent et non loquentur : oculos habent et non videbunt* (Ils ont une langue et ne parleront point, ils ont des yeux et ne verront point; Psaume *In exitu Israël*), je n'avais nulle envie de l'imiter, et que s'il fallait lui dire franchement ma pensée, aucune considération ne pouvait m'engager à agir contre ma conscience.

— Mais la reine vous en saura mauvais gré, le roi y verra l'intention de lui déplaire.

— La reine ne peut espérer que je me déclare contre mes propres opinions ; quant au roi, j'ai pris ses ordres et j'ai d'avance son approbation.

— Comment cela? lui auriez-vous déjà parlé à ce sujet ?

— Oui, mon frère, et Sa Majesté a trouvé bon que je fisse usage de mon intelligence pour éclaircir ce qui me semblerait obscur, et j'ai agi en conséquence.

— Le roi n'en a rien dit au contrôleur général.

— Il a sans doute jugé que cela était inutile, trouvant la mesure que je propose toute naturelle.

— Vous auriez pu vous dispenser de faire cette esclandre qui ne peut que tourner contre vous.

— C'est ce que l'avenir prouvera.

Le comte d'Artois se retira fort mécontent pour aller faire part de notre conversation à ceux qui l'envoyaient. Néanmoins, en vertu de la délibération des sept bureaux, les princes présidens durent supplier le roi de leur faire tenir les états indiqués ci-dessus.

Quelqu'un de très influent alla aussitôt trouver le monarque, pour se plaindre de ma conduite, ainsi que de celle du duc d'Orléans et du prince de Conti, mais l'accusation portait principalement sur moi.

— Qu'a donc fait le comte de Provence? demanda Sa Majesté.

— Il veut qu'on soumette à l'assemblée le compte des dépenses.

— Est-ce là tout?

— Mais n'est-ce pas assez?

— Je l'ai moi-même autorisé dans cette demande.

— Cependant, sire, il est dangereux de mettre le public dans la confidence de ce que l'état a intérêt à cacher.

— Rien ne doit être caché aux notables; d'ailleurs Monsieur m'a prévenu de ce qu'il compte faire, et je l'ai approuvé. Il me semble qu'il est fort naturel de vouloir juger avec connaissance de cause.

Cette réponse franche et nette de Sa Majesté porta le trouble dans la cabale; on allait donc connaître l'emploi de tant de sommes considérables dévorées en si peu de temps. Il faudrait avouer que le déficit était plus considérable qu'on l'avait dit d'abord, se mettre en contradiction avec soi-même, et ébranler tant de brillantes existences! on ne pouvait du moins s'y résoudre sans essayer de combattre, et c'est à quoi on se décida.

Je sus que dans la même soirée un conseil secret s'était assemblé chez le duc de Coigny, dans lequel M. de Calonne exposa son embarras, et qu'on lui promit tout l'appui dont il aurait besoin. On convint aussi, puisque le roi ne désapprouvait pas la demande des bureaux, de tâcher de circonvenir les derniers, en les divisant. Les gens qui parvenaient au roi sans obstacles accompagnèrent dans son cabinet le contrôleur général, qui consentit à montrer les comptes, fit entendre qu'il convenait de mettre à cette formalité une sorte de mystère.

Il fut donc décidé que ces comptes seraient examinés dans un comité spécial hors de l'assemblée des notables. Ce comité devait se réunir chez moi, et sous ma présidence qu'on ne pouvait m'enlever ; on convint qu'il serait composé des princes du sang, de six membres de chaque bureau, et du contrôleur général, porteur des états originaux dont il donnerait communication sans en laisser de copie. Cette résolution me fut signifiée avec une sorte de triomphe. Le roi me dit à voix basse en partant pour la chasse.

— Vérifiez avec attention tous les comptes, car je tiens à savoir la vérité.

CHAPITRE IV.

Comité général. — Avis mystérieux donné au comte de Provence. — Son discours au comité. — Discours du comte d'Artois à son bureau. — Discussions entamées. — Déficit révélé. — Consternation qu'il cause. — Ce que le comte de Provence en dit au roi. — Ce que le roi lui répond. — Suite importante de cet entretien. — Continuation du travail des bureaux. — Le prince de Conti. — Lui et M. de Calonne. — Le prince de Conti et le roi. — Assemblée générale des notables. — Pourquoi le comte de Provence la préside. — Comment il s'y conduit. — Discours de M. de Calonne. — Effet qu'il produit. — Réunion des bureaux. — Discours de M. de Dillon. — Arrêté du sixième bureau. — Le prince de Conti va le porter au roi. — Il en écrit à M. de Calonne. — Celui-ci et le roi.

Fort des paroles du roi, je me moquais à mon tour de la joie de la cabale, bien certain que ses intérêts ne prévaudraient pas contre ceux de toute la France, et que le contrôleur général, forcé dans son dernier retranchement, laisserait enfin tomber l'échafaudage d'illusions dont il s'entourait pour toute défense. Je gardais néanmoins pour moi ce qu'e Sa Majesté venait de me dire, ne voulant pas compromettre Louis XVI, vis-à-vis de ceux qui l'entouraient.

Le comité, composé de quarante-trois membres, sept princes, et six notables de chaque bureau, fut formé par mes soins de la manière suivante : sept évêques ou archevêques, douze gentilshommes et le reste du tiers. Chaque classe se trouvait représentée, le conseil d'état, la magistrature, les intendans, les pays d'état, et les bonnes villes. Le contrôleur général arriva disposé à soutenir l'attaque qu'on se préparait à lui faire, il avait avec lui les comptes des dépenses, mais *je sus qu'il en manquait plusieurs* ; avant d'entrer au comité, un de mes domestiques m'ayant apporté un billet de la même écriture que celle des renseignemens qui m'avaient été remis jadis avec mystère, j'y trouvai ces mots :

« *On* a décidé le roi ce matin à retirer du dos-
« sier des états ceux qu'on désire soustraire à l'exa-
« men des notables ; je vous en préviens, faites-en
« votre profit ».

Je roulai ce billet et le cachai au fond de ma veste.

L'assemblée étant complète, nous ouvrîmes sur-le-champ la séance, et je dis à cette occasion :

« Messieurs,

« La volonté expresse du roi a répondu favora-
« blement à notre sage requête. M. le contrôleur
« général a été autorisé par Sa Majesté à vous
« soumettre les comptes et états des dépenses. C'est
« en les examinant avec soin que nous pourrons
« nous convaincre s'il est nécessaire d'augmenter
« la recette afin de la faire cadrer avec les besoins
« du trésor, ou plutôt s'il ne vaudrait pas mieux
« retrancher de la dépense tout ce qui n'est pas
« d'une nécessité absolue. Je ne doute nullement
« que nous ne trouvions dans ces documens, com-
« plets *sans doute*, toutes les bases propres à nous
« amener à ce résultat par une sévère investiga-
« tion. »

M. de Calonne aux mots *sans doute* me regarda comme pour lire dans ma pensée, peut-être me soupçonna-t-il de connaître la vérité.

Le comte d'Artois avait parlé une fois ; je lui dois, comme frère et comme son ami, de citer son discours : il devait préparer son bureau à une soumission absolue, c'était le système de ce prince et il ne s'en départit pas jusqu'au moment de la tenue des états généraux.

« Messieurs,

« Vous allez examiner en détail les objets im-
« portans sur lesquels le roi veut bien nous con-
« sulter ; je connais votre zèle, votre patriotisme,
« et je ne doute pas des marques distinguées que

« vous en donnerez dans une occasion aussi inté-
« ressante.

« Français et sujet comme vous, je répondrai
« à la confiance que le roi mon frère nous témoigne,
« par la plus entière franchise et la plus parfaite
« soumission aux ordres qu'il voudra nous donner
« pour le bonheur de ses peuples et la gloire de
« son trône. Mais, messieurs, ces sentimens sont
« trop gravés dans votre cœur pour qu'il me soit
« permis d'en douter ».

Mon frère faisait volontiers appel aux sentimens du cœur.

Nous commençâmes le travail ; et, s'il faut le dire, avec une rigueur minutieuse ; ne laissant rien passer, demandant raison de tout et ne nous contentant d'aucune réponse dilatoire. Nous admirâmes l'adresse éloquente de M. de Calonne, qui pendant cinq heures que dura la séance répondit à chaque question, sinon avec succès, du moins avec talent. Je dois avouer qu'il eut sur nous l'avantage pour la forme, car tandis que nous nous livrions à tout le feu de la discussion, il conservait en apparence un calme que rien ne pouvait émouvoir : je pris dans cette circonstance une haute idée de son mérite, tout en ne rendant pas la même justice à sa bonne foi.

Il fut néanmoins forcé de convenir, malgré ses moyens évasifs, que le déficit annuel n'était pas de quatre-vingts millions comme il l'avait annoncé dans la séance d'ouverture, mais de cent douze au moins, et encore savais-je à part moi qu'il y avait des comptes qu'on nous cachait avec soin. Il opposa aux reproches, qui ne lui furent pas ménagés, une fermeté imperturbable, ne mit point en avant la volonté du roi, et allégua simplement, pour sa défense, des mesures de prudence et de convenance qui se rattachaient à son système de finances. Enfin je fermai la séance lorsque nous eûmes acquis la preuve matérielle que le déficit annuel dépassait de trente-deux millions celui qu'on avait avoué primitivement.

Le comte d'Artois garda un profond silence pendant tout ce temps; le prince de Condé et le duc de Penthièvre prirent la parole à plusieurs reprises pour défendre le contrôleur général. Le duc d'Orléans voulut parler, mais il s'embrouilla dans sa phrase, et ne pouvant l'achever, il garda le silence. Le prince de Conti se montra à la tête des plus ardens antagonistes du ministre, et le duc de Bourbon ne sortit pas de son insignifiance habituelle.

La révélation d'un déficit aussi considérable causa une grande consternation parmi les notables. Ils se hâtèrent, à la sortie du comité, d'aller faire part de ce résultat fatal à leurs collègues qui les attendaient. Le bruit s'en répandit rapidement à Versailles et à Paris; il augmenta l'exaspération publique et surtout la haine qu'on portait à Calonne. L'effroi de la cabale fut à son comble : elle voyait qu'il ne fallait plus attendre une soumission implicite, mais une résistance motivée sur les intérêts les plus sacrés ; que le moment d'immenses réformes était arrivé ; et qu'on perdrait tous les avantages de la faveur. Or, afin de reculer au moins l'inévitable catastrophe, on essaya de nouveau de circonvenir le roi ; mais la vérité finit bientôt par se manifester complétement.

Dès que Louis XVI fut de retour de la chasse il m'envoya chercher. Ses premières paroles me firent deviner qu'on l'avait déjà prévenu, car il débuta ainsi :

— Eh bien il y a eu grand bruit au comité ; on prétend qu'on pouvait à peine s'entendre.

— On a discuté avec chaleur, répliquai-je, et non sans résultat, car le déficit avoué est monté de quatre-vingts millions à cent douze.

— Comment avoué ? dit le roi.

— Oui, sire, c'est-à-dire le déficit ressortant des états qu'on nous a fait connaître et non de ceux qu'on nous a cachés.

Le roi ne répondit pas à cette dernière partie de ma phrase.

— On a donc été bien sévère ?

— On s'est conformé à votre désir.

— Quelle opinion a-t-on manifestée ?

— Chacun est demeuré stupéfait. Cette dilapidation est considérable.

— On ne peut me reprocher d'y avoir contribué, car mes fantaisies ne coûtent peut-être pas cinquante mille livres par an à l'état. Mais pour en revenir au point capital, je pense qu'un autre contrôleur général ne fera pas mieux que Calonne ; je suis accoutumé à son travail, qui me plaît, et s'il faut vous le dire, ajouta le roi en baissant la voix, si je renvoie celui-ci on me forcera à en prendre un autre qui ne me conviendra nullement, car c'est un philosophe qui feint de croire en Dieu dans son diocèse, et qui à Paris agit comme s'il ne craignait pas le diable.

Je me pris à rire ; mais Louis XVI, qui parlait avec conviction, n'imita pas mon exemple.

— Qui pourrait obliger Votre Majesté à le prendre, le cas échéant?

— Qui? monsieur, tout le monde, vous le premier. Je suis accoutumé à ce que l'on trouve indispensables les personnes que l'on veut m'imposer, et celle-ci me serait plus désagréable qu'une autre.

— Je ne puis m'empêcher de vous faire observer, sire, dis-je à mon tour, que les choses en sont venues au point qu'il est impossible de reculer. La guerre à mort est déclarée entre les notables et le ministre, il faut qu'il nous casse ou qu'il parte.

— Je le vois bien, dit le roi ; au surplus il n'a à s'en prendre qu'à lui, car il a voulu l'assemblée des notables, ne songeant pas que les hommes les plus souples pris un à un acquièrent de la fermeté lorsqu'ils sont soutenus par le nombre. Cependant je vous préviens que j'appuierai Calonne de tout mon pouvoir.

— Et moi, sire, je me conduirai dans cette occasion conformément au principe de Plaute :

Quid est suavius quàm benè rem gerere bono publico ?

« Rien n'est plus doux que de bien diriger une affaire « qui tend à l'utilité publique? »

Le latin, dit le roi, est une belle chose, mais on peut gouverner sans latin.

Je quittai Sa Majesté, la reine me bouda, le comte d'Artois me querella presque, et M. de Brienne vint me voir. Il vanta à tel point mon énergie et ma perspicacité que j'en pris de l'humeur et lui dis, pour me venger, que le roi m'avait paru disposé à rappeler Necker, s'il était forcé de sacrifier Calonne.

L'archevêque de Toulouse se hâta alors de me quitter pour courir informer l'abbé de Vermont des dispositions de S. M., et se concerter avec lui afin de parer le coup qui le menaçait.

Le lendemain samedi 3 mars, chaque bureau reçut une note émanée du cabinet du roi, qui plongea tous les notables dans l'étonnement. Il y était dit, en forme d'indication, qu'il fallait délibérer uniquement sur le mode le plus favorable à la perception de l'impôt territorial, soit qu'on dût le recueillir en nature ou en espèces ; mais qu'il ne fallait point discuter, s'il était ou non nécessaire.

Chacun se récria, et on déclara dans six bureaux que, dans le cas où la nécessité de l'impôt territorial serait reconnue, on ne pourrait le lever qu'en argent, tout autre moyen étant impraticable ; mais qu'avant de prendre une détermination il faudrait avoir sous les yeux les états des dépenses, ainsi que ceux des autres recettes, afin de tout balancer ensemble, et que par conséquent il était impossible, malgré la meilleure intention, d'obtempérer aux désirs de S. M. et de la satisfaire sur ce point.

Le sixième bureau, présidé par le prince de Conti, déclara qu'il persistait purement et simplement dans l'arrêté du comité du 2 mars. C'était dire qu'avant de juger il prétendait examiner. Le prince demanda même que ses paroles fussent consignées sur le procès-verbal. Il s'exprima ainsi :

« Dans la position où je me trouve, je n'ai rien
« à dire, sinon que je m'en rapporte à la sagesse,
« à la prudence et aux bontés du roi pour ses
« sujets. »

Ce blâme indiscret produisit un grand effet : il augmenta l'embarras du ministre, qui envoya à ce bureau, le lundi matin, une nouvelle instruction dans laquelle, sous prétexte qu'il n'eût pas bien compris d'abord les intentions du roi, on les lui expliquait plus clairement, c'est-à-dire, pour me servir de l'expression anglaise, *le bill d'indemnité* que S. M. réclamait pour son ministre. Cette fois l'unanimité du bureau se décida à maintenir la décision prise dans le comité du 2 mars. La Galaisière, conseiller d'état, éleva seul la voix pour faire observer que cette persistance serait peut-être désagréable au roi, et qu'il fallait faire une démarche auprès du ministre avant de rien conclure.

Le prince de Conti dit qu'il allait lui-même en conférer avec M. de Calonne, et aussitôt il quitta l'assemblée.

Mais voyant qu'il n'obtenait rien du contrôleur général, le prince vint trouver le roi et lui fit part de ce qui se passait. Louis XVI éluda de traiter le fond de la question, et les choses en restèrent au même point.

Quant à moi, je voulus que le procès-verbal de mon bureau portât expressément : *en présence et de l'avis de Monsieur.*

Cependant M. de Calonne faisait mouvoir tous les ressorts ; il fit faire des offres magnifiques aux notables susceptibles d'être gagnés ; mais le patriotisme l'emporta sur l'intérêt personnel, et les avances du ministre furent repoussées.

Les bureaux persistant dans la résolution qu'ils avaient prise, il fallut enfin convoquer l'assemblée générale, où tout allait s'expliquer. La cabale, qui craignait l'esprit juste du roi, s'évertua pour qu'il ne vînt pas la présider, et y réussit à force de ruses. J'appris le matin même du jour indiqué, le lundi 12 mars, que je présiderais l'assemblée; mais je reçus l'ordre en même temps de ne laisser parler que le contrôleur général, et, dès qu'il aurait fini, de rompre l'assemblée générale pour qu'elle se reconstituât en bureaux particuliers.

— Soit, me dis-je en recevant cet ordre, on n'y gagnera rien; les voix, pour être disséminées, n'en auront pas moins de force, et les délibérations iront toujours leur train.

Nous nous réunîmes donc en assemblée générale. M. de Calonne se présenta avec son assurance habituelle; il prononça un discours tendant à éblouir les notables par de grandes phrases et les louanges qui étaient adressées à leur patriotisme et à leurs lumières : le contrôleur général passa ensuite aux objets examinés et approuvés; dit qu'il espérait qu'il en serait de même relativement à ceux qui restaient encore à traiter; puis, sans chercher à s'étendre sur cette matière délicate, il se tut et salua l'assemblée. Pour moi, conformément à mes instructions, je déclarai la séance levée, en invitant les notables à se retirer chacun dans leurs bureaux respectifs. J'avais observé attentivement les physionomies pendant le discours du ministre, et il m'avait été facile de voir l'orage qui se formait contre lui. Plusieurs membres de l'assemblée parurent vouloir l'interrompre et lui donner sur-le-champ un démenti formel. Un bruit désapprobateur circula sourdement dans les rangs. M. de Calonne venait de commettre une faute qui devait le renverser, et ses adversaires surent en profiter.

La majorité des membres dans chaque bureau

aurait voulu entrer sur-le-champ en séance ; mais cinq des présidens, le comte d'Artois, le duc d'Or-léans, le prince de Condé, le duc de Bourbon et le duc de Penthièvre, avaient à l'avance indiqué la réunion au lendemain mardi, et ils partirent aussitôt, sans obtempérer à la demande qui leur fut faite. Il fallut donc se séparer et aller conter aux autres notables ce qui venait d'avoir lieu. Leur exaspération fut au comble, et nul le lendemain ne manqua au rendez-vous.

Dès que nous fûmes réunis dans mon bureau, l'archevêque de Narbonne prit la parole en ces termes :

« Messieurs,

« Si, dans l'assemblée précédente, le respect
« que je dois à la présence de Monsieur ne m'a-
« vait pas imposé silence, j'aurais interrompu
« M. le contrôleur-général pour lui demander
« l'explication des termes dont il s'est servi dans
« son discours, et qui nous ont causé à tous une
« extrême surprise.

« Nous n'avons pu nous défendre d'un mouve-
« ment d'indignation en entendant M. de Calonne
« dire que nous étions d'accord avec lui sur les
« principes et sur le fond, et que nous ne diffé-
« rions que sur la forme ; mais en même temps
« l'inquiétude s'est peinte sur tous les visages ; les
« membres des différens bureaux se regardaient

« avec étonnement, et cherchaient à lire dans les
« yeux de leurs voisins quel était le traître. Tous
« les soupçons ont dû se réunir sur les rapporteurs
« chargés de rédiger les avis des bureaux. On a
« dû les accuser d'infidélité pour effacer les im-
« pressions défavorables qu'a fait naître le discours
« de M. le contrôleur-général. Il me semble, qu'a-
« vant de délibérer sur les objets de la seconde
« section, il faudrait supplier le roi de donner
« l'ordre à M. le contrôleur-général d'envoyer son
« discours aux différens bureaux, afin qu'ils puis-
« sent rétablir les faits qu'il a dénaturés, et mettre
« dans tout son jour la vérité qu'il a altérée. »

Le maréchal prince de Beauveau parla ensuite dans le même sens que M. de Narbonne. Tous les bureaux montrèrent le même esprit ; les plus zélés partisans du ministre n'osèrent prendre la parole. Le bureau des Grenadiers (le sixième) rédigea l'arrêté suivant :

« Attendu que M. le contrôleur-général n'a pas
« craint, dans le discours qu'il a prononcé hier,
« de dire que tous les bureaux étaient d'accord
« avec lui ; tandis qu'ils lui ont opposé une résis-
« tance juste et fondée, il s'ensuivrait que le roi
« serait trompé.

« Le bureau, désirant faire connaître la vérité à
« Sa Majesté, la supplie de donner ordre à M. le
« contrôleur général d'envoyer son discours à tous.

« les bureaux, afin qu'ils puissent, en rétablissant
« les faits dans leur pureté et intégrité, éclairer
« la religion du roi. »

On arrêta ensuite que le président, interprète des sentimens unanimes de son comité, voudrait bien, dès la séance levée, remettre lui-même à Sa Majesté l'arrêt qu'on venait de rendre. Le prince de Conti dit alors à l'assemblée qu'il croyait nécessaire d'aller immédiatement chez le roi, et il partit aussitôt dans cette intention.

Le monarque parut surpris de voir le prince au moment où il le croyait en séance, et il lui demanda si le bureau s'était séparé.

— Non, sire, répondit le prince de Conti; on lit maintenant le Mémoire sur les traites; et je n'ai quitté la séance que pour remettre promptement à Votre Majesté cet arrêté, et pour la conjurer de l'examiner avec l'attention qu'il mérite.

— Vous pouvez être assuré, répliqua le roi, que je me conformerai à votre désir, et que ma réponse ne se fera pas attendre.

Le prince satisfait, revint au sixième bureau, rapporter les paroles du monarque, et il écrivit aussitôt au contrôleur-général, la lettre suivante:

« Je crois devoir vous prévenir, Monsieur, que
« je viens tout à l'heure, de remettre à Sa Majesté
« un arrêté du bureau que j'ai l'honneur de pré-
« sider : il a rapport à votre dernier discours dont

« il repousse les insinuations ; la guerre que vous
« nous déclarez est vive, mais doit être loyale,
« etc. »

Le contrôleur-général atterré de cette nouvelle bordée qu'il avait provoquée inconsidérément, perdit presque courage dans le premier instant ; mais reprenant bientôt sa confiance, il alla de son côté chez le roi, lui montra son discours, et dit qu'il consentait à le soumettre à la cour des notables, car il vit qu'il ne pouvait s'en dispenser.

— Vous avez, lui dit le roi, avancé devant moi ce que les notables nient aujourd'hui, je dois donc examiner cette affaire, afin de découvrir de quel côté est la vérité.

M. de Calonne se disculpa, en attaquant la versatilité de l'assemblée, qui à l'entendre, aurait d'abord été pour lui, tandis que nous n'avions approuvé que son plan d'assemblées provinciales et municipales, mais rien de ce qui était relatif aux finances.

CHAPITRE V.

Discours piteux et intéressé du duc d'Orléans. — Ce prince était avare. — Fausseté prouvée de ce qu'il avançait. — Envoi aux bureaux du discours de M. de Calonne.—Lettre de celui-ci aux sept présidens. — Discours de MM. de Dillon et de Larochefouchauld. — Arrêté pris par le bureau de Monsieur. — Le prince le porte au roi. — Conversation curieuse avec le monarque. — Le comte d'Artois soutient M. de Calonne. — Unanimité des bureaux contre ce ministre. — Ce que le duc de Nivernais raconte. — Causerie plaisante entre MM. de Lamoignon et de Calonne. — MM. de Machault et de Fourqueux. — Intrigues de l'archevêque de Toulouse.

Un incident égaya la gravité de cette querelle, ce fut le désespoir que manifesta le duc d'Orléans dans son bureau, et auquel la médisance donna une double interprétation. On venait de rentrer en séance, et chacun désirant relever l'assertion mensongère du contrôleur-général, était impatient d'entamer cette partie du travail, lorsque Son Altesse Royale se levant, dit d'un ton pénétré :

« Messieurs,

« Vous allez lire un mémoire qui, s'il est ac-
« cueilli, m'ôte quatre cent mille francs de rente;
« il me serait difficile d'y renoncer de bon cœur ;
« je ne pourrais peut-être m'empêcher de faire
« quelques réflexions un peu dures ; je crois donc
« plus prudent et plus délicat de me retirer ; j'en
« ai demandé la permission au roi, qui m'a ac-
« cordé un congé de quelques jours duquel je
« profiterai. »

Ce projet surprit tout le monde ; on crut qu'il cachait quelque but caché ou des engagemens particuliers pris avec le contrôleur général, et dont celui-ci exigeait l'exécution. Les personnes de la maison du prince cherchèrent à le faire renoncer à cette retraite que rien ne semblait autoriser ; mais il résista à toutes les instances, et partit comme il l'avait annoncé.

On ne concevait rien à cette équipée du duc d'Orléans, et moins encore aux quatre cent mille francs qu'il prétendait perdre ; c'était au moins chose douteuse ; car M. de Calonne avait déclaré ne pouvoir compléter encore le titre des traites par la suppression des droits de péage, que la commission chargée de réviser ce travail n'avait pas encore achevé. Un autre motif dirigeait donc le duc d'Orléans, et on en fut d'autant plus certain, que, lorsqu'en réunissant les pièces originales, on reconnut que les quatre cent mille francs que regrettait le prince ne s'élèveraient pas à cinquante mille, alors on haussa les épaules, et Son Altesse Royale ne gagna pas dans l'opinion.

Peut-être craignait-on aussi que son absence désorganisât son bureau par les prétentions que chacun formerait à la présidence. Elle fut en effet disputée par cinq concurrens ; l'archevêque d'Aix, le duc de Clermont-Tonnerre, le duc de Broglie, M. de Pontcarré, et M. Vidault de la Tour.

Le bureau décida qu'en attendant que le roi eût nommé un président on opinerait selon l'usage; que le maire de Nanci et M. Cossé donneraient leurs votes les premiers. Ainsi, sous ce rapport, les choses restèrent dans le même état, et si le contrôleur général avait cru susciter quelque obstacle par l'éloignement du duc d'Orléans, il dut renoncer à cet espoir.

Le discours de ce ministre fut enfin envoyé dans tous les bureaux, le jeudi 15 mai, du moins une partie relative au point qui élevait la discussion. Voici en quels termes il nous fut présenté :

« Sa Majesté a vu avec satisfaction qu'en gé-
« néral vos sentimens s'accordent avec vos prin-
« cipes ; que, vous étant pénétrés de l'esprit d'or-
« dre et des intentions bienfaisantes qui dirigent
« ses vues, vous vous êtes montrés animés du
« désir de contribuer à en perfectionner l'exé-
« cution.

« Que vous n'avez cherché les difficultés dont
« elles peuvent être susceptibles, qu'afin de les
« prévenir et de faire apercevoir les moyens qui
« vous ont frappés et qui sont relatifs aux formes,
« sans contrarier les points essentiels du but que
« Sa Majesté s'est proposé, lequel n'est autre,
« que d'améliorer les finances, et de soulager ses
« peuples par la réforme des abus.

« Le roi ne doute pas plus des sentimens qui
« ont dicté vos observations, que vous ne doutez
« de ceux dans lesquels Sa Majesté les reçoit.
« Elles ne s'accorderaient point avec l'intention
« paternelle qui a porté le monarque à vous as-
« sembler, si elles n'avaient pas le caractère de
« franchise qui convient à des Français consultés
« par leur roi sur le bien de ses peuples.

« Assurée de vos dispositions comme de votre
« juste reconnaissance, Sa Majesté ne s'est point at-
« tendue à en recevoir un hommage positif et aveu-
« gle. C'est la vérité qu'elle cherche, et elle sait
« que la vérité s'éclaircit par le choc des opi-
« nions, etc., etc. »

La lecture de cette partie du discours ministériel ajouta à la juste indignation des notables, contre la duplicité de son auteur. On vit qu'il fallait prendre de nouvelles mesures, et exiger de nouvelles explications. Cette pièce était accompagnée d'une lettre uniforme adressée en sept copies aux présidens des bureaux, et qui différaient seulement par le titre de V. ou S. Voici la mienne.

« Monseigneur,

« J'ai l'honneur d'envoyer à Votre Altesse
« Royale le discours que vous avez désiré avoir ;
« je ne puis lui en communiquer que la seconde
« partie qui est la seule que j'ai écrite, et dont
« avant l'assemblée j'avais montré le manuscrit
« au roi, qui a daigné l'approuver dans tout son
« contenu. D'après les doutes qu'ont manifestés
« les bureaux, et d'après leurs réclamations, j'ai
« remis mon discours sous les yeux du monarque,
« qui l'a trouvé absolument semblable à celui qu'il
« avait lu avant l'assemblée ; ainsi Votre Altesse
« Royale ne peut douter que le discours que j'en-
« voie aux bureaux ne soit le même que celui que
« j'ai prononcé lundi dernier. »

Je fis lire cette lettre et le discours raccommodé, quoi que pût en dire le contrôleur général qui s'appuyait avec audace sur la mémoire incertaine du roi ; et dès que la lecture en fut achevée, l'archevêque de Narbonne prit la parole en ces termes :

« Je viens d'entendre le discours de M. le con-
« trôleur général, et je ne crains pas de répéter ce
« que j'ai dit mardi ; si le respect que je dois à la
« personne de Monsieur ne m'avait imposé silence,
« j'aurais interrompu M. le contrôleur général,
« pour le prier de s'expliquer plus clairement.
« Nous connaissons le cœur paternel du roi, nous

« savons qu'il ne désire que le bonheur de ses
« peuples ; et il n'est personne de nous qui ne soit
« porté à seconder les vues bienfaisantes de Sa
« Majesté ; mais lorsqu'on nous propose des assem-
« blées provinciales, nous croyons devoir repré-
« senter que la forme dans laquelle on veut les
« établir est inconstitutionnelle et entièrement
« contraire à l'essence de la monarchie.

« Lorsqu'on nous propose une subvention ter-
« ritoriale, nous devons dire avec franchise au
« roi que l'impôt en nature est impossible ; et qu'en
« argent, comme il est très considérable, nous
« ne pouvons délibérer qu'au préalable et lorsque
« la communication que nous avons demandée
« nous sera donnée. Quand on nous parle de la
« libération des dettes du clergé, ne devons-nous
« pas déclarer au roi, avec fermeté, que cette
« libération telle qu'elle est proposée attaque les
« propriétés !

« Nous sommes bien d'accord avec le roi sur
« les principes parce qu'ils sont toujours fondés
« sur la justice et l'équité, mais nous ne pouvons
« pas adopter les plans et les projets que l'on fait
« envisager à Sa Majesté comme devant opérer un
« grand bien et soulager les peuples, lorsque nous
« voyons que la nation loin d'en être soulagée sera
« surchargée ; nous ne devons donc pas souffrir que,
« d'après le discours de M. le contrôleur général,
« le roi puisse tirer l'induction que tous les plans
« proposés aient été adoptés. »

Le prince de Beauveau parla ensuite dans le même sens. Le duc de La Rochefoucauld prenant à son tour la parole dit, après s'être plaint hautement de ne pas retrouver dans le discours écrit les paroles qui avaient tant déplu aux notables, ce qui les plaçait dans la position pénible d'être opposés à Sa Majesté, ou de sembler en contradiction avec eux-mêmes ; il dit que les bureaux pouvaient en conséquence, sans s'arrêter à la défense dictatoire de M. le contrôleur général, exiger de lui une réparation complète.

L'évêque de Nevers attaqua M. de Calonne avec une vigueur qui me fit croire qu'il regardait sa chute comme certaine ; les autres membres opinèrent du bonnet, et je joignis ma voix à ceux qui avaient parlé, en disant d'une manière simple, mais formelle, « que nous devions tous voir avec « peine la fausse interprétation donnée à nos actes « et à nos propos ; que jamais nous n'avions pré- « tendu adopter les plans qu'on nous avait soumis, « et qu'on ne pouvait par conséquent nous prêter « ce que nous n'avions pas dit, sans manquer de « loyauté et de bonne foi. »

Les opinions étant recueillies, il fut décidé que je remettrais directement au roi l'arrêté suivant, qui fut libellé par MM. de Dillon, d'Ormesson et de Saron, M. d'Aligre s'étant refusé de se joindre à ces messieurs sous un léger prétexte. Mais cette basse complaisance ne le servit point auprès de

M. de Calonne dans une intrigue que je raconterai plus tard.

Voici l'arrêté :

« Le bureau supplie Sa Majesté d'agréer son
« hommage et la respectueuse reconnaissance dont
« les membres qui le composent sont pénétrés, de
« la confiance que Sa Majesté leur témoigne, et
« dont elle daigne les assurer par la bouche de son
« ministre des finances. Pour y répondre ils croient
« devoir faire connaître au roi leur opinion sur
« les objets qu'on leur a proposés à examiner ; ils
« croient devoir dire à Sa Majesté que lorsqu'ils
« ont opiné sur les assemblées provinciales, ils
« n'ont point été arrêtés par quelques difficultés
« de forme, mais ils ont pensé que ces assemblées
« telles qu'elles étaient proposées sont contraires
« à l'essence de la constitution de la monarchie,
« et cette remarque est trop importante pour n'être
« pas mise sous les yeux de Sa Majesté. Lorsqu'ils
« ont opiné sur l'impôt territorial en nature, ils
« ont pensé que cet impôt était inexécutable, et
« que n'ayant point de termes, ils ne pouvaient
« opiner qu'au préalable ; de même qu'ils ont dû
« s'élever fortement sur la manière proposée de
« liquider les dettes du clergé, puisqu'elles atta-
« quent les propriétés. Telle a été l'opinion du
« bureau, qui d'après son désir de la faire con
« naître dans toute sa vérité au roi, à la nation et
« à la postérité, supplie Sa Majesté de faire entrer

« dans le procès-verbal de l'assemblée, à la suite
« du discours de M. le contrôleur général, le pré-
« sent arrêté, qui sera consigné dans le procès-
« verbal des délibérations particulières du bu-
« reau. »

Après la séance je portai cette pièce rédigée et signée au roi.

— Eh bien, me dit Louis XVI, finira-t-on enfin par s'entendre ?

— On s'est trop bien entendu, sire, répliquai-je, pour être maintenant d'accord.

— Je vous assure que le discours du contrôleur général m'a semblé être le même à la seconde lecture.

— Permettez-moi de vous dire, sire, que ce n'est point là la question. Il s'agit simplement de savoir si on l'a débité devant nous tel qu'on l'a lu à Votre Majesté, et maintenant que la copie est entre nos mains nous pouvons hardiment soutenir que non.

— En assemblant les notables je voulais faire le bien de tous.

— Votre but sera rempli, sire ; mais il n'est pas nécessaire pour cela que nous nous laissions tromper par M. de Calonne.

— Qui mettrez-vous à sa place? me demanda le roi confidentiellement.

— En vérité, sire, je n'en sais rien, car mon

devoir est de vous obéir, et non de vous proposer des ministres.

— C'est bien : mais encore connaissez-vous un homme capable?

— Il y en a plusieurs, sire : M. de Machault, par exemple, M. de La Millière, M. de Fourqueux; j'en trouverais d'autres encore si j'avais le loisir de chercher.

— Je voudrais, dit le roi, après une pause, contenter tout le monde.

— Ah, sire ! rappelez-vous la fable du meunier et de son fils menant leur âne au marché.

— J'aurais été si heureux que l'assemblée eût marché de bon accord avec le ministre des finances ! Je crains que vos débats ne fassent disparaître la confiance. Mais ne pourriez-vous remédier quelque peu au mal?

— C'est impossible.

— Voyez du moins la reine, entendez-vous avec elle; mais au nom du ciel qu'on ne me propose ni M. de Brienne, ni M. de Lamoignon, dont depuis quelques jours on ne cesse de me parler.

Je saluai le roi, et sortis très-satisfait, parce que je me crus assuré du renvoi de M. de Calonne; mais avant de rapporter ce que je tentai en vertu de l'injonction de Louis XVI, je dois achever de dire ce qui eut lieu dans les autres bureaux au sujet de la délibération qui nous avait mis justement en émoi.

Celui du comte d'Artois, composé en partie de

gens dévoués, non pas précisément à Calonne, mais à la reine, se laissèrent néanmoins circonvenir par les meneurs d'une opinion contraire, tels que l'archevêque de Toulouse, le maréchal de Stainville, le prince de Robecq, le marquis de La Fayette et quelques autres, si bien qu'il fut décidé que ce bureau repousserait aussi à l'unanimité les insinuations du ministre. On lut l'arrêté après la résolution, et lorsque le secrétaire vint au mot sacramentel d'*unanimité*, le comte d'Artois, qui, entraîné par son attachement pour M. de Calonne, avait pendant la délibération témoigné une impatience visible, dit résolument : « Rayez ce mot, il n'est pas exact, car je refuse mon suffrage. »

Cette déclaration inattendue affligea le bureau, mais ne fit rien changer à sa détermination. Mon frère néanmoins promit de remettre lui-même au roi l'arrêté.

— Je vous avertis, messieurs, dit-il, que je me tairai, mon intention n'étant pas de parler contre un homme que j'estime et que j'aime.

Il en advint que ce prince fut dès ce moment en froid avec son bureau, et que sa généreuse persévérance à soutenir un homme que tout le monde repoussait lui fit beaucoup de tort dans le public, déjà malheureusement assez mal disposé en sa faveur.

Les cinq autres bureaux suivirent l'exemple des deux premiers. Cette guerre à outrance ne pouvait finir que par la chute du ministre, ou le renvoi de l'assemblée. Mais la politesse et l'urbanité qui présidèrent à toutes ces discussions forment un contraste frappant avec l'acrimonie et l'aigreur des assemblées délibérantes qui suivirent celle-ci.

Maintenant je reviens sur mes pas pour rappeler que le roi m'ayant demandé des concurrens à la place de contrôleur général, je lui en avais désigné trois presque au hasard, le premier surtout, M. de Machault; mais je savais qu'à la même époque on voulait le nommer garde-des-sceaux; et cela me fit penser à lui. Voilà ce qui eût lieu à cette occasion et ce que le baron de Bezenval rapporte avec beaucoup de fidélité :

« Je dus croire que le crédit de M. de Calonne
« baissait, car le duc de Nivernais étant venu chez
« le maréchal de Ségur où j'étais tête à tête avec
« lui, après avoir lu l'arrêté qu'on l'avait chargé
« de rédiger dans le bureau de M. le duc de Bour-
« bon et en avoir demandé notre avis; ajouta que
« s'étant trouvé le matin sur le passage du roi qui
« allait à la messe, le prince en le tirant à part lui
« avait dit : Ne croyez pas que dans l'annonce de
« M. de Calonne on ait envie de vous fâcher. »
Qu'à cela le duc avait répondu, « que le plus grand
« chagrin des notables était d'être souvent con-
« traints d'opiner contre ce qui serait le plus agréa-
« ble à Sa Majesté, et que le roi lui avait répliqué
« avec bonté en le quittant : *Opinez selon votre*
« *conscience.* »

« Je jugeai d'après ce récit qu'il n'y avait pas
« un moment à perdre, et qu'il fallait faire un der-
« nier effort pour M. de Lamoignon (1) ; en con-
« séquence j'allai le trouver et l'instruisis de la ma-
« nière dont j'avais parlé à M. de Calonne et des
« bonnes dispositions où je l'avais trouvé. Je lui
« prouvai que les circonstances étaient pressantes et
« qu'il était nécessaire qu'il vît dès le lendemain
« le contrôleur général, afin de le déterminer à
« prendre un parti et lui remontrer, à l'appui de
« tout ce que je lui avais dit, qu'il n'en avait pas
« de meilleur à adopter *que de renvoyer le garde-*
« *des-sceaux et de le mettre à sa place.* »

« M. de Lamoignon exécuta mon conseil. Je lui
« avais donné un rendez-vous chez lui pour le
« surlendemain, et là il m'apprit qu'il avait vu M.
« de Calonne la veille, qu'il l'avait trouvé fort
« agité et qu'après l'avoir écouté il lui avait ré-
« pondu :

— « Assurément je veux renvoyer M. de Miro-
« mesnil et vous nommer garde-des-sceaux ; je
« crois avoir détruit les préventions que le roi
« avait contre vous, mais enfin s'il en concevait
« encore et qu'il consentît à renvoyer M. de Mi-
« romesnil sans vouloir vous accepter, il faudrait
« que j'eusse quelqu'un à lui proposer tout de suite,

(1) M. de Lamoignon était l'ami intime du baron de Bezenval, qui en fait un grand homme dans ses Mémoires.
(*Note de l'éditeur.*)

« sans quoi la reine me mettrait un garde-des-
« sceaux de sa façon. Pensez-vous que M. de Ma-
« chault voulût l'être dans ces circonstances diffi-
« ciles, ou dois-je jeter les yeux sur un autre :
« voyons, donnez-moi un bon conseil ? »

« Si vous me parlez sérieusement, répliqua M.
« de Lamoignon, je vous dirai, quant à M. de Ma-
« chault, que je ne crois pas qu'un vieillard de
« quatre-vingt-cinq ans quitte sa retraite pour un
« motif quelconque, et à vous parler franchement
« je ne suis pas venu vous entretenir pour d'autre
« que pour moi. »

— « Eh bien, dit M. de Calonne, je parlerai demain
« au roi pour le renvoi de M. de Miromesnil, et
« j'insisterai tellement que j'espère vous obtenir
« sa place (Tome III, page 226 et suivantes.)

Voilà ce que j'ai appris au moment même d'une personne qui avait toute la confiance du baron suisse.

CHAPITRE VI.

Aspect de la cour. — Partis qui la divisent. — Comment ils étaient composés. — De quelle façon on trompait la reine. — Détails curieux. — Intrigues de M. de Calonne. — Son combat polémique avec M. Necker. — Il continue. — Le roi en jeu. — Révélation de M. de Fleury. — Lettre du contrôleur général aux curés. — Effets qu'elle produit. — Colère des bureaux. — Arrêtés qu'ils prennent à ce sujet. — Conversation de Monsieur avec le roi. — Entretien avec M. de Dillon.

Avant d'aller plus loin je veux décrire la situation de la cour, l'opinion des ministres et celle de la famille royale, afin de mieux faire connaître la situation réelle des choses à cette époque.

Le roi, ainsi qu'on a déjà dû le voir, ne savait auquel entendre et pour qui se décider. La reine ne cessait d'employer sur lui son influence au profit de Calonne; le monarque d'ailleurs, s'était laissé éblouir par la facilité de travail du contrôleur général: son ton tranchant et résolu, ses préventions en faveur du protégé de Marie-Antoinette, s'augmentaient de toute la répulsion que lui inspiraient M. de Brienne et M. de Lamoignon.

Cependant madame Adelaïde, qui avait aussi une grande partie de la confiance du roi, s'était depuis long-temps déclarée contre M. de Calonne, et profitait des circonstances pour le perdre dans l'esprit de son royal neveu ; le contrôleur général ne tarda pas à fournir à notre tante l'arme dont elle avait besoin contre lui.

Les princes du sang étaient divisés en deux partis. Le premier opposé à M. de Calonne, se composait du duc d'Orléans, dont la conduite antérieure pouvait faire douter de sa franchise actuelle, et du prince de Conti, qui dans son attaque ne gardait aucuns ménagemens : quant à moi, je ne me montrais point en ennemi, mais avec la conviction que Calonne ruinerait totalement le royaume, et ne voulant pas me mettre en avant de manière à me faire signaler comme chef de cabale, ce qui ne pouvait convenir à ma dignité de prince.

Le second avait pour chef le comte d'Artois, qui défendait le contrôleur général avec autant de chaleur que s'il eût été son propre banquier ; le prince de Condé, le duc de Bourbon, et le duc de Penthièvre : ces trois derniers, ne voulant contrarier ni le roi ni la reine, étaient craintifs dans leurs démarches, et avaient toujours peur de se compromettre.

Venait enfin Marie-Antoinette, qui depuis plusieurs années soutenait le ministre parce qu'il se prêtait, avec toute la grâce imaginable à remplir sa cassette quand elle était vide, et qu'ensuite la reine se rappelait toujours avec plaisir la réponse que le fin courtisan lui avait faite à une demande qu'elle lui adressait : *Si la chose est possible elle est faite, si elle est impossible elle se fera.* Cependant, depuis l'ouverture de l'assemblée des notables, Marie-Antoinette était prête à se détacher de M. de Calonne, par suite d'une question d'intérêt personnel que ses alentours, qui ne connaissaient pas le cœur humain, lui avaient présentée comme un moyen de la lier davantage à la cause du contrôleur général.

On ne cessait de dire à la reine que ce qui indisposait les notables contre M. de Calonne était la déférence qu'il avait toujours montrée à ses augustes volontés ; qu'on lui reprochait les sommes qu'il lui avait livrées sans résistance, et que ce dévouement absolu était un des plus grands griefs dont on se servait contre lui : on en concluait que tant de zèle devait être reconnu par une protection insigne ; mais Marie-Antoinette tirait de ces motifs une conclusion toute différente. Effrayée des reproches qu'on ne cessait de lui faire d'avoir contribué aux dilapidations des finances de l'état, elle croyait y échapper en s'éloignant du coupable. L'abbé de Vermont, qu'elle consulta, et qui voyait venir enfin le moment d'élever M. de Brienne, entretenait Sa Majesté dans ces intentions, et lui conseillait d'abandonner entièrement M. de Calonne à l'indignation publique.

Cependant la reine, tout en convenant de la sagesse de cette mesure, ne la provoquait pas encore, retenue, qu'elle était par l'invincible fermeté de son caractère, qui lui rendait pénible toute démarche rétrograde. Elle balançait donc et se tenait à l'écart, ne disant rien au roi, car elle connaissait sa répugnance à accepter l'homme qu'on voulait mettre à la place du contrôleur général.

Voilà quelles étaient les dispositions de chacun des membres de la famille royale. Quant aux ministres, à l'exception de M. de Ségur, ils étaient tous opposés à M. de Calonne, et encore le premier était trop dévoué à la reine pour ne pas chercher à lui complaire en tout.

La cabale Polignac, en lutte directe contre la cabale Necker, et bien prête à se déclarer contre le parti Brienne, soutint fidèlement le contrôleur-général jusqu'à sa dernière heure, car elle savait ce qu'on pouvait obtenir de lui et ignorait ce qu'il fallait attendre d'un autre.

Les choses en étaient à ce point lorsque, d'après l'intimation du roi, je me rendis chez la reine. Ses traits s'animèrent en me voyant; c'était assez l'ordinaire quand elle était dominée par une émotion vive. Je compris que je devais éviter de provoquer une explosion de mauvaise humeur, et je me contentai de dire à Sa Majesté que les débats entre les notables et le ministre allant toujours croissant, il était nécessaire de prendre des mesures, et que le roi m'avait chargé de l'en prévenir. Marie-Antoinette me répondit avec ironie que les notables suivaient une impulsion donnée par des gens qui prétendaient faire plier ainsi d'augustes volontés à la leur.

— En effet, madame, répondis-je sans me déconcerter d'une attaque dirigée évidemment contre moi, je me suis aperçu que M. de Brienne appuyé par M. de Dillon, le prince de Beauveau et quelques autres, cabalaient avec acharnement contre le contrôleur général, que ces messieurs avaient provoqué dans mon bureau et dans les autres la vigueur des arrêts, et en cela je suis complétement de l'avis de Votre Majesté.

La reine changea de visage ; je lui ai cité des hommes qui lui étaient tout dévoués, et elle ne pouvait le nier ; si bien que Marie-Antoinette, qui avait cru me forcer à employer des excuses près d'elle, se vit contrainte de justifier ses protégés ; son dépit se montra sans déguisement, mais prenant tout à coup son parti sur cette mystification inattendue, ses traits se déridèrent, et elle me dit presque en riant :

— Vous vous êtes gardé cependant de rester en arrière.

— Mon rang, ma sœur, repartis-je du même ton, m'interdit la neutralité. Je dois donner l'impulsion et non la recevoir.

— Mais, dit la reine avec une sorte d'abandon

duquel je lui sus gré, si M. de Calonne se retire, vous m'aiderez, je l'espère, dans le choix à proposer au roi !

— Je suis venu, madame, pour m'entendre avec vous.

— Qui avez-vous en vue, monsieur ?

— Un homme de bien, La Millière; mais je crains qu'il ne refuse.

— Et à son défaut.

— Bouvard de Fourqueux.

La reine réfléchit un instant, puis elle dit avec hésitation :

— Que penseriez-vous de l'archevêque de Toulouse ?

— C'est un bon choix, répliquai-je, et je le pensais alors; mais le contrôle général est une place bien inférieure.

— Il pourrait prétendre à mieux.

— C'est ce dont je doute, car vous connaissez, madame, les dispositions du roi à son égard.

— Il en reviendra si vous consentez à ne point être contraire à M. de Brienne. Je vous avouerai que je tiens beaucoup à M. de Calonne, mais s'il faut qu'il parte, l'archevêque de Toulouse me paraît seul capable de le remplacer.

— Que pensez-vous de M. de Breteuil ? dis-je, non dans l'intention de le servir, mais afin de connaître toute la pensée de la reine

— Je pense qu'il est inutile de le déranger de la place qu'il occupe.

Ces paroles dites avec vivacité me firent supposer qu'il s'était élevé un nuage entre lui et sa *bonne maîtresse*, comme il désignait la reine. Sa Majesté me pressa de nouveau de me déclarer pour M. de Brienne, et comme je partageais presque l'erreur du public, je ne refusai pas de dire un mot en sa faveur, s'il prenait fantaisie au roi de me consulter là dessus.

Notre conversation se termina donc bien mieux qu'elle n'avait commencé; une explication réciproque acheva de nous rapatrier. J'eus carte blanche pour agir à mon gré, pourvu que je ne cherchasse point à entraver la marche de l'astre qui allait bientôt paraître sur l'horizon.

Si les ennemis de M. de Calonne ne s'endormaient jamais, le contrôleur général, de son côté, s'efforçait de parer au coup qu'on voulait lui porter. Il voulait se défaire à tout prix de M. de Miromesnil, et pour y parvenir il imagina une ruse infernale, ce fut de persuader au roi, au moyen de lettres vraies ou fausses, que les magistrats membres des bureaux envoyaient en province, lesquelles furent interceptées à la poste, que le garde-des-sceaux agitait le brandon de la discorde afin de faire renvoyer le contrôleur général. Le baron d'Oigny, intendant des Postes, fit dans cette affaire l'office de compère; peut-être fut-il dupe de sa complaisance un des premiers. Il est certain du moins que ces lettres vinrent par son intermédiaire dans les mains de Sa Majesté.

Un autre grief animait encore l'un contre l'autre le garde-des-sceaux, et le contrôleur général, mais pour l'expliquer il faut remonter à la séance d'ouverture de l'assemblée des notables et même un peu avant. M. Necker, toujours aux aguets de tout ce qui pouvait concerner les finances, apprit dans le courant de janvier par l'archevêque de Toulouse, à qui M. de Calonne s'était d'abord confié, que celui-ci présenterait aux notables la gestion du Genevois, et attaquerait surtout l'exactitude de son compte rendu, bien qu'il eût reçu l'approbation générale.

Necker laisse passer quelques jours, puis va trouver son séide, le duc de Castries, et le prie d'éclaircir ce point avec le ministre des finances ; mais ne se contentant pas de cette mesure, il écrit lui-même à M. de Calonne en termes qui ne lui permettent pas de garder le silence, et le lendemain il en reçoit une réponse, mais tellement vague qu'elle ne peut le satisfaire. Enfin la correspondance continue. M. Necker, le 7 février, offre au ministre de lui donner toutes les explications nécessaires en réponse aux objections qu'il lui fera, et ajoute qu'il se flatte de prouver que *le compte rendu* est à l'abri de tout reproche.

Silence de la part de M. de Calonne, qui se prolonge jusqu'au 28 février, jour où il envoie à Necker son discours d'ouverture, accompagné d'un billet laconique : c'était déclarer la guerre après le combat. M. Necker néanmoins ne se tint pas pour battu, et cette fois, laissant de côté son adversaire, il s'adressa directement au roi, toujours par l'intermédiaire du duc de Castries. Il demandait que Sa Majesté lui permît de descendre dans la lice, et de donner de la publicité à sa réplique au contrôleur général.

Le roi, très embarrassé, mais toujours le plus honnête homme de son royaume, dit au ministre qu'avant tout il fallait savoir de M. Joly de Fleury, en quel état étaient les finances au moment où il entra au contrôle général lorsque Necker en sortit. Calonne aurait voulu éluder cette question ; le roi insista, il fallut obéir. M. de Fleury répondit par une lettre détaillée, dans laquelle il rendit le témoignage le plus éclatant de la bonne gestion de M. Necker ; il concluait en disant que s'il y avait eu des erreurs elles étaient plutôt à son avantage que contre lui.

C'était positif; mais M. de Fleury s'imaginant avec raison que M. de Calonne ne porterait pas au roi sa réponse dans son intégrité, en adressa un duplicata au garde-des-sceaux. Celui-ci, instruit du mal que Calonne cherchait à lui faire, saisit la première audience que le roi lui accorda pour parler de l'affaire de M. Necker ; mais le monarque prétendit ne pouvoir rien décider, M. de Fleury n'ayant pas encore répondu.

— Comment, sire, pas répondu ! il l'a si bien fait qu'il m'a remis un duplicata de sa lettre dans la crainte qu'elle ne s'égarât en route, et le voici tel que je l'ai reçu.

Le roi fit un mouvement d'impatience. Dès que M. de Calonne arriva, il lui reprocha sa manœuvre et le traita avec froideur. Ce fut alors que celui-ci, pour se venger, compléta sa dénonciation contre le garde-des-sceaux, ainsi que je l'ai rapporté ci-dessus. Il ajouta que les pamphlets qui paraissaient depuis peu s'imprimaient chez M. de Miromesnil. Ces récriminations troublèrent étrangement l'esprit du roi; il allait de l'un à l'autre et ne voyait partout que des réticences sans pouvoir découvrir la vérité. Ce démêlé continua jusqu'au jour où le contrôleur général et le garde des sceaux furent disgraciés ensemble. Mais avant d'arriver à cette époque, je vais retracer les dernières folies de M. de Calonne, et comment lui-même se porta le coup mortel. Les hommes deviennent presque toujours l'instrument de leur propre perte, en employant contre les autres des moyens qui finissent par retomber sur eux-mêmes. C'est ce qui prouve que la sagesse et la prudence devraient seules guider toutes nos actions.

M. de Calonne s'apercevant du mauvais effet que produisaient contre lui les arrêts des bureaux, qui, répandus dans le public, animaient la haine de ses ennemis, imagina de changer l'opinion générale en sa faveur par un coup hardi, et dont la forme inusitée portait en appel devant la nation ce qui ne devait être jugé que par le roi. Je n'hésite pas à dire que cette mesure imprudente, qui fut renouvelée peu après, a été une des causes les plus actives de tous les malheurs qui nous accablèrent depuis. Le peuple y vit le droit d'examiner tous les actes royaux, prétention qu'il poussa loin et dont les conséquences sont connues.

M. de Calonne envoya à tous les curés du royaume les mémoires de la première et de la seconde section de ses projets, il y joignit une sorte d'avertissement imprimé à un très grand nombre d'exemplaires, afin que les pasteurs pussent le faire connaître dans les communes en le répandant parmi leurs paroissiens. Il exposait rapidement dans cette pièce quelles étaient les volontés paternelles du monarque ; il disait ensuite que, malgré les débats qui s'étaient élevés dans l'assemblée des notables contre ses plans, chaque membre étant plein de patriotisme et de bonnes intentions se rangerait bientôt de l'avis du roi ; il ajoutait :

« Ce serait à tort que des doutes raisonnables, « des observations dictées par le zèle, feraient « naître l'idée d'une opposition mal entendue. »

Paris et les provinces furent bientôt inondés de cette sorte de pamphlet et d'attaque directe contre les notables. Nous nous crûmes en droit d'en témoigner notre mécontentement ; il ne fut pas un de nous qui, connaissant le prix de l'opinion publique, ne prétendît confondre la malice du contrôleur général.

Les bureaux étaient en vacances dans ce moment, à cause de la semaine sainte ; M. de Calonne avait compté sur leur dispersion et espérait que leur colère serait à peu près éteinte à leur rentrée. Mais ce calcul ne se vérifia pas, bien qu'en profitant de ce délai il eût intrigué, et reçu à sa table les maires et les députés des états, dans la pensée que ceux-ci, moins importans que le clergé et la haute noblesse, se laisseraient plus facilement éblouir par lui.

Cependant, dès leur rentrée, tous les bureaux tonnèrent contre la conduite du ministre ; le mien donna l'exemple. Je ne cachai point l'indignation que me causait la déloyauté de M. de Calonne, qui faisait juger à toute la France une question que notre prudente sagesse avait renfermée dans le sanctuaire de l'auguste assemblée. Je dis que si justice ne nous était rendue nous serions forcés à notre tour de porter la cause devant la nation.

L'archevêque de Narbonne dit aussi :

« Le premier devoir que la qualité de sujet nous
« impose est de ne pas suivre l'exemple du minis-
« tre par son appel séditieux au peuple, mais de
« recourir à la justice du roi. L'avertissement dit
« qu'il est temps d'apprendre au peuple le bien
« que le roi veut lui faire, et moi je pense qu'il
« est temps d'avertir Sa Majesté de tout le mal que
« le ministre lui prépare. »

Les autres membres parlèrent aussi dans le même sens ; l'avis fut unanime. On dirigea un arrêté foudroyant, que je dus encore mettre sous les yeux du roi. Le comte d'Artois resta seul dans son bureau contre tous ; il refusa même de porter à Sa Majesté l'arrêté signé par les notables. Ce fut un grand tort, car il aurait dû savoir qu'un président ne doit point se restreindre à donner son vote comme un simple particulier, mais qu'il est l'organe de la volonté commune, et qu'à ce titre il lui est imposé de remplir dans toute leur étendue les fonctions de sa charge.

Le troisième bureau, agissant toujours comme si le duc d'Orléans l'eût présidé fit rédiger par M. Vidault-de-Latour une protestation énergique, mais longue et diffuse. Les quatrième, cinquième et septième en dressèrent de semblables, bien que moins véhémentes. Quant à celle *du grenadier*, elle surpassa en vigueur toutes les autres.

Après un tel éclat il n'était plus possible de contenir les notables, et le contrôleur général devait nécessairement être renversé. Je voyais comme tous les politiques ce qu'exigeaient les circonstances, et je crus dans l'avantage de tous ne devoir plus rien ménager. J'allai donc chez le roi porter l'arrêté de mon bureau. Je le trouvai tout ému de la double récrimination du garde-des-sceaux et du ministre des finances ; il ne savait à quoi se décider, et commençait à s'apercevoir que M. de Calonne le trompait.

— Vous croyez donc, me dit Louis XVI, que le contrôleur général a mal agi en adressant son avertissement aux curés ?

— Sire, répliquai-je, il vous a fait descendre, par cette démarche imprudente, du rôle de juge suprême à celui de solliciteur. La plus grande faute qu'un souverain puisse commettre est celle de se départir de ses droits.

— Le ministre a pensé produire bon effet en montrant au peuple ma sollicitude envers lui. D'ailleurs, ajouta le roi avec embarras, il m'a consulté et j'ai approuvé son projet ; vous voyez donc que s'il a commis une faute, il n'est pas seul coupable.

— Il l'est toujours, d'avoir induit Votre Majesté en erreur. Il ne m'appartient point, sire, de dicter votre conduite, mais dans un cas semblable je ne garderais point à mon service un tel ministre.

— Je verrai... j'examinerai... dit le monarque avec hésitation.

— Quant à moi, sire, mon devoir est maintenant de remettre cet arrêt à Votre majesté, et cela fait, je me retire.

J'espérais que mon frère me retiendrait pour causer avec moi sur ce point important, mais il me laissa partir, et je rentrai afin de prévenir l'archevêque de Narbonne, qui m'attendait dans mon appartement, de ce qui venait de se passer avec le roi, après que je lui eus parlé.

La reine me répondit : Il mettra fin à l'incertitude de Sa Majesté aujourd'hui ou demain sans doute.

— Mais, répliquai-je, espérez-vous que votre ami entrera au conseil?

— L'abbé de Vermont a la parole de Sa Majesté.

— Et si le roi consulte le baron de Breteuil, celui-ci peut encore retarder ce que vous souhaitez si ardemment, car je me figure qu'il verrait de mauvais œil l'élévation de l'archevêque de Toulouse.

M. de Breteuil a maintenant la bouche close: voici ce qui s'est passé hier à ce sujet. M. de Dillon me fit alors le récit suivant.

CHAPITRE VII.

La reine et le baron de Breteuil. — Révélation du plus haut intérêt. — Suites de cabales. — Le roi et la reine se déterminent à renvoyer MM. de Miromesnil et de Calonne. — Le comte de Provence excite le roi. — Disgrace des deux ministres. — Lettres de renvoi. — Billet du comte d'Artois à M. de Calonne. — Dialogue entre celui-ci et le baron de Breteuil. — M. de la Millière refuse le contrôle-général. — On prend M. de Fourqueux en attendant. — Noble conduite de M. de Miromesnil. — Sa lettre au roi. — Cascades de lettres-de-cachet adressées à M. de Calonne. — Joie que son départ cause à la nation. — Elle est bientôt calmée. — Intrigues déçues. — Le roi ne veut pas de M. de Lamoignon, et le prend cependant. — Un mot des notables. — Conseil tenu à leur sujet. — On se décide à les conserver encore. — Mensonge de M. de Calonne prouvés par le roi.

« Tant que la reine a cru, monseigneur, que M. de Calonne servait l'État avec talent et fidélité, elle lui est demeurée attachée ; mais depuis qu'elle s'est convaincue qu'il marchait d'erreur en erreur et de faute en faute, Sa Majesté l'a abandonné et transporte son affection à M. de Brienne. Instruite par le roi lui-même, que le baron de Breteuil qu'elle a comblé de bontés était d'un avis contraire au sien sur cet administrateur, la reine l'a envoyé chercher hier matin, et voici presque textuellement la conversation qu'ils ont eue ensemble.

— M. le baron, avez-vous à vous plaindre de moi?

— Ah! madame, Votre Majesté me comble, et ma reconnaissance.....

— Va être éprouvée; le contrôleur général ne peut plus conserver sa place ; mes yeux sont dessillés ; il nous a perdus par sa facilité imprudente à nous complaire en tout lorsqu'il aurait dû ménager sévèrement les deniers de l'État ; il faut donc qu'il se retire. Un seul homme peut rétablir les finances, et l'opinion générale désigne l'archevêque de Toulouse. Que pensez-vous de lui ?

— Mais, madame, qu'il a des connaissances, des talens..... et néanmoins conviendra-t-il au contrôle? Je crains qu'il ne soit meilleur politique que bon financier.

— Je vous entends, monsieur ; vous croyez qu'il ne pourra remplir convenablement la place qu'on lui destine.

Le baron de Breteuil répondit par une simple inclination de tête, et la reine poursuivit.

— Sans chercher à approfondir avec vous ce que l'avenir prépare à M. de Brienne, je vous dois une explication que vos services méritent autant que votre attachement à ma personne. Fort de votre capacité, de votre expérience, des fonctions honorables que vous avez remplies dans plusieurs cours de l'Europe et en France, vous pouvez espérer à devenir le chef du conseil du roi ; je ne nie pas vos titres à cette prétention, et néanmoins la chose est impossible.

Un mouvement de dépit échappa à M. de Breteuil.

— Je vois, continua Marie-Antoinette, combien ceci vous blesse ; je partage votre chagrin, et cependant je suis forcée de vous dire que vous ne quitterez pas le poste où vous êtes, tant que le roi me consultera. N'attribuez point à une simple fantaisie ce qui prend sa source dans une importante considération politique. On m'accuse ouvertement, depuis l'avénement de Louis XVI, d'être plus autrichienne que française ; on prétend que je soutiens avec chaleur les intérêts de ma famille contre ceux de la nation qui m'a adoptée. Cela est faux, vous le savez mieux que personne ; mais je ne veux pas prêter un nouvel aliment à ces calomnies en vous aidant à monter au premier poste du ministère, vous qui avez été pendant plusieurs années ambassadeur à Vienne, vous que les Rohan ont accusé d'avoir embrassé complétement les principes autrichiens. Ce serait fournir contre moi une arme à mes ennemis, bien que vous n'ayez jamais oublié votre qualité de Français pour l'avantage de la maison de Lorraine, de même que je n'ai point oublié celle de reine, d'épouse et de mère. Voilà, monsieur, le motif véritable qui me portera toujours à vous éloigner de la direction des affaires.

La reine sut adoucir ces paroles en y mêlant cette grace infinie qu'elle possédait au suprême degré; mais l'ame ambitieuse du baron de Breteuil n'en reçut pas moins une profonde blessure, et le morne désespoir qu'il opposa aux argumens de la princesse annonça assez tout ce qu'il souffrait.

— Maintenant que je vous ai fait connaître toute ma pensée, poursuivit Marie-Antoinette, je dois ajouter que je compte sur vous pour engager le roi à choisir M. de Brienne. Si vous me refusiez, j'y verrais la preuve que vous préférez vos intérêts aux miens. Que me répondez-vous?

Le baron ainsi pressé ne put qu'assurer la reine de son obéissance, et il est parti sans doute la rage dans le cœur, mais sans pouvoir désormais se montrer contraire à M. de Toulouse. Voilà, monseigneur, où nous en sommes, et je vous le confie de la part de mon collègue, qui vous demande votre protection en attendant que son dévouement à votre personne lui acquière le droit d'être compté au nombre de vos fidèles serviteurs. »

Ce récit me fit plaisir, car je savais avoir un ennemi caché en M. de Breteuil, tandis que j'espérais me faire un ami de l'archevêque de Toulouse. Je priai donc M. de Dillon d'assurer M. de Brienne que ma protection lui était acquise à l'avance, et que je ne doutais pas qu'il justifiât la bonne opinion qu'on avait conçue de lui jusqu'à ce jour.

Rien n'était encore décidé le dimanche 8 avril. Le roi reçut ce jour-là des preuves vraies ou fausses de la perfidie du garde-des-sceaux, par le canal de M. de Calonne, et que confirma, dit-on, le lieutenant de police. Louis XVI se détermina d'après cela à destituer M. de Miromesnil, et il annonça le soir sa résolution à la reine.

— Et pourquoi, sire, répliqua la princesse, vous arrêter à la moitié de la besogne? le contrôleur général ne peut pas plus rester que le garde-des-sceaux.

— Le pensez-vous sérieusement, madame?

— Oui, sire; mes yeux se sont ouverts sur son compte; il vous a compromis par sa conduite imprudente; vous ne pouvez sans scandale lui sacrifier les notables. La nation, qu'il a invoquée, demande sa chute; et puisqu'il a osé en appeler à cette décision, il n'aura point à se plaindre.

Le roi balançait encore, et Marie-Antoinette, qui m'avait prévenu à l'avance de me tenir prêt à paraître dès qu'elle me ferait appeler, fit un signe convenu à une personne de son service, et peu de temps après un valet de pied de la reine vint me prier de passer chez le roi. Je ne me fis pas attendre.

— Sire, dit Marie-Antoinette dès qu'elle m'aperçut, voici Monsieur qui vient fort à propos, vous pouvez l'interroger sur ce qu'on pense généralement de M. de Calonne.

— Eh bien! mon frère, qu'en pense-t-on en effet? dit le roi avec une naïveté admirable.

— Si j'osais le dire, sire, on prétend que Votre Majesté tarde trop à s'en défaire, et que c'est une faute.

— Fort bien, mais qui mettra-t-on à sa place? Car je vous préviens que l'archevêque de Toulouse ne me convient pas.

— J'avais toujours mes deux noms à proposer : que penseriez-vous sire, dis-je, de La Millière ou de Fourqueux? Ils ont tous deux de vrais talens.

— Voyez La Millière, répondit le roi,

— En attendant, sire, dit la reine, donnez vos ordres au ministre de votre maison pour qu'il expédie les lettres de cachet.

Le roi, sans résister davantage, envoya chercher le baron de Breteuil, qui, en apprenant ce dont il s'agissait, dit que son animosité déclarée contre M. de Calonne lui rendait pénible la charge de lui annoncer sa disgrace.

— C'est un scrupule très louable, répliqua la reine, et M. de Montmorin prendra ce soin, ainsi que vis-à-vis de M. de Miromesnil.

Louis XVI donna son assentiment, et tout fut conclu. On minuta, séance tenante, les deux lettres de cachet, dont le roi voulut lui-même dicter les expressions. Voici dans quels termes elles furent conçues. Je commence par celle du garde-des-sceaux.

« Dans le mois de décembre dernier, vous m'a-
« vez parlé de vous retirer, votre santé ne vous
« permettant pas de vous livrer au travail que les
« circonstances requièrent ; le bien de mon service
« exige que vous m'envoyiez en ce moment votre
« démission. Vous pouvez d'ailleurs réclamer ce
« que vous désirez pour votre retraite : je vous té-
« moignerai avec plaisir ma satisfaction. »

La lettre adressée au contrôleur général était ainsi conçue :

« Les circonstances ne me permettent plus de
« vous employer ; vous m'enverrez en conséquence
« immédiatement votre démission de contrôleur
« général et de ministre secrétaire d'état. Vos in-
« tentions ont pu être bonnes, mais la réalité n'y
« répondant pas, je suis forcé de vous retirer ma
« confiance. »

Dès que le comte d'Artois fut instruit de la disgrace de M. de Calonne, il lui écrivit le billet suivant :

« Je n'oublierai pas ce que vous avez fait pour
« moi. Adieu ; vous emportez mes regrets et mon
« estime. »

Montesquiou me rappela le lendemain un propos que je lui avais tenu dans le temps, et que voici :

— Chaque fois que je vois M. de Calonne, je me surprends à calculer la hauteur de la potence à laquelle Assuérus fit attacher Aman, son contrôleur général des finances.

J'avoue que ce qui ne m'avait paru que plaisant lorsque le contrôleur était tout-puissant, me fit frémir quand la prédiction semblait si près de son accomplissement. Je priai Montesquiou de ne pas répéter ces paroles, me souciant peu de passer pour prophète aux dépens du ministre disgracié.

Calonne était à Versailles lorsque M. de Montmorin lui apporta sa lettre de cachet. Il la lut, puis il dit :

— Est-ce M. de Brienne qui me remplace ?

— Non, monsieur : le choix du roi n'est pas encore connu.

— J'aimerais autant pour ma sûreté que ce fût tout autre que lui.

Pendant ce temps, j'étais rentré chez moi pour recevoir La Millière qui était venu à Versailles d'après mon invitation. Je lui offris une dernière fois le contrôle général ; mais ce fut inutilement : il persista dans son refus, et je dus renoncer à mes vues sur lui. Je retournai chez la reine pour lui apprendre la *cosa rara* à la cour, un homme qui refusait un ministère : nous nous rejetâmes alors sur Fourqueux qui se montra moins difficile.

— C'est un pauvre sire, dis-je à la reine.

— N'importe, qu'il reste là quelques semaines, c'est tout ce qu'il nous faut.

Marie-Antoinette voulait dire que dans cet intervalle on circonviendrait le roi, de manière à lui faire accepter l'archevêque de Toulouse. Elle alla donc chez S. M. lui faire part du refus de La Millière, et du consentement de Fourqueux.

— Soit, dit le roi, autant vaut celui-là qu'un autre : d'ailleurs il y restera peu.

Ces mots, prononcés peut-être sans intention, parurent de bon augure à ma belle-sœur, pour M. de Brienne.

Le lendemain lundi, 9 avril, M. de Montmorin s'achemina vers Paris, portant la lettre de cachet au garde-des-sceaux. Il le trouva plongé dans une affliction profonde, causée par la mort de sa fille, madame de Berulle. Il était loin de s'attendre au coup qui allait le frapper, car la veille il avait reçu très tard la nouvelle du renvoi de M. de Calonne dont il se réjouissait fort. Néanmoins M. de Miromesnil montra de la dignité, et rendit non seulement les sceaux de bonne grace, mais renonça encore, sans qu'on eût songé à le lui demander, à la survivance de la charge de chancelier accordée par lettres-patentes qui l'avaient nommé garde-des-sceaux à la mort du titulaire. Cette résignation toucha le roi, qui, instruit d'ailleurs de la mort de madame de Berulle, dit que s'il l'avait su la veille il aurait retardé la disgrace de son garde-des-sceaux. Celui-ci, en réponse à la lettre de cachet, écrivit au monarque en ces termes :

« Sire,

« Je n'étais point attaché à Votre Majesté par
« intérêt personnel, mais par un amour sincère
« et respectueux. Je perds tout en perdant vos
« bonnes graces. L'état des finances ne me permet
« pas de rien demander ; j'ai toujours su vivre de
« peu. J'étais pauvre quand j'entrai au ministère,
« et j'ai le bonheur d'en sortir de même. Je me
« bornerai à faire des vœux pour la gloire et la
« prospérité de Votre Majesté ; et je la prie seule-
« ment de vouloir bien que je mette à ses pieds
« la cause de mes enfans, etc. »

C'était montrer autant de noblesse que de désintéressement : aussi M. de Miromesnil fut-il à l'abri de tous les désagrémens qui accompagnent toujours la sortie d'un ministère. Il ne fut pas exilé, et le roi le traita bien dans la suite. Quant à M. de Calonne, il reçut en huit jours six lettres de cachet consécutives, à mesure qu'on apprit à mieux connaître sa gestion. Démis de sa charge par la première, la seconde, l'exila à Bernis, avec interdiction de voir qui que ce fût, même sa famille, d'écrire, etc. ; la troisième lui permettait de venir à Paris mettre de l'ordre dans ses affaires ; la quatrième l'exilait en Lorraine ; la cinquième l'envoyait chez sa sœur ; et la sixième enfin révoquant cette autorisation, maintenait la disposition de la quatrième.

On sut en même temps que se croyant assuré de la confiance du roi, de l'appui de la reine et de celui du comte d'Artois, il avait conçu la pensée hardie de casser l'assemblée des notables, et de renouveler le ministère en entier, à l'exception de M. de Montmorin, afin de punir ses collègues de ne l'avoir pas mieux secondé dans ses projets.

La disgrace de M. de Calonne causa une joie générale; on le chansonna, on l'accabla d'épigrammes et de plaisanteries (1); on croyait aussi

(1) Nous citerons ici une chanson faite à cette époque, qui donnera une idée de la critique du temps :

<blockquote>
A monseigneur
Le contrôleur,
Salut, paix et retraite.
  Quand on le prit
  Pour son esprit
Bien chère en fut l'emplète.
On sait qu'il n'aime pas pour peu
La table, le lit et le jeu :
  Un jour viendra
  Qu'il variera
Ses passe-temps aimables,
  Et l'on verra
  Qu'il sautera
Pour messieurs les notables;
Pour d'Artois il a financé;
Pour Lebrun il s'est trémoussé.
  Gorgé d'écus,
</blockquote>

que M. Necker serait rappelé, mais il n'en fut rien; car le même jour du renvoi de M. de Calonne il reçut une lettre d'exil, en punition de ce qu'il avait fait imprimer un mémoire justificatif des faits avancés contre lui par le contrôleur général, bien qu'il n'eût pas obtenu le consentement du roi. Cette mesure prise à l'égard de Necker calma un peu l'allégresse de la nation; on craignit d'avoir compté trop tôt sur le rétablissement des affaires, et on attendit avec anxiété les événemens.

Les présidens des bureaux reçurent aussi l'avis que leur vacance qui finissait le 11, était prolongée au 16. Ce temps était nécessaire pour préparer le nouveau travail.

Il arriva, lors de cette double disgrace, une chose assez remarquable, c'est que les deux ministres renvoyés furent remplacés par des hommes qui n'étaient point du choix de Sa Majesté. M. de Miromesnil, en se liguant contre M. de Calonne, avait cherché à l'avance un contrôleur général, ne se doutant pas qu'il était lui-même menacé d'une semblable disgrace; et M. de Calonne, guidé par un motif pareil, s'était mis en quête d'un garde-des-sceaux, de sorte que tous les deux, partant à la fois, ne purent indiquer au roi ceux

Il n'aura plus
L'attitude de pénurie
Qu'il va laisser à la patrie.

(*Note de l'Éditeur*.)

qui devaient les remplacer. Il fallut donc y suppléer, pour ainsi dire, au hasard.

M. de Calonne, en assurant M. de Lamoignon qu'il agissait dans son intérêt, le trompait, car il redoutait son ambition, et il avait mis en avant le premier président d'Aligre, dont il se croyait plus sûr, et M. Le Noir qu'il espérait mener à la lisière. L'archevêque de Toulouse au contraire, ayant fait un pacte avec M. de Lamoignon, le présenta à l'abbé de Vermont comme étant son homme. Le prélat le recommanda à la reine, qui l'imposa en quelque sorte au roi en dédommagement de M. de Brienne dont il ne voulait à aucun prix, ce qui signifiait qu'il le prendrait le plus tard possible.

En acceptant le nouveau garde-des-sceaux, Louis XVI fit un grand effort sur lui-même, car M. de Lamoignon était l'objet de son antipathie ; il le savait l'un des auteurs des pamphlets contre Maupeou, et cette conduite lui semblait indigne d'un magistrat ; il lui reprochait d'ailleurs de la légèreté, de l'immoralité même, et lui supposait enfin peu de talens ; en cela il ne se trompait pas, car dès son entrée au ministère, il se montra l'humble valet de M. de Brienne, l'aida dans ses coups d'État et dans ses extravagances, et ne laissa après lui que la mémoire d'un homme sans mérite, et qui fit à la France tout le mal qu'il put lui faire.

Le roi le prit donc parce qu'il ne s'était pas muni à l'avance d'un garde-des-sceaux et qu'il ne savait alors sur qui fixer son choix. Mais il dit à la reine :

— Vous me répondez donc que M. de Lamoignon ne fera pas de sottises?

— Il n'en dit pas du moins, répliqua Marie-Antoinette, surprise de cette question.

— Les beaux parleurs, madame, ne sont pas toujours les plus habiles.

M. de Lamoignon était encore puissamment soutenu par la cabale Polignac, à laquelle il faisait une cour assidue. J'aurais désiré que les sceaux fussent donnés à M. de Malesherbes, mais la reine, à qui j'en parlai, s'y opposa en disant que les philosophes se pliaient trop difficilement aux convenances des cours pour y être appelés. Je compris que les amis de la princesse redoutaient une probité qu'on savait que rien ne pouvait corrompre.

Le pauvre Fourqueux arriva aussi au contrôle par ricochet, où il fut placé en pierre d'attente. Il reçut cependant tous les honneurs de l'emploi, car le dimanche suivant il entra au conseil, ce qui en fit un ministre à caractère indélébile.

Quant aux notables, ils n'eurent qu'une seule assemblée au jour indiqué. On discuta sur certaine aliénation des domaines, et le nouveau contrôleur général ayant demandé qu'on lui laissât le temps de se reconnaître, on nous ajourna au 23 avril. Ce retard, qui devait sembler tout naturel, cachait cependant, comme on dit, anguille sous roche ; voici ce qui en était :

Trois sections du plan général des objets à nous soumettre ayant été épuisées, non sans de vives contestations, il restait à discuter la quatrième, relative aux impôts indirects, au timbre et autres matières, qui devaient également amener de violens débats. Les deux nouveaux ministres, effrayés de ce qui était arrivé à M. de Calonne, craignaient de se mettre dans la même position. L'archevêque de Toulouse, qui les dirigeait de la coulisse, croyant avoir déjà un pied dans le ministère, avait peur aussi de se compromettre vis-à-vis des notables, il aurait donc voulu les voir partir, dût l'ensemble de leur travail rester incomplet.

MM. de Fourqueux, de Lamoignon, de Montmorin et de Breteuil, appelés tous les quatre à un conseil secret tenu à cet effet, se trouvèrent partagés en deux avis opposés. Celui des deux premiers tendait au renvoi pur et simple des notables et à l'enregistrement des édits, au moyen d'un lit de justice, ce qui devait selon eux trancher toute difficulté. L'opinion des deux autres était qu'on ne pouvait congédier les notables sans manquer à la dignité royale, avant d'avoir conféré avec eux sur toutes les matières qu'on avait annoncé devoir leur soumettre.

Ces deux avis furent débattus de part et d'autre avec chaleur. Le roi, au lieu de juger la question en dernier ressort, restait dans une neutralité parfaite. Enfin M. de Ségur, qu'on prit pour arbitre en l'absence de M. de Castries, décida en faveur de MM. de Montmorin et de Breteuil. Il fut donc arrêté que les notables continueraient leur besogne jusqu'à la fin, et que le travail de la quatrième section serait précédé par une séance royale.

C'est dans le conseil que parut au grand jour la duplicité de M. de Calonne : le roi assura n'avoir jamais vu que des fragmens de ses plans, bien qu'il eût prétendu les avoir soumis en entier à Sa Majesté, et que notamment cette quatrième section n'avait jamais été mise sous ses yeux. Car la paresse de M. de Calonne le disputait à la vivacité de son esprit : il attendait toujours au dernier moment pour préparer sa matière; aussi tous ses ouvrages, brillans à la surface, manquaient de fond et de solidité.

CHAPITRE VIII.

Nomination dans la maison de Monsieur. — Séance royale aux notables, le 23 avril 1787. — Propos du roi avant d'y aller. — Réponse. — Détails de la séance. — Discours du roi. — Agitation de Marie-Antoinette. — Conversation du comte de Provence avec cette princesse. — Elle veut M. de Brienne au ministère. — Les notables insistent sur l'envoi des états complets de dépense et de recette. — On les refuse. — Embarras de M. Fourqueux. — MM. Necker et de Brienne. — Position fatale du roi. — La reine et M. de Lamoignon. — La reine et le baron de Breteuil. — Les ministres dirigeans. — Billet de la reine à M. de Montmorin. — Les ministres chez le roi. — Ils demandent le concours de M. de Brienne. — Répugnance du roi à l'accorder. — Il cède. — Parole désagréable dont il se sert à l'égard de M. de Brienne.

Avant de continuer le récit des événemens remarquables qui signalèrent le cours de l'assemblée des notables, je dirai que l'évêque de Limoges, Duplessis-d'Argentré, prélat de bonnes mœurs au milieu de la corruption générale, sollicitait depuis long-temps l'honneur d'entrer dans ma maison, et je lui accordai la survivance de la charge de mon premier aumônier, possédée alors en titre par l'évêque de Séez, Duplessis-d'Argentré, son oncle.

Cette nomination m'occupa peu, au milieu d'affaires plus importantes qui demandaient toute mon attention : les notables furent enfin convoqués le 23 avril, pour une autre séance royale.

Nous avions tous revêtu nos habits de cérémonie pour former à Sa Majesté un cortége plus imposant. Le roi se rendit à la séance en grande pompe, environné de tous les premiers officiers de la couronne. Les sept bureaux, prévenus à l'avance, s'étaient réunis dans la salle commune. Les ministres assistèrent également à cette séance, où Fourqueux se présenta chancelant et appuyé sur sa canne d'ébène, à bec-de-corbin d'or, ce qui était un des insignes de sa charge. M. de Senaux, président à mortier au parlement de Toulouse, voyant la marche pénible du ministre, dit en se tournant vers son voisin :

— Voilà un contrôleur général qui a grand besoin qu'on le soutienne.

— Votre archevêque lui donne le bras, lui fut-il répondu, et il ne le laissera tomber qu'en temps utile.

Lorsque chacun fut placé selon son rang, le roi prononça le discours suivant :

« Messieurs, j'ai vu avec satisfaction le zèle que
« vous avez porté dans l'examen des trois pre-
« mières parties du plan que je vous ai fait com-

« muniquer, pour le rétablissement de l'ordre dans
« mes finances ; j'ai déjà examiné une partie des
« observations que vous avez faites, et je donnerai
« à toutes la plus sérieuse attention. J'ai donné des
« ordres pour rédiger une loi sur les assemblées
« provinciales : je conserverai à ces deux premiers
« ordres de l'État, la préséance qu'ils ont toujours
« eue dans les assemblées nationales, et leur orga-
« nisation sera telle, qu'elles pourront avoir l'ac-
« tivité nécessaire pour bien administrer les ob-
« jets que je leur confierai.

« Je suis content de l'empressement avec lequel
« les archevêques et évêques ont déclaré ne pré-
« tendre aucune exemption pour leurs contribu-
« tions aux charges publiques, et j'écouterai les
« représentations de l'assemblée du clergé sur ce
« qui peut intéresser les personnes et sur les
« moyens qu'elles me proposeront pour le rem-
« boursement de ses dettes. J'examinerai avec soin
« les idées qui m'ont été données par les différens
« bureaux sur la destruction de la gabelle, et je
« regarderai comme un jour heureux pour moi ce-
« lui auquel je pourrai abolir un impôt aussi dé-
« sastreux.

« Dans ce que je vous ai fait communiquer,
« messieurs, je ne vous ai pas dissimulé la diffé-
« rence que je trouve entre la recette et la dépen-
« se, et vous en verrez la malheureuse réalité par
« les états que j'ai ordonné qui fussent remis aux
« présidens des bureaux. La masse de ce déficit

« doit paraître effrayante au premier coup d'œil,
« et c'est pour trouver les moyens d'y remédier
» que je vous ai assemblés. Je suis fermement ré-
« solu à prendre les mesures les plus efficaces pour
« faire disparaître le déficit actuel, et pour empê-
« cher qu'il ne se reproduise dans aucun autre cas.

« Je sais qu'un des meilleurs moyens pour y
« parvenir est de porter l'ordre et l'économie dans
« les différentes branches du revenu : je cherche-
« rai dans l'amélioration de mes domaines, et dans
« d'autres bonifications, les moyens de diminuer
« l'imposition à laquelle je suis forcé d'avoir re-
« cours par les circonstances. J'ai déjà ordonné
« plusieurs retranchemens de dépense, et d'autres
« sont projetés qui auront lieu successivement :
« j'espère d'abord les porter jusqu'à quinze mil-
« lions sans diminuer ce qui est essentiel à la sû-
« reté de l'État et à la gloire de la couronne, dont
« je sais bien que les Français sont plus jaloux que
« je pourrais l'être moi-même.

« Les mémoires qui vont être mis sous vos yeux
« offrent plusieurs moyens efficaces pour couvrir
« une partie du déficit.

« 1° Une imposition sur le timbre, qui, par sa
« nature, sera presque insensible à la partie la plus
« pauvre de mes sujets.

« 2° Des mesures à prendre pour remplir les en-
« gagemens pris relativement aux remboursemens
« à époque, engagemens que je regarde comme
« sacrés et auxquels je ne manquerai jamais, mais

« qui peuvent être remplis par des moyens qui, à
« la vérité, opèreront la liquidation des dettes de
« l'état d'une manière moins prompte, mais qui
« n'exigeront pas d'aussi fortes impositions.

« Tous ces moyens réunis n'étant pas suffisans
« pour couvrir totalement le déficit, le dernier
« moyen, et celui qui me coûte le plus à prendre,
« est celui d'une augmentatien d'impositions sur
« les terres. La seule manière de la rendre moins
« à charge, et qui a déjà été sentie par l'assemblée,
« est de la répartir avec la plus grande égalité, et
« qu'elle soit supportée par tous les propriétaires,
« sans aucune exception. Cette imposition ne peut
« être déterminée, quant à la quotité et à la durée,
« que par la somme du déficit qui restera à cou-
« vrir après l'emploi des moyens que je viens
« d'indiquer.

« Tels sont, messieurs, les objets importans
« que j'ai voulu vous communiquer. Vous senti-
« rez combien il est essentiel de s'en occuper avec
« célérité : je n'ai pas craint de vous en faire part,
« assuré que vous me donnerez dans cette occasion
« une nouvelle preuve de votre zèle et de votre
« fidélité. Il s'agit de la gloire de la France, dont
« la mienne est inséparable, et de montrer à l'u-
« nivers l'avantage que j'ai de commander à une
« nation puissante, dont les ressources, comme
« son amour pour son roi, sont inépuisables. »

Ces paroles tombant de haut, et graves comme

les circonstances, ne produisirent pas néanmoins, dans le premier instant, tout ce que nous en avions redouté ; les seuls mots d'impôts du timbre et territorial devaient causer de vives inquiétudes et une sorte d'indignation ; mais l'amour qu'on portait au roi fit qu'on sut se contenir dans un silence respectueux. Nous marchions déjà à la révolution par une pente si rapide, que nous regardâmes comme une victoire le retard que le mécontentement mit à éclater.

La reine, qui en redoutait l'explosion pendant la séance, m'avait prié, au sortir de l'assemblée, de lui en faire connaître le résultat, et je n'y manquai pas.

Le roi avait un air satisfait ; le comte d'Artois souriait selon son habitude ; j'étais moins gai, car j'avais lu sur la physionomie des notables tout ce qu'ils n'avaient pas encore osé dire. Je m'attendais à une vigoureuse résistance aux diverses mesures proposées, peut-être moins de la part de l'assemblée que de celle des parlemens et de la nation, qui, ne comprenant pas bien la concession qu'on lui faisait, ne verrait que les impôts exorbitans qui pèseraient sur elle.

La reine, en me voyant, me demanda la cause de l'air inquiet qu'elle remarquait en moi, et je ne crus pas devoir la lui cacher.

— Comment, s'écria-t-elle, rien ne peut donc satisfaire le peuple ?

— Je crains, madame que les notables n'exigent des économies telles, que nous soyons forcés de fermer notre bourse à nos amis.

Marie-Antoinette pâlit, car elle comprit ce que je voulais dire.

— Ils veulent donc nous mettre en tutelle?

— Je ne sais ce qui peut arriver.

— Nous laisserons-nous museler sans combattre?

— Ah! madame, cette seule pensée doit nous faire frémir.

— Mais cette faction ne peut être redoutable, car elle est sans chef.

— Je lui en connais deux.

— Deux! et lesquels?

— Le duc d'Orléans, qui ne négligera rien pour l'être!

— Et l'autre?

— Le prince de Condé, qu'on forcera de le devenir.

— Ce serait une fâcheuse extrémité; évitons surtout le retour de la Fronde.

— Dites, madame, de la Ligue, car on ne s'arrêterait pas au renvoi de quelques ministres.

— Vos inquiétudes vous abusent, monsieur; les choses n'iront pas si loin.

— Plût à Dieu, madame! mais malheureusement le mal est plus grand que vous ne le pensez. Nous manquons d'hommes habiles, tandis que nos ennemis en auront à nous opposer.

— Voilà pourquoi il serait urgent que l'archevêque de Toulouse entrât promptement au ministère ; lui seul peut nous tirer d'embarras.

— Je souhaite qu'il y parvienne ; mais en cas de non succès, il serait dangereux de prolonger trop cette expérience.

— Quoi! répondit la reine avec quelque aigreur, chercherait-on déjà à déprécier les talens de M. de Brienne avant de les avoir mis à l'épreuve? Ah! monsieur, veuillez ne pas être contre lui.

— Je suis pour vous, madame, pour ma famille, pour la France ; et croyez que je voudrai tout ce que je jugerai utile à des intérêts si sacrés. Je ne repousse pas l'archevêque de Toulouse ; mais s'il ne fait pas mieux que M. de Calonne, je vous conseillerai franchement de lui retirer votre appui.

La reine me dit alors en baissant la voix, bien que nous fussions seuls, que M. de Brienne promettait des merveilles, et que, semblable à un magicien, il nous transporterait d'un seul coup de baguette dans un monde nouveau. A entendre Sa Majesté, il se chargeait de régénérer la France. L'illusion qui ne repose que sur un mélange de vanité et d'ambition est souvent dangereuse et toujours blâmable, aussi ne pourrait-on lui appliquer cette pensée d'Ovide :

Ut desint vires, tamen est laudanda voluntas.

« Là où la force manque, on doit au moins accueillir
« avec éloges la bonne volonté. »

La reine, déjà infatuée de l'archevêque de Toulouse, lui supposait des talens qu'il n'avait pas. En effet ce prélat, qui ne possédait que des qualités privées, avait passé sa vie à rêver le pouvoir, sans songer une seule fois aux moyens d'en régler l'usage. Ses plus grands ennemis lui supposaient des projets fixés à l'avance et mûrement réfléchis, et cependant il n'en était rien. On ne vit jamais plus d'ambition unie à tant d'imprévoyance.

Après cette incursion sur l'avenir, je reviens aux conséquences immédiates de la séance royale du 23 avril. Le 24, chaque bureau manifesta plus ou moins les sensations que lui avait causées le discours de Sa Majesté. Plusieurs, et le mien entre autres, demandèrent qu'on leur remît des renseignemens précis sur les recettes, les dépenses, et enfin sur tout ce qui pouvait les éclairer, afin de se convaincre s'il était absolument nécessaire d'augmenter les impôts, et dans ce cas d'en fixer l'époque, le montant et la durée.

C'était précisément ce qu'on ne voulait accorder à aucun prix, non seulement parce qu'on tenait à agir en liberté, mais encore par l'impossibilité matérielle de rien préciser sur un fait qui devait varier selon les circonstances. La cour ne voulait pas se lier les mains; le contrôleur général était d'ailleurs trop novice dans ses fonctions pour prendre sur lui une telle responsabilité. Ce fut donc un cercle vicieux dans lequel on tourna sans pouvoir en sortir.

Le pauvre Fourqueux, dupe d'une intrigue qu'il servait à son insu, était devenu un mannequin qu'on lançait aux notables pour qu'ils le tournassent à leur fantaisie, afin que le roi, reconnaissant lui-même son insuffisance, le remplaçât par l'archevêque de Toulouse, qu'on lui représentait comme le seul homme qui pût tirer l'État de ce chaos.

Cette position ne pouvait durer ; il fallait en sortir, n'importe par quelle route. Le roi en sentait le premier la nécessité. Il cherchait vainement autour de lui à qui confier les rênes d'une administration si agitée. La voix publique indiquait Necker ou l'archevêque de Toulouse ; car à cette époque celui-ci jouissait d'une immense réputation que le parti philosophique, si influent, tendait encore à accroître, par les louanges qu'il prodiguait à M. de Brienne.

Une inquiétude générale faisait resserrer toutes les bourses ; les effets publics baissaient d'une manière effrayante ; le commerce semblait paralysé ; en un mot, tout menaçait de nous plonger dans des bouleversemens dont on ne pouvait prévoir ni le terme ni les conséquences. Cependant, bien que le mal fût immense, on l'exagérait encore avec intention autour du roi.

Louis XVI se trouvait dans une affreuse position ; trompé dans ses espérances d'arriver au bonheur public, contraint à prendre pour ministre l'un ou l'autre des hommes qui lui inspiraient le plus de méfiance ou d'éloignement, il demandait des conseils que nul n'osait lui donner franchement. Le roi s'ouvrit enfin à la reine, qui l'écouta sans pouvoir l'aider à sortir d'embarras ; mais dès qu'elle fut rentrée dans son appartement, Marie-Antoinette envoya chercher le garde-des-sceaux, et lui communiqua les inquiétudes légitimes du monarque ; elle ajouta qu'il fallait absolument sortir de cet état dangereux, et qu'il convenait, en conséquence, que le conseil fît une démarche auprès du roi, pour le déterminer à donner le contrôle général à M. de Brienne.

Lamoignon, d'après ses liaisons avec l'archevêque de Toulouse, l'aurait vu aux finances avec satisfaction ; aussi il se contenta de faire observer à Sa Majesté qu'on devait craindre l'opposition des maréchaux de Ségur et de Castries, qui n'étaient pas convaincus de la nécessité d'appeler M. de Brienne au ministère.

— N'importe, reprit la reine ; l'intérêt de tous doit avoir le pas sur les affections ou les inimitiés particulières de ces messieurs ; on se passera donc de leur concours. Concertez-vous dès aujourd'hui avec MM. de Montmorin et de Breteuil. Allez d'abord chez le premier ; je vais faire appeler le second, afin de le prévenir sur ce qu'il devra faire.

Le garde-des-sceaux ne trouva pas le ministre des affaires étrangères, qui était en ce moment chez le roi ; mais il donna ordre de lui dire quand il rentrerait, qu'il le priait de venir le rejoindre dans le cabinet du baron de Breteuil. Celui-ci, pendant ce temps, avait paru devant la reine, qui lui parla à peu près en ces termes; elle me raconta le même soir tout ce qu'elle avait fait.

— Je vous ai prévenu, monsieur, lui dit Marie-Antoinette, de l'impossibilité où je me trouve d'aider à vous placer à la tête du ministère, de même que je vous ai fait connaître mes intentions relativement à l'archevêque de Toulouse. Voici l'heure de les réaliser : je compte sur vous pour me seconder dans cette entreprise. Vous allez vous rendre chez le roi avec le garde-des-sceaux et M. de Montmorin, afin de supplier Sa Majesté d'accorder sans retard sa confiance à M. de Brienne. Je ne puis mieux vous prouver combien je tiens à cette nomination, qu'en vous rendant tous les trois responsables de son succès. Je désire dans ce moment qu'il ne soit question que du contrôle général; plus tard nous verrons ce que nous aurons à faire.

Ce renvoi à une époque indéterminée de l'entrée de M. de Brienne au premier ministère diminua l'amertume de l'ordre impérieux que le baron de Breteuil venait de recevoir de la reine. Il se flattait que son heureux compétiteur serait arrêté dans la brillante carrière qui s'ouvrait à lui par quelque événement imprévu. Il dissimula donc son chagrin, et assura la reine de son dévouement et de la célérité qu'il mettrait à lui obéir, puis la quitta aussitôt pour aller attendre les autres ministres. Le garde-des-sceaux vint le premier ; ils eurent le temps de convenir de leurs faits avant l'arrivée de M. de Montmorin.

Ce dernier, surpris à l'improviste, fit d'abord quelque difficulté avant de consentir à jouer le rôle qu'on voulait lui faire jouer, et le garde-des-sceaux écrivit, séance tenante, un billet à la reine, qui y répondit sur-le-champ en ces termes :

« M. de Montmorin ajoutera foi à ce que MM. de
« Breteuil et de Lamoignon lui diront de ma part. »

C'était un ordre positif auquel il fallait se soumettre, ou se brouiller sans retour avec la princesse. Le ministre se résigna donc, ainsi que le baron de Breteuil l'avait fait. Le plan arrêté, on l'exécuta à l'instant même en montant chez le roi. Là, le garde-des-sceaux, portant la parole, dit à Sa Majesté que les circonstances prenant un aspect grave, il fallait les maîtriser en plaçant à la tête des finances un administrateur capable, qui fût déjà investi de la confiance publique, et donnant par sa position sociale des garanties non moins plausibles ; que ces conditions se trouvaient réunies dans la personne de M. de Brienne, archevêque de Toulouse, et que lui, Lamoignon et ses deux confrères croyaient faire acte de zèle pour le service du roi, en proposant à Sa Majesté de l'appeler au contrôle général des finances.

Pendant le discours du garde-des-sceaux, la

physionomie du roi exprimait combien la proposition qu'on lui faisait lui était désagréable ; la conclusion parut cependant le soulager, lorsqu'il vit qu'on n'exigeait pas davantage.

—Monsieur, dit Louis XVI, en s'adressant au comte de Montmorin, êtes-vous de l'avis de M. le garde-des-sceaux ?

— Oui, sire, répondit le ministre ; et je crois que cette nomination peut seule nous tirer de la fausse position où nous nous trouvons.

— Et vous, monsieur de Breteuil ?

— Sire, M. de Calonne, par ses fautes, a mis Votre Majesté dans la nécessité de recourir aux moyens extrêmes ; M. de Brienne a la réputation de bien connaître les affaires ; il le prouve dans l'administration du Languedoc ; nous devons donc nous reposer sur ces recommandations.

— Messieurs, dit le roi avec un profond soupir, j'ai besoin de votre unanimité pour prendre une détermination contraire à mes idées et à ma volonté ; mais comme mes préventions contre M. de Brienne peuvent ne pas être justes, je me reprocherais de m'opposer à ce qui convient à tout le monde ; je consens donc à ce que l'archevêque de Toulouse entre au conseil : puissiez-vous ne point avoir à vous en repentir !

CHAPITRE IX.

Ce que pensait M. de Brienne de l'opinion que le roi avait de lui. — A quel titre il entre au conseil. — Renvoi de M. de Fourqueux. — M. Laurent de Villedeuil au contrôle général. — Colère de M. Necker. — Joie et propos de l'abbé de Vermont.—Protestations de M. de Brienne à la reine. — Juste dépit des maréchaux de Castries et de Ségur. — Ce que le roi leur dit. — M. Ségur chez Marie-Antoinette. — La reine conduit Monsieur chez le roi pour le décider à bien recevoir M. de Brienne. — Scène véhémente chez Louis XVI. — L'archevêque de Toulouse est bien reçu du roi. — Espérance des notables. — Projet d'un conseil de finance permanent. — Lettre du roi aux notables. — Mauvais effet qu'elle produit. — Le comte de Provence a une explication avec M. de Brienne. — Conversation de la reine avec ce prince. — L'abbé de Vermont en jeu.

Ce fut en manifestant cette répugnance pour M. de Brienne que le roi donna son consentement. Tout autre que ce prélat n'aurait pas voulu d'une charge accordée de si mauvaise grace, mais il ne s'en inquiéta guère ; je sus même que lorsqu'on lui avait rapporté les paroles de Sa Majesté, il avait répondu :

— Il m'importe fort peu de plaire ou de déplaire au roi, maintenant que je suis arrivé à mon but.

Je me suis servi, en parlant de M. de Brienne, du terme de contrôleur général, bien que ce ne fût pas précisément la charge dont on l'investit, car elle paraissait au dessous de sa dignité épiscopale ; aussi la laissa-t-il à un titulaire, et il fut revêtu de la qualification *de chef du conseil royal des finances*, emploi qu'avait possédé M. de Vergennes, et qui depuis sa mort était demeuré vacant.

M. de Fourqueux, auquel cet événement enlevait l'honneur de ses fonctions, n'eut pas le courage de se donner à lui-même son congé. On l'attendit pendant vingt-quatre heures, et voyant qu'il ne s'exécutait pas, le roi lui fit demander sa démission. Il le conserva néanmoins au conseil, et le 3 mai, l'archevêque de Toulouse prêta son serment, et présenta ensuite M. Laurent de Villedeuil, maître des requêtes et intendant de Rouen, en qualité de nouveau contrôleur général.

C'était une nullité qui succédait à une autre ; malheureusement on était obligé de se servir d'hommes dont on n'avait rien à attendre, tant il y avait disette d'hommes habiles. M. Necker, trompé par la réputation philosophique du chef du conseil royal des finances, s'imagina que le concours de sa capacité ne pouvait que lui être agréable ; il lui fit proposer en conséquence de travailler de concert avec lui au rétablissement des finances.

C'était bien loin de la pensée de M. de Brienne de se donner un tel associé ; il remercia donc Necker de sa bonne volonté, et lui témoigna le regret de ne pouvoir en profiter, le roi ne voulant point consentir, lui dit-il, à ce qu'il rentrât dans l'administration.

Cette réponse mit de mauvaise humeur le Genevois, qui, dès ce moment, passa dans le camp contraire à l'archevêque de Toulouse. Mais je dois revenir sur mes pas pour reprendre mon récit au moment de l'acquiescement du roi à la proposition de ses trois ministres. Ceux-ci se hâtèrent d'en instruire la reine, qui, de son côté, écrivit aussitôt à M. de Brienne pour lui apprendre sa nomination qu'il sut presque en même temps par l'abbé de Vermont ; et le garde-des-sceaux, le premier, lui dit en l'embrassant :

— Voilà vingt ans que je travaille à vous amener où vous êtes, car je m'en occupais pendant mon séjour à Vienne ; c'est ce qui prouve qu'il n'est point d'obstacles dont la persévérance ne puisse triompher ; maintenant faites en sorte que le nom de la reine soit béni et honoré.

L'abbé de Vermont, quels que fussent ses défauts, était un serviteur passionné pour la gloire de sa maîtresse.

M. de Brienne lui renouvela le témoignage de sa gratitude, et lui promit de ne rien négliger pour prouver à la reine qu'elle n'avait point protégé un ingrat. Ses paroles étaient d'autant plus sincères, qu'il avait encore un échelon à franchir pour arriver au ministère.

Les Polignac profitèrent du répit que leur donna cette nomination, pour aller faire un voyage en Angleterre, aux eaux de Bath. L'archevêque de Toulouse sut tirer parti auprès de la reine de leur absence, ainsi que je le dirai plus tard.

Quant aux deux autres ministres qu'on avait écartés pendant le dénouement de cette intrigue, ils y virent le signal de leur disgrâce, et voulant savoir ce qu'il devait attendre, M. de Castries s'adressa directement au roi, qu'il trouva de fort mauvaise humeur, et aux premières paroles du maréchal, il répliqua avec vivacité :

— Vous êtes étonné de ne pas avoir été mis dans la confidence? Eh bien, monsieur, je n'en savais pas un mot avant la venue de vos collègues ; on s'y est pris de manière à m'ôter la possibilité de refuser; ainsi vous voyez qu'on ne vous a pas traité plus mal que moi.

Le roi s'arrêta un instant, puis il poursuivit :

— M. de Brienne est loin de me convenir; vous pouvez le dire à M. de Ségur ; cependant on en fait un aigle, et j'ai bien peur que de la hauteur où on le place il ne tombe comme un oison.

Le maréchal de Castries s'en alla de chez le roi

satisfait et à demi rassuré. Il désirait voir M. de Ségur, mais celui-ci avait porté ses pas chez la reine à laquelle il fit son compliment et conta son chagrin.

— Vous avez tort de vous affliger, répondit la princesse ; M. de Brienne est très-bien disposé pour vous, mon estime vous reste ; ainsi ne conservez aucune inquiétude sur ce qui s'est passé. On ne pouvait compter sur l'assentiment du ministre de la marine ; l'exclure seul eût été l'offenser trop grièvement, et le hasard vous a fait son compagnon d'infortune.

M. de Ségur quitta la reine en la remerciant de ses bontés ; et ayant trouvé chez lui le maréchal de Castries, qui lui rapporta sa conversation avec le roi, ils devisèrent ensemble sur le fait, et conclurent que la chute de M. de Brienne serait prochaine, aveuglés par le désir qu'ils en avaient.

L'étiquette voulait qu'on présentât au roi son président du conseil des finances le jour même de la nomination ; mais attendu la mauvaise humeur de Louis XVI, on convint de retarder au lendemain cette formalité, afin de préparer Sa Majesté à bien accueillir M. de Brienne. La reine, que ce soin regardait principalement, me pria de l'accompagner chez mon frère, afin, dit-elle en riant, que tout l'orage n'éclatât pas sur sa tête.

Je me rendis donc avec Marie-Antoinette chez le roi, qui, surpris de ne l'avoir pas encore vue, l'avait déjà fait demander. Dès qu'elle parut, Louis XVI lui dit d'un ton ironique :

— Vous devez être satisfaite, madame, car voici le premier homme du monde à la tête de mes affaires.

— Il a du moins, sire, la réputation de conduire avec habileté celles du Languedoc, ce qui me fait espérer qu'il ne nuira pas à l'administration de l'État ; d'ailleurs je ne suis pas seule à lui reconnaître du mérite, Monsieur que voilà peut lui-même vous le certifier.

— Oui, reprit le roi, je sais que votre protégé est soutenu par les encyclopédistes, les ennemis des lois, les athées. *Je ne dis pas cela pour vous, mon frère.*

Et le roi s'inclina devant moi, enchanté de cette citation faite à propos.

— Sire, me hâtai-je de répondre; on ne peut mieux juger un homme que sur ses œuvres, et si M. de Brienne s'est montré avec avantage sur un théâtre resserré, on peut espérer que la scène plus vaste où il va se trouver aidera encore plus au développement de ses moyens; et afin de répondre par un vers à celui que vous venez de citer, je crois qu'on ne pourra pas dire de lui :

Tel brille au second rang qui s'éclipse au premier.

— Je pense, au contraire, que cet astre tant vanté aura tout à perdre à paraître au grand jour.

— Pourquoi? demanda la reine d'un ton chagrin; si vous lui témoignez cette défiance vous paralyserez ses moyens.

— Ne craignez rien, madame; puisque j'ai consenti à appeler M. de Brienne, je saurai lui dissimuler le déplaisir que me cause son entrée au ministère, et il n'aura point à se plaindre de la réception que je lui ferai.

C'était ce que demandait la reine, qui entreprit le panégyrique de son protégé, puis elle ajouta que le roi ne rangerait sans doute pas parmi les philosophes les trois ministres qui le matin même lui avaient déclaré que le concours de M. de Brienne était indispensable pour rétablir la tranquillité.

— Madame, répliqua le roi, si ces messieurs n'avaient été sollicités par des personnes qui ont du crédit sur eux, je doute qu'ils eussent parlé en faveur de l'archevêque de Toulouse ; mais n'importe, la chose est conclue, et que ceux qui l'ont amenée en prennent la responsabilité.

Ces paroles ne plurent point à Marie-Antoinette ; cependant avec cet instinct de femme et de reine qui l'inspirait si bien dans ces petites crises, elle profita du reproche pour s'en faire un avantage en disant :

— Soit, ils en prendront la charge, mais pour qu'on acquière le plein droit de les blâmer, il faut que la concession soit entière, et ce n'est pas un simple ministre des finances qui peut être responsable de toute la machine du gouvernement, mais bien celui qui, investi de toute la confiance de Votre Majesté, dirige les affaires générales d'après le plan qu'il a conçu.

Je compris où la reine en voulait venir ; le roi le devina aussi ; et loin de chercher à se défendre de ce qu'on désirait encore obtenir de lui, il se tut, prit un air boudeur, et son silence m'apprit que la victoire restait à Marie-Antoinette et à l'archevêque de Toulouse. Ce dernier parut le lendemain devant Louis XVI ; il lui parla avec autant d'esprit que d'adresse, se justifia, sans avoir l'air d'y attacher d'importance, des accusations qu'on avait portées au roi contre lui, promit de rétablir l'ordre dans les finances, et fit espérer des résultats supérieurs à ceux qu'on avait obtenus précédemment ; en un mot, il se tira si habilement de cette audience, que le monarque, lorsqu'il me revit, s'empressa de me dire :

— J'ai peur d'avoir cru trop légèrement le mal qu'on m'a dit de M. de Brienne.

J'aurais pu lui répondre :

— Mais, sire, quel motif vous a-t-il donné de changer si subitement d'opinion à son égard ?

Quoi qu'il en soit, la nomination de l'archevêque de Toulouse causa pendant les premiers jours une vive satisfaction aux notables ; ils étaient charmés de reconnaître dans le nouveau chef des finances leurs mêmes idées, leurs mêmes plans : on ne pouvait supposer que, démentant les actes de toute sa vie, il ne ferait pas mieux que son prédécesseur.

Ce fut pourtant ce qui arriva : cet habile *administrateur, ce vaste génie,* n'eut aucun système à lui ; il suivit sans honte celui de M. de Calonne, seulement il le soutint avec moins d'adresse, et eut besoin pour l'appuyer de ces coups d'État toujours funestes, qui désorganisent et détruisent l'édifice le plus solide.

Je me montrerai d'autant plus sévère pour M. de Brienne, que moi aussi, ayant été trompé par son charlatanisme préparatoire, j'ai à me reprocher d'avoir aidé à le mettre à la tête des affaires.

Les bureaux en reprenant leurs travaux, arrêtèrent d'après l'ouverture que j'avais faite dans le mien, qu'on demanderait au roi de mettre dorénavant près du contrôleur général des finances, un conseil régulateur, examinateur, chargé de vérifier, diriger toutes les opérations et les ordonnances des dépenses, avec le pouvoir de supprimer celles qui lui paraîtraient onéreuses ou contraires à la ligne d'économie qu'on s'était tracée.

Mais pendant qu'on discutait ce point, il m'arriva une lettre du roi que je devais communiquer aux autres bureaux; elle était écrite sous la dictée de M. de Brienne ; je ne la rapporterai que par fragmens; le roi y disait d'abord, en éludant une réponse positive :

« L'attention que chaque objet mérite en par-
« ticulier ne me permettra pas de répondre en
« détail, et d'assurer en ce moment l'assemblée
« que tel ou tel retranchement, que telle ou telle
« amélioration soient possibles, ni de savoir à quel
« taux la totalité pourra s'élever. »

Le roi promettait ensuite des économies de quarante millions et ajoutait qu'elles porteraient principalement sur les dépenses de la famille royale, bien qu'il ne pût prendre aucun engagement positif, sur les réformes projetées ; qu'au résultat il tâcherait de faire pour le mieux ; puis il disait :

« J'ai donné ordre au *chef du conseil des finan-*
« *ces*, d'aviser, de concert avec les ordonnateurs
« des finances, aux améliorations qu'il sera possible
« d'effectuer; et si elles passent quarante millions,
« mon intention est que l'imposition en soit d'au-
« tant diminuée, et surtout la partie des taxes qui
« sera la plus onéreuse à mes sujets.

« C'est donc d'après les quarante millions de
« retranchement et de bonifications qu'il faut
« calculer le dernier moyen de combler le déficit
« que l'assemblée a constaté et qu'elle sent comme
« moi la nécessité de remplir.

« Ce n'est qu'avec un extrême regret que j'ai
« recours à l'impôt ; mais éloigné, comme je dois
« l'être, de tous les systèmes imaginaires qui
« éblouissent et finissent par amener des impôts
« plus considérables, pour subvenir aux vides
« qu'ils ont créés, je suis contraint malgré ma

« répugnance d'employer cette dernière ressource,
« et l'assemblée jugera que plus tôt elle sera mise
« en usage, et plus tôt il sera possible de l'adoucir
« et d'en abréger la durée........

« J'ai déjà fait connaître aux notables, mes
« premières vues sur un impôt territorial, sur
« lequel ils m'ont fait d'utiles réflexions, aux-
« quelles j'aurai égard, comme je le ferai savoir
« à la conférence que je vais indiquer. Je leur ai
« fait aussi remettre un mémoire sur le timbre, et
« il est important qu'ils l'examinent et y fassent
« leurs observations ; mais afin de leur expliquer
« plus clairement mes intentions, et profiter plus
« utilement de leurs lumières, j'ai pensé qu'il con-
« viendrait que deux députés de chaque bureau
« indépendamment du prince président et des con-
« seillers d'état rapporteurs, se réunissent mer-
« credi 9 mai, chez Monsieur, pour conférer sur
« tout ce qui peut concerner l'impôt, avec le chef
« du conseil de mes finances, et le contrôleur
« général, que j'ai chargé de leur communiquer
« mes intentions, et qui discuteront les avantages
« et les inconvéniens des différens arrangemens
« qui pourront être pris. »

« Autant je regrette de recourir à l'impôt, autant
« je désire en adoucir le fardeau et la durée, et
« c'est, je l'espère, ce qui résultera de cette discus-
« sion. Les députés qui y auront assisté en rendront
« compte à leur bureau respectif, etc. »

Ce qui frappa le plus dans cette lettre, fut la

persistance du nouveau ministre à maintenir deux impôts contre lesquels l'universalité de l'assemblée s'était élevée, et que lui-même avait combattus. On vit avec déplaisir aussi qu'un comité fût provoqué pour décider cette question importante, qui aurait dû être discutée dans les sept bureaux. Mais je devinais le motif de cette mesure ; M. de Brienne me comptait au nombre *des siens*, et il se flattait en conséquence que, dans son avantage, j'enlèverais de vive force l'adhésion aux deux impôts.

C'était se tromper étrangement ; je voulais bien tenir la séance au nom du roi, mais je n'avais nulle envie de me brouiller avec les notables et la nation, pour que M. de Brienne continuât à imiter en tout M. de Calonne ; je résolus donc de me maintenir dans une prudente réserve, qui ne donnât prise sur moi, ni à l'un ni à l'autre parti. Dès que cette lettre fut arrivée, l'archevêque de Toulouse revint à la charge et chercha à m'éblouir, en me fesant envisager les impôts comme la seule planche de salut de la monarchie.

Je lui répondis que je tâcherais de convaincre les notables de la nécessité d'accepter cette mesure, mais que ne pouvant les violenter, je n'avais que ma voix à lui offrir.

Je me prévalus de cette occasion pour lui demander comme par simple curiosité à quelle époque il nous ferait connaître ses plans particuliers.

— Le plus tôt possible, me dit-il ; mais on m'a tellement pris à l'improviste, que je n'ai pu encore rien faire.

Cette réponse m'attéra ; j'avais peine à croire que depuis plus de vingt ans que M. de Brienne aspirait au ministère, il n'eût pas formé de projets propres à être mis à exécution. Mon visage lui exprima ce que je sentais ; il s'embrouilla en voulant se justifier, et sortit, je crois, peu satisfait de cette audience.

L'archevêque de Toulouse, raconta sans doute à la reine ce qu'il avait pu deviner, car elle m'en parla le soir même, en me disant combien elle serait fâchée que le travail de ce ministre ne me convînt pas.

— Son travail! repartis-je ; mais je ne peux le juger avant de l'avoir vu, et jusqu'ici il ne s'est servi que de celui de M. de Calonne.

La reine, ne pouvant nier ce fait, me répondit que dans quelques jours il serait en mesure.

— On ne peut donc, madame, répliquai-je, m'accuser d'être contraire à des plans qui n'ont point été communiqués, ni me refuser de condamner ceux de l'ex-contrôleur général.

— Mais ils sont bons.

— Je demanderai alors à Votre Majesté, pourquoi M. de Brienne les a combattus.

— J'espérais, me dit Marie-Antoinette, en éludant de répondre à cette question, j'espérais que nous marcherions toujours de bon accord, et je vois maintenant que vous voulez vous déclarer contre M. de Brienne, avant de pouvoir juger de ce dont il est capable.

— Ma sœur, dis-je avec autant de franchise que de chaleur, c'est précisément parce que M. de Brienne n'a rien de prêt, que je le blâme et que je me méfie aujourd'hui de ses talens. Certes, il n'ignorait pas que, fort de votre protection, il pouvait d'un moment à l'autre entrer au conseil : comment donc ne s'est-il pas à l'avance tracé un système, qu'il pût mettre à exécution dès le premier instant? Est-ce légèreté, imprévoyance ou incapacité? on ne peut disconvenir du moins, qu'il n'est pas à la hauteur de sa réputation et des circonstances. L'attachement que je vous porte me fait un devoir de vous parler sincèrement ; je suis aussi effrayé de cette absence de prévision, que de sa persistance à poursuivre ce qui a déjà amené la chute de M. de Calonne. Toute la France avant peu aura cette opinion ; réfléchissez-y bien, madame, et voyez si j'ai tort d'être peu satisfait de la conduite de l'archevêque de Toulouse.

Je vis que le sens droit de la reine lui faisait trouver justes mes argumens ; elle m'écouta avec une grande attention et tomba dans une profonde rêverie ; lorsque j'eus achevé de parler, enfin, voyant que je me taisais, Sa Majesté me dit en soupirant :

— Vous me faites peur, mon frère ; néanmoins je ne puis partager vos idées sur M. de Brienne, tout en avouant, que je trouve étrange qu'il n'ait rien de mieux à nous offrir que ce qui a déjà déplu à tous ; je lui en parlerai, car enfin, il faut qu'il remplisse sa tâche, en nous tirant de l'embarras où nous sommes.

J'engageais la reine à presser le ministre sur ce point, et je sus en effet, qu'elle avait appelé M. de Brienne, pour lui demander une explication. Mais lui, sans se déconcerter, répliqua qu'il ne tenterait de développer ses plans que lorsque les bontés de Sa Majesté l'auraient placé à la tête du ministère, ayant besoin de cette prépondérance dans le conseil pour se faire écouter convenablement. Enfin, il y mit tant d'habileté qu'il parvint à éblouir la reine, et à obtenir qu'elle l'élèverait encore plus haut.

L'abbé de Vermont, d'ailleurs, accourant au secours de M. de Brienne, employa pour lui toute son influence, et décida sa haute fortune. Ce fut ainsi, qu'il contribua plus qu'un autre à nous précipiter dans l'abime.

CHAPITRE X.

Débats entre les notables et le président du conseil des finances. — Sortie de l'évêque de Nevers. — Propos dur. — Citation non moins amère. — M. de Brienne perd son crédit.—Arrêté du bureau de Monsieur.—M. de Brienne décide le renvoi des notables. — Séance de clôture. — Discours du roi. — Du garde-des-sceaux. — Du comte de Provence. — Autres discours analysés. — Satisfaction de l'archevêque de Toulouse. — Les notables rendent leurs devoirs au roi et aux princes. — Déconsidération de M. de Brienne. — Noirceur des ennemis de la famille royale. — Le voleur de porcelaine. — Opinion fâcheuse qu'on avait de la reine. — Ce que M. de Senaux rapporte au comte de Provence — Il le détrompe de ces calomnies

Le comité, composé selon l'ordre du roi, se rassembla sous ma présidence. L'archevêque de Toulouse y vint, accompagné de M. Laurent-de-Villedeuil, il était fort agité, et son visage naturellement bourgeonné était écarlate. Il fit un discours préparatoire, qui ne lui concilia aucuns suffrages, il insista sur la nécessité d'admettre l'impôt territorial et celui du timbre, mêlant maladroitement à cette mesure le nom du roi, dont il fit sonner la volonté expresse. Il en advint, que ceux qui naguère combattaient avec lui, l'abandonnèrent et l'attaquèrent avec autant de vigueur, que jadis contre M. de Calonne, dont on lui reprocha aigrement d'adopter les principes et les formes.

Je le défendis mal, comme on défend assez volontiers une mauvaise cause. L'archevêque de Narbonne, si belliqueux, jusque-là se tut, ou le ménagea, soit par pudeur, soit dans l'espérance qu'il lui tiendrait la promesse qu'il lui avait faite en secret, de le faire entrer au conseil ou comme ministre de la feuille ou comme garde-des-sceaux, ou en qualité de secrétaire d'état aux affaires étrangères, leurre qu'il lui présenta jusqu'au jour de sa propre chute et dont M. Dillon fut toujours dupe.

Mais à défaut de celui-ci, M. de Ségueran, évêque de Nevers, prélat de cour jusqu'à cette heure et qui tout à coup avait montré de l'indépendance, par l'effet d'une de ces bizarreries si communes dans l'esprit humain, M. de Ségueran attaqua M. de Brienne avec une rudesse de formes, une acrimonie d'expressions, après lesquelles il ne restait plus rien à dire. Il lui reprocha vertement d'avoir changé de conduite et de langage, de soutenir aujourd'hui ce qu'il réprouvait la veille, et de se montrer déja oppresseur du peuple, lui qui figurait naguère parmi ses défenseurs.

Jamais sortie ne fut plus directe, plus virulente. M. de Brienne, étourdi du coup, répondit mal, fit des pathos, du patriotisme hors de saison, parla des bonnes intentions du roi, ce qui fit dire avec vivacité à l'évêque de Nevers :

— Personne n'en doute, monseigneur; mais il importe à tous d'être convaincus, que vous saurez les diriger pour le plus grand avantage commun, et surtout que vous ne donnerez pas le droit de vous adresser la citation de Perse, dont vous fîtes vous-même une application si directe à M. de Calonne.

C'était rompre en visière; M. de Brienne, en effet, dans une réunion des bureaux, avait récité les vers suivans, qui étaient déjà une satire sanglante de sa propre conduite.

Publica lex hominum, naturaque continet hoc fas,
Ut teneat vetitos inscitia debilis actus.

« Le droit public, la loi naturelle, veulent aussi que nous
« nous abstenions des emplois dont l'ignorance ou la fai-
« blesse nous rendent incapables. »

M. de Brienne, loin de s'emporter, se renferma dans des protestations de zèle et de désir du bien public et partit sans nous avoir convaincus. Si bien que des arrêtés s'ensuivirent, qui tendaient à faire cadrer la dépense avec la recette.

Dès ce moment, l'archevêque de Toulouse, perdit son crédit parmi les notables, en attendant qu'il se mît en hostilité ouverte avec la magistrature et la nation. Cependant, craignant toujours les premiers, il recula encore les mesures de violence. Il fit écrire le 14 mai, au roi, une seconde lettre à mon adresse, qui était une répétition de la première. Voici l'arrêté que prit mon bureau le même jour en réponse, à cette pièce sans couleur:

« Le bureau présidé par Monsieur a reçu, avec
« les sentimens les plus respectueux, la réponse
« que Sa Majesté a bien voulu faire à ses obser-
« vations, sur le moyen d'empêcher le déficit actuel
« de se reproduire dans aucun temps, et il s'est
« applaudi d'avoir indiqué à Sa Majesté une par-
« tie des mesures que sa sagesse lui avait déjà
« suggérées.

« L'établissement projeté d'un conseil de finance,
« la publication par la voie de l'impression des
« états de recette et de dépense, l'emploi connu
« des fonds destinés aux amortissemens, les acquits
« au comptant, restreints au cas d'absolue néces-
« sité, le rapprochement de la comptabilité, l'assu-
« rance qu'aucun emploi ne sera ouvert, qu'il ne
« soit affecté des fonds pour les intérêts et le rem-
« boursement, la diminution progressive des pen-
« sions, et l'honorable publicité de tous les dons à
« venir, annoncent des vues utiles d'ordre et de
« justice, et les sacrifices à faire par les peuples,
« seront adoucis par l'espérance de voir enfin pro-
« portionner la dépense à la recette.

« Il reste au bureau des vœux à former ; ce se-
« rait qu'on rassurât la confiance publique, par
« une discussion désintéressée, des citoyens re-

« commandables des différens ordres, et étran-
« gers à l'administration générale. Il faudrait
« qu'on les appelât au conseil de finances que
« Votre Majesté se propose d'établir, et que son
« organisation fût connue avant la séparation des
« notables.

« Que les états de recette et de dépense, arrê-
« tés dans le conseil, fussent publiés chaque
« année, et que cette publication prévînt aussi
« plus efficacement les surprises dont Sa Majesté
« cherche à se garantir; que les projets de dé-
« pense et les fonds assignés pour chaque dépar-
« tement, fussent déterminés tous les ans dans le
« conseil, et qu'il ne pût y être fait aucune aug-
« mentation, avant que la nécessité n'en eût été
« constatée, et les résultats de la discussion mis
« sous les yeux du roi.

« Si ces demandes que les intentions les plus
« pures ont dictées étaient accordées par Sa Ma-
« jesté, le bureau croirait avoir obtenu la récom-
« pense la plus flatteuse de son zèle, et il s'estime-
« rait heureux d'avoir contribué à cet ordre nou-
« veau que le roi se propose d'établir pour la gloire
« et le bonheur de son peuple. »

Certes, il y avait dans cet arrêté, à la rédaction duquel je contribuai amplement, de quoi
prévenir de grandes calamités. Le troisième et le
sixième bureau parlèrent sur le même ton; les autres y mirent moins de véhémence, mais assez

cependant pour mécontenter pleinement le chef du conseil des finances qui ne cessait de dire au roi comme Tartufe à l'exempt :

Monsieur, délivrez-moi de la criaillerie.

Les notables lui étaient importuns, il voulait terminer avec eux ; déjà il avait tenté de les renvoyer avant d'entrer au ministère. Il irrita donc le roi contre eux, effraya la reine en les lui représentant comme des ennemis dangereux, travailla sourdement aussi à me nuire ; et à force de menées et d'intrigues, il parvint à faire fixer au 25 du mois la clôture de l'assemblée des notables, qu'une troisième lettre du roi nous annonça dans chacun de nos bureaux.

On nous engagea en même temps à presser nos travaux ; il fallut le faire *grosso modo* et avec découragement, car à la tournure que prenaient les affaires, il était démontré, même aux moins clairvoyans, que les choses continueraient comme par le passé.

Je laisserai de côté des détails devenus sans importance pour terminer, par la séance royale, le tableau que j'ai tracé des événemens qui ont signalé l'assemblée des notables, dont les intentions mieux appréciées et les conseils mieux suivis auraient pu éviter les maux qui ne tarderont pas à ondre sur nous.

Le 25 mai, le roi, accompagné des princes et

de son cortége de cérémonie, arriva dans la salle des notables où ils s'étaient tous réunis pour le recevoir, et lut le discours suivant :

« Messieurs,

« En vous appelant autour de moi pour m'aider
« de vos conseils, je vous ai donné le droit de me
« dire la vérité, ayant la volonté de l'entendre.

« J'ai été content du zèle et de l'application
« que vous avez apportés à l'examen des différens
« objets que j'ai fait mettre sous vos yeux. Je vous
« ai annoncé des objets qu'il était important de
« réformer; vous les avez dévoilés sans déguise-
« ment, vous m'avez en même temps indiqué les
« remèdes que vous avez jugé capables d'y appli-
« quer. Aucun ne me coûterait pour rétablir l'or-
« dre et le maintenir. Il fallait pour y parvenir
« mettre de niveau les recettes et les dépenses;
« c'est ce que vous avez préparé en constatant
« vous-mêmes le déficit, en recevant de ma part
« l'assurance de retranchemens et bonifications
« considérables, et en reconnaissant la néces-
« sité des impositions que les circonstances me
« contraignent d'exiger de mes sujets.

« J'ai au moins la consolation de penser que la
« forme de ces impositions en allégera le poids, et
« que les changemens utiles qui seront la suite de
« cette assemblée, les rendront moins sensibles.

« Le vœu le plus pressant de mon cœur sera tou-
« jours celui qui tendra au soulagement et au bon-

« heur de mes peuples. Vous allez voir, Messieurs,
« dans l'exposé qui va vous être fait de ma déter-
« mination, les égards que je me propose d'avoir
« pour vos avis. »

Le garde-des-sceaux parla ensuite longuement, annonça qu'on maintiendrait les réformes projetées ; que la famille royale aiderait par ses économies au rétablissement des finances ; fit avec raison l'éloge des améliorations importantes dues au règne de Louis XVI, et termina ainsi :

« Une nouvelle forme dans l'administration,
« sollicitée depuis long-temps par le vœu public
« et recommandée récemment par les essais les
« plus heureux, a reçu la sanction du roi, et va
« régénérer tout le royaume. L'autorité suprême
« de Sa Majesté accordera aux administrations
« provinciales les facultés dont elles auront besoin
« pour assurer la félicité publique. Les principes
« de la Constitution française seront respectés dans
« la formation de ses assemblées, et la nation ne
« s'exposera jamais à perdre un si grand bienfait
« de son souverain, puisqu'elle ne peut le conser-
« ver qu'en s'en montrant toujours digne, etc. »

Arriva le tour de l'archevêque de Toulouse. Personne n'élevait encore le moindre doute sur sa capacité, et on attendait beaucoup de son éloquence. Mais combien l'une et l'autre répondirent mal à l'idée qu'on s'en était faite ! Il fut verbeux sans éloquence, et remonta si haut, que, dès son début, on aurait pu s'écrier avec Dandin des *Plaideurs :*

Avocat, passons au déluge.

Il voulait surtout nous convaincre de la nécessité de nouveaux impôts, et il s'étendit sur le premier outre mesure. Ce fut en pure perte, car aucun des membres de l'assemblée ne voulait consentir à ces nouvelles charges, à moins que leur produit fût garanti contre la dilapidation. Je ne ferai point entrer ce discours dans mon récit ; le mien, moins bavard, fut bientôt débité, voici comment je m'exprimais :

« Sire,

« L'honneur que j'ai d'être le premier des gen-
» tilshommes que Votre Majesté a convoqués à
« cette assemblée m'est bien précieux, puisqu'il
« me procure dans ce moment l'avantage d'être
« leur organe auprès de vous. Consultés par Votre
« Majesté sur les affaires les plus importantes de
« l'état, nous nous sommes acquittés du devoir
« qu'elle nous avait imposé avec ce zèle, cette fran-
« chise et cette loyauté qui furent dans tous les
« temps le caractère distinctif de la noblesse fran-
« çaise. Votre Majesté a daigné nous dire qu'elle
« était satisfaite de nos travaux ; c'est la récom-
« pense la plus flatteuse que nous en puissions es-

« pérer. Il ne nous reste plus qu'à supplier Votre
« Majesté d'accueillir avec bonté les assurances de
« notre respect, de notre amour et de notre recon-
« naisance pour la confiance dont elle a bien voulu
« nous honorer. »

Ne pouvant prendre l'initiative sur les travaux de l'assemblée, je me tins dans ces phrases d'étiquette qui ne pouvaient me compromettre. Je sus qu'on avait trouvé mon discours sans couleur, mais je ne pouvais me mettre en opposition avec le roi; mon rôle devait être tout passif, et je dus paraître croire à ses promesses pour l'avenir.

L'archevêque de Narbonne, après avoir fait en quelque sorte de la sédition dans les bureaux, entonna dans cette occasion un cantique de louanges dont chacun dut être content. M. d'Aligre fit comme lui, bien qu'il eût à cœur la perte des sceaux auxquels il avait tant aspiré. Son discours fut à la taille du personnage.

M. de Nicolaï, premier président de la cour des comptes, tranchait sur tous les panégyriques; on en eut pitié pour lui, et le roi souffrit cruellement des flots d'encens nauséabond dont il le couvrit pendant plusieurs minutes.

M. de Barentin, premier président de la cour des aides, et qui plus tard devint garde-des-sceaux, eut le mérite de la brièveté, ainsi que l'abbé de La Fare et M. Angrand d'Alleray, lieutenant civil du Châtelet de Paris. M. de Pelletier fut plus long que ceux qui l'avaient précédé; enfin la séance se termina par ces paroles que prononça le garde-des-sceaux :

« Au nom du roi, je déclare close la présente
« assemblée des notables. »

Nous nous séparâmes donc; moi, charmé de m'être fait connaître à des gens capables de m'apprécier, le comte d'Artois délivré d'un pesant fardeau, et l'archevêque de Toulouse se flattant de poursuivre désormais tranquillement son chemin, et ne se doutant guère de la besogne que lui réservait le parlement.

Immédiatement après la rentrée du roi, les notables, réunis en corps et tous les princes à leur tête, se rendirent dans son cabinet pour lui faire leur révérence. Ce devoir rempli, ils se divisèrent en bureaux pour la dernière fois, puis allèrent saluer leur président respectif. C'est ainsi que se termina l'assemblée de notables qui avait duré trois mois, du 22 février au 25 mai 1787.

La nuit qui suivit le renvoi des notables fut la dernière sans doute qui permit à M. de Brienne la douceur du repos, car il ne tarda pas à être harcelé. Ce fut le parlement de Paris qui, ainsi que je l'ai dit, commença cette nouvelle lutte qui devait être si fatale; il la soutint avec toute l'énergie d'un corps puissant par le nombre de ses membres, et qui, appuyé par l'opinon publique, brave une royauté tombée en déconsidération.

Malheureusement cette déconsidération était trop réelle ; j'avais pu m'en convaincre dans mes fréquens rapports avec les notables inférieurs, qui, charmés de mon accueil, venaient souvent chez moi, et dont quelques uns m'accordèrent leur confiance. Je sus par ce canal que la reine, qui, certes, n'était coupable que d'imprudence, n'avait pas l'amour des provinces; qu'on la calomniait sans pitié, et que le roi nonplus n'était pas épargné. On traitait sa franche rudesse de dureté ; on blâmait ses goûts, sa faiblesse à souffrir le pillage des deniers de l'état, et on lui reprochait de permettre à la reine de s'entourer des Polignac et consorts, vampires en permanence qui ruinaient le royaume et discréditaient la monarchie.

Le comte d'Artois passait aussi à cette censure rigoureuse ; ses folies et sa prodigalité étaient peintes sous les plus noires couleurs. Quant à moi, car chacun était appelé à comparaître à ce tribunal sans appel, j'étais accusé d'avarice, d'ambition, que sais-je encore. Le mépris que s'attirait partout le duc d'Orléans, la conduite scandaleuse de la duchesse de Bourbon, sa sœur, son mari qui ne lui cédait en rien sur ce point, achevaient de perdre la famille royale dans l'esprit de la nation.

Mais si un reste d'égard contenait encore la calomnie envers les princes, elle se déchaînait contre les seigneurs, les dames de la cour et la haute noblesse ; et à vrai dire leur conduite donnait prise à la méchanceté. La corruption et l'avilissement étaient portés à un tel point parmi certaines de ces personnes, qui, pour leur rang auraient dû donner le bon exemple au vulgaire, qu'aux environs du jour de l'an, les porcelaines de Sèvres étant exposées dans une pièce contiguë à la chambre du roi, Sa Majesté avait surpris M. de C... mettant dans ses poches les tasses qui lui convenaient. Louis XVI, indigné, l'obligea de vendre sa charge, et le chassa de la cour. Il était passé en proverbe à Versailles et à Marly : *voleur comme une duchesse*, à cause de la mauvaise foi que portaient au jeu plusieurs femmes titrées. Le nombre des ménages désunis ne pouvait se compter, et tandis que les maris entretenaient des actrices ou des filles de joie, les femmes se consolaient avec des comédiens ou leurs laquais. Il y avait là de quoi justifier bientôt la menace dénoncée contre la moderne Ninive.

J'employais toute mon éloquence à détromper les notables des préventions qu'on entretenait contre le roi et la reine, mais j'avais le chagrin de ne point y réussir. Un d'entre eux plus franc que les autres, le président de Senaux, me dit à la suite d'une conversation de ce genre, lorsque, emporté par mon impatience naturelle, je m'étais écrié que du moins on ne pouvait m'accuser de prendre part à ce pillage par mes prodigalités.

— En vérité, monseigneur, si votre altesse veut me permettre de lui répéter ce qu'on dit dans ma province, je le ferai avec toute la franchise dont je me pique.

— Parlez, monsieur, car ce n'est qu'en connaissant les reproches qu'on m'adresse que je puis m'en justifier.

— Eh bien, monseigneur, on prétend que chaque fois que le roi paie les dettes du comte d'Artois, ce qui se renouvelle assez fréquemment, vous venez réclamer votre droit d'aînesse, en disant que, parce que vous ne jetez pas l'argent par les fenêtres, ce n'est pas une raison pour qu'on vous prive des marques de la munificence du roi.

Cette invention infernale, si contraire à la vérité, me causa un cruel dépit; certes, si j'eusse agi ainsi, et d'après l'ordre que je mettais dans mes affaires, je me serais trouvé à l'époque de la révolution le plus riche particulier du royaume, en concurrence avec le duc de Penthièvre ; et cependant je ne possédais alors que mes apanages, à cela près de Brunoy que j'avais acheté à fonds perdus, et j'ai bien prouvé dans mon exil que je n'avais point de trésor caché.

Je m'empressai de détromper M. de Senaux, et le persuadai de l'injustice de ce reproche ; aussi il me promit de me justifier auprès des Languedociens, qui, ayant conservé de moi un souvenir flatteur, avaient appris avec peine que je comptais parmi les dilapidateurs de l'état.

CHAPITRE XI.

M. d'Aligre ennemi de MM. de Brienne et de Lamoignon.— Disposition du parlement contre ces deux ministres. — Il enregistre les deux premiers édits. — Monsieur entraîne le parlement dans cette séance. — Composition de cette cour souveraine. — Comment était formé le conseil du roi. — On en écarte le comte de Provence. — Le duc de Nivernais. — M. de Malesherbes. — Usage observé entre le ministre et le parlement, avant de présenter les édits à l'enregistrement. — L'édit du timbre est présenté sans avoir été communiqué. — Quelques conseillers. — M. d'Esprémesnil. — Séance des chambres du 22 juin 1787. — Le comte de Provence avant d'y aller cause avec le comte d'Artois. — Véhémence des avis. — Celui de M. d'Esprémesnil. — Celui du comte d'Artois, qui déplait. — Celui de Monsieur l'emporte. — Séance du 6 juillet. — MM. Pasquier et d'Esprémesnil proposent chacun un projet de remontrance. — Le comte d'Artois fait décider que des deux on en fera un. — Remontrances au roi. — Propos du comte d'Artois, qui se justifie de son avis sur les deux projets.

M. d'Aligre était l'ennemi secret de l'Archevêque de Toulouse et du garde-des-sceaux ; du premier, parce qu'il attribuait à son influence la nomination de M. de Lamoignon ; et du second, parce qu'il l'accusait d'occuper une charge qu'il croyait lui être due. Mais d'une autre part l'argent était le dieu de ce magistrat, et la pension de 60,000 fr. que lui faisait la cour, ainsi que les sommes plus fortes encore qu'il en obtenait annuellement sous différens prétextes, l'empêchaient de manifester sa mauvaise volonté autrement que par des voies détournées.

Ce fut lui qui, pour venger l'injure qu'il préténdait avoir reçue, excita sous main le parlement à succéder au notables dans la résistance dont nous lui avions tracé la route ; ce fut encore lui qui, par un de ces moyens que le chef d'un corps puissant tient à sa disposition, anima les esprits, les mit en jeu, sans pour cela recueillir le fruit de cette intrigue blâmable. Toutes ses manœuvres me furent signalées par plusieurs membres de la compagnie, car j'avais des amis partout qui m'initiaient dans tous leurs secrets.

Le parlement voyait avec peine un ecclésiastique à la tête du gouvernement ; il se méfiait toujours des gens de cette robe qui avait été si redoutable lorsqu'elle couvrait les cardinaux de Richelieu, Mazarin et de Fleury. Il ne fut donc pas fâché d'entrer sur-le-champ en hostilité afin de connaître les forces de son adversaire.

Dès que les notables eurent été dissous, M. de Brienne, qui, sans avoir encore le titre de principal ministre, en avait déjà toute l'autorité, envoya au parlement deux édits ; l'un sur la création des assemblées provinciales, et l'autre sur la liberté de commerce des grains. Tous les deux étaient trop avantageux pour qu'on les repoussât, les deux édits furent donc enregistrés sans représentations. J'assistai à ces séances ; quelques voix seulement s'élevèrent contre cette mesure ; mais ayant pris la parole, je ramenai la majorité à la première détermination, et on décida que l'édit serait enregistré purement et simplement selon sa forme et teneur.

Cette particularité me parut très-avantageuse à Versailles, où l'on commença à m'apprécier selon mon mérite. M. de Brienne enchanté de ce premier succès, s'imagina peut-être qu'il pouvait passer outre ; aussi sans s'être assuré des dispositions du parlement, et trompé par les paroles du premier président, il envoya à l'enregistrement l'impôt du timbre. C'est ici où se montra la mauvaise volonté de la magistrature.

Ce premier corps de l'état était divisé en deux sections bien distinctes : les grandes chambres et les enquêtes. La première se composait d'hommes blanchis dans l'étude des lois, dont la sagesse était éclairée par une longue expérience.

La seconde était remplie de jeunes gens hardis, pétulens, presque tous philosophes, gonflés de la considération dont ils jouissaient en masse, et piqués du mépris individuel que les courtisans affectaient pour la robe ; ceux-ci, de temps immémorial, avaient le pouvoir, lors de l'assemblée des chambres, de faire adopter les mesures les plus contraires à la volonté royale, le nombre l'emportait sur la raison, et là, comme ailleurs, on acquérait la preuve que le bon sens et l'équité se trouvent rarement dans les majorités.

Il ne fallait donc attendre du parlement ni obéissance, ni service calculé, mais se préparer à combattre sa résistance opiniâtre. Avant de rapporter ce qui se passa dans les séances orageuses où l'impôt du timbre fut proposé, je veux décrire les tentatives du ministère, pour répondre en apparence aux vœux manifestés par les notables. L'un des principaux que nous avions émis, était la création d'un conseil permanent de finances : on se garda d'y admettre des hommes dont on redoutait les lumières, et sur lesquels la cour n'avait pas la haute main. Voici la liste des membres dont il fut composé :

M. de Lamoignon, garde-des-sceaux ; le duc de Nivernais, ministre d'état ; le maréchal, duc de Castries, ministre Secrétaire-d'État ; le maréchal de Ségur, idem ; M. de Brienne, archevêque de Toulouse ; le marquis d'Ossun, Ministre-d'État, le baron de Breteuil, le comte de Montmorin ; MM. de Lamoignon, Malesherbes, Bouvard de Fourqueux, d'Ormesson et Lambert, les deux avant-derniers ex-contrôleurs généraux, et le dernier ne devant pas tarder à l'être

J'avais eu quelqu'espoir qu'on m'appellerait à

ce conseil, mais j'en fus exclu par de prétendues raisons d'étiquette. Il me fut facile de deviner les véritables causes qui auraient pu satisfaire ma vanité, si je n'avais eu de l'humeur de ce que je regardais comme une injustice à mon égard. Deux hommes venaient de rentrer en faveur pour être appelés à prendre une part plus ou moins directe à l'action du gouvernement ; le premier était M. de Malesherbes, qui du reste, n'avait jamais perdu l'affection du roi ; et le second, le duc de Nivernais, gracieux, spirituel, n'ayant point de volonté à lui, et disposé par conséquent à se plier à celle du ministère. Beau-frère du comte de Maurepas, il s'était tenu presque à l'écart pendant le règne de ce ministre ; satisfait du rôle important qu'il jouait à l'Académie française, il composait de jolies fables qui lui valaient l'applaudissement du public. La reine le traitait avec bienveillance ; le roi causait familièrement avec lui ; il ne faisait ombrage à personne, et son titre de Ministre-d'État ne pouvait faire supposer qu'il irait jusqu'au portefeuille.

M. de Malesherbes avait une réputation à la fois plus éclatante, mieux établie ; c'était le sage par excellence de l'époque. L'archevêque de Toulouse eut le bon esprit de se l'approprier, et de profiter de ses liens de parenté avec le garde-des-sceaux pour l'attacher de nouveau au conseil. Il espérait se servir utilement de lui en le rendant en quelque sorte son arbitre auprès du parlement. M. de Brienne se flattait que la magistrature se laisserait influencer par la haute réputation de M. de Malesherbes; mais il se trompa; les efforts d'un seul homme ne peuvent ramener à son devoir un corps qui se révolte contre l'autorité royale.

Ce conseil, plutôt organisé pour jeter de la poudre aux yeux, que dans un but d'utilité réel, n'avança en rien les affaires. L'archevêque de Toulouse craignait de montrer son insuffisance, et des personnages de plus haute influence encore redoutaient qu'on portât une investigation quelconque sur la manière dont on dépensait les fonds du trésor.

Il existait un usage suivi jusqu'à cette époque, et qui évitait de graves inconvéniens, c'était lorsqu'il y avait un nouvel édit à enregistrer, de le faire remettre à l'avance et en secret par le garde-des-sceaux au premier président, qui à son tour convoquait, avec le même mystère, les présidens des chambres, pour le leur communiquer. Les membres de ce conciliabule discutaient l'édit, et prenaient ainsi, en quelque sorte, l'engagement de ne pas lui être contraire lorsqu'on le proposerait avec toutes les formes d'usage. M. de Lamoignon renonça à cette marche pleine de sagesse, soit par vanité, soit d'après l'instigation de M. de Brienne.

L'idée du timbre fut donc apportée inopinément au greffe. Cette mesure indisposa le banc de la présidence, et donna plus de poids à la résistance.

On comprit ce qui arriverait lorsqu'on présenterait dans l'assemblée des chambres, le 19 juin, l'établissement des assemblées provinciales, l'abolition du droit d'ancrage en faveur de l'amirauté, l'impôt du timbre, l'établissement d'une prestation en argent en remplacement des corvées, la libre exportation des grains et l'augmentation de six millions sur les tailles pour gage de l'emprunt dernier en viager.

J'ai dit ce qui fut accordé sans peine; on ajouta que les princes et les pairs seraient invités à venir prendre leurs places à la cour, tant pour aviser à l'enregistrement des lois proposées que pour obtenir des éclaircissemens de ceux qui avaient fait partie de l'assemblée des notables.

J'ai dit aussi comment l'idée des assemblées provinciales fut adoptée dans la séance du 22. J'ajouterai que ce fut dans cette séance où se montrèrent les membres du parlement qui devaient s'opposer avec le plus de véhémence à toutes les propositions du ministère, c'étaient d'Amecourt, Robert de Saint-Vincent, Pavillon, Roland, Goislard de Monssabert, et d'Esprémesnil. Ce dernier, fougueux et enthousiaste, avait commencé à se faire connaître dans sa lutte parlementaire contre le jeune Lally-Tolendal; il cherchait à se réhabiliter dans l'esprit public en attaquant les opérations de l'archevêque de Toulouse, non que dans cette dernière affaire il manquât de bonne foi, mais persuadé qu'en servant l'État il se servait lui-même. Il ne persista dans sa conduite de tribun, que jusqu'au moment où il reconnut le péril de la monarchie; alors il revint franchement à elle, et nous le comptâmes parmi ses défenseurs les plus fermes et les plus dévoués, aussi il en arriva que presqu'en vingt-quatre heures l'idole du peuple en devint l'exécration; que, poursuivi comme une bête fauve, il fut conduit à l'échafaud par ceux-là qui précédemment l'auraient porté en triomphe, pouvant s'appliquer justement la pensée de Sénèque :

*Nulli
Prestat velox fortuna fidem.*

« La fortune est trop inconstante pour qu'on puisse compter sur ses faveurs. »

Le 26 juin, dans l'assemblée générale des chambres, *la cour suffisamment garnie de Pairs*, selon l'expression consacrée dans les registres du parlement, l'idée relative au commerce des grains fut adoptée, et nous ajournâmes au 2 juillet, à continuer les délibérations. Cette séance devait être la plus orageuse, étant celle où serait discuté l'impôt du timbre.

J'étais prévenu de la vive résistance qu'on opposerait à la volonté du roi, et en allant au parlement j'en causai avec le comte d'Artois, qui avait la tête montée par ses amis contre la magistrature; il s'était exprimé sur ce point avec tant de véhémence, que je crus nécessaire de le calmer; mais ce fut en vain que j'employai toute mon éloquence. J'étais heureusement rassuré par sa timidité qui ne lui permettait pas de prononcer en public cinq paroles suivies ; aussi avait-il dit à l'abbé de La Fare, lors de l'assemblée des notables :

— Lorsque je vais au parlement, je prépare un discours, bien déterminé à le prononcer ; puis quand on me demande mon avis, la parole expire sur mes lèvres, et je ne puis plus que dire : Je suis de l'avis de monsieur le rapporteur.

Aussi, pendant la séance, il se contenta de s'agiter sur son siége, de trépigner pour manifester son mécontentement. J'étais loin de m'attendre de sa part à ce qui arriva à la prochaine assemblée.

Aussitôt après l'ouverture de la discussion, les avis les plus amers furent émis. M. Freteau dit que, depuis huit siècles que la famille régnante était sur le trône, les impôt avaient toujours été croissant, et que celui-ci dépassant tous les autres, il fallait l'examiner avec la plus scrupuleuse attention, et le refuser s'il paraissait trop onéreux.

Plusieurs autres membres parlèrent dans le même sens ; l'assemblée ne se montrait que trop disposée à s'opposer à l'enregistrement de l'édit, lorsque M. d'Esprémesnil prenant la parole demanda avec une audace sans pareille si on ne s'occuperait pas avant tout de rapprocher la dépense de la recette ; dit qu'il était temps de mettre fin aux dilapidations, donnant pour exemple les sommes employées par la famille royale, dont le chiffre dépassait, proportion gardée, celles qui étaient affectées aux autres monarchies de l'Europe. Enfin il attaqua en particulier chaque membre de la famille, ne cherchant pas même à ménager ses expressions.

Un silence profond régna pendant la durée de cette catilinaire anti-royale; elle m'émut vivement, et indigna le comte d'Artois à tel point que je fus forcé plusieurs fois de le retenir par la manche de son habit, pour, l'empêcher d'interrompre l'orateur. Le parlement au contraire, ne parut pas fâché de cette sortie inconvenante qui le vengeait par la bouche d'un de ses membres, des avanies qu'on lui faisait au château.

M. Mercier-de-La-Rivière alla plus loin encore : il prétendit que ni les notables, ni le parlement, ni les pairs, n'avaient le droit de consentir les impôts qui ne pouvaient être légalement établis que par la nation convoquée en *états généraux ;* qu'avant toute mesure et décision ultérieure, il fallait que cette discussion fût préparée par des commissaires, et demander qu'on leur remît les états et bordereaux des dépenses et recettes, et tous les renseignemens propres à éclairer la cour.

Quand ce fut au comte d'Artois à opiner, il se leva et dit brièvement qu'il était de l'avis de M. Outremont-de-Minières, qui avait prétendu que le parlement n'avait pas le droit d'exiger du roi la communication des documens réclamés ;

qu'enfin il croyait que la cour devait obéir à S. M., aveuglément et sans résistance quelconque.

Ces dernières paroles furent couvertes d'un murmure sourd, et d'une sorte de huée à demi-respectueuse. Quant à moi, je dis :

Que je souhaitais que le roi crût pouvoir faire connaître les pièces concernant les finances ; qu'il convenait de les lui demander avec le respect dû à la majesté du trône, et qu'on devait attendre en silence sa réponse, en espérant tout de sa bonté paternelle et de son ardent désir de convaincre qu'il ne voulait que le bien de ses sujets.

On s'arrêta à ce dernier parti, qui était celui de M. Mercier-de-La-Rivière, et nous fûmes ajournés au 6, pour décider de la rédaction des demandes qu'on adresserait au roi.

Deux furent proposées au jour fixé, l'une par M. Pasquier-de-Coulan, et l'autre par M. d'Esprémesnil : chacune portait le cachet de l'auteur. Celle de M. Pasquier se faisait remarquer par la réserve des expressions, quoique le fond fût le même ; la seconde, hardie, virulente, était une vraie déclaration de guerre. Chacun donna son avis pour l'une et pour l'autre. Le comte d'Artois demeurait tranquille à sa place ; j'admirais son calme peu naturel, lorsque interpellé par le premier président pour donner son opinion, il dit sans hésiter que les deux projets d'arrêté lui convenaient autant l'un que l'autre, mais qu'embarrassé du choix il désirerait qu'on les amalgamât ensemble, afin que la froideur qui se faisait remarquer dans celui de M. Pasquier fût réchauffée par la chaleur du second.

Le comte d'Artois parla avec un calme qui m'étonna, et comme si ces paroles eussent été le fruit de mûres réflexions ; le parlement fut frappé de la justesse de son avis ; il l'adopta à l'unanimité, et l'on dressa la supplication en ces termes :

« Sire,

« Votre parlement, délibérant sur la création
« du timbre, a bien reconnu, dans le préambule,
« que Votre Majesté ne s'est déterminée qu'à
« regret à présenter cette charge si onéreuse pour
« ses sujets, et qui ne peut être une ressource
« suffisante pour couvrir le déficit des finances.

« Animé du désir de donner à Votre Majesté
« des preuves de son zèle et de son dévouement,
« et obligé par devoir de représenter les intérêts
« du peuple, inséparables de ceux de Votre Ma-
« jesté, votre parlement ne peut s'empêcher de
« croire qu'il lui est impossible, après cinq années
« de paix, de se convaincre de la nécessité de
« l'impôt sans avoir vérifié le déficit qu'on a pré-
« senté à Votre Majesté.

« Pénétré des vues de justice et de bonté que
« Votre Majesté ne cesse de manifester lorsqu'il
« est question du bonheur de ses sujets, votre par-
« lement supplie très-humblement Votre Majesté
« de lui faire remettre les états de recette et de
« dépense, ainsi que l'état des retranchemens,

« économies, bonifications, que Votre Majesté a
« eu la bonté d'annoncer dans sa déclaration.

« C'est avec d'autant plus de confiance que vo-
« tre parlement porte cette supplication au pied
« de votre trône, que Votre Majesté a daigné an-
« noncer à l'assemblée des notables, et renouveler
« dans le préambule de la déclaration sur le
« timbre, l'engagement de rendre public à la fin
« de l'année l'état des recettes et des dépenses.

« Son intention est que ses peuples soient con-
« vaincus de la nécessité des moyens avec les be-
« soins réels de l'état; il paraît donc indispensable
« que votre parlement le soit auparavant, sa con-
« viction ne devant pas seulement suivre la véri-
« fication, mais la déterminer. »

Cette pièce réclamait ce que le ministre ne devait point accorder, un droit d'examen sur les actes royaux; c'eût été faire passer la famille royale sous la censure du parlement, ce qui ne pouvait être, ce que moi-même je n'aurais jamais conseillé au roi.

Le comte d'Artois ajouta de son chef la dernière phrase de l'arrêté; sa conduite en cette circonstance me parut toute contraire à celle qu'il avait tenue jusque-là. Il me tardait de nous trouver seuls ensemble pour lui en demander l'explication.

— Impatienté, me dit-il, d'entendre ces........ manquer de respect au roi avec tant d'audace, j'ai voulu en finir une bonne fois, en les poussant à une démarche tellement hardie, que Sa Majesté ne puisse se dispenser de la punir.

CHAPITRE XII.

Les Polignac reviennent d'Angleterre. —Mauvaise humeur de la reine envers Monsieur. — Conversation entre Marie-Antoinette, le comte de Provence et le comte d'Artois. — Le second se fâche. — La reine va à Trianon. — Détails sur sa société. — Embarras de M. de Brienne. — Réponse du roi à l'arrêt du parlement. — Séance du 9 juillet. — Opinion de Monsieur. —Sensation qu'elle produit. — Les voix partagées inégalement. — Réponse du roi à la députation. — Causerie du comte de Provence avec l'archevêque de Sens. — Il le traite mal. — Il fait un éclat à Trianon. — Le roi l'approuve. — Séance du 16 juillet. — Avis de M. Huguet de Sémonville. — Étourderie du comte d'Artois. — Affaire des gardes.

Le comte d'Artois se trompait dans ses calculs : le roi, ni M. de Brienne, n'étaient capables de prendre une résolution subite et désespérée ; il fallait qu'on les tourmentât long-temps pour qu'ils se décidassent à user de violence ; cette année et la suivante n'en fournirent que trop la preuve.

Nous trouvâmes ce même jour, en rentrant à Versailles, tous les Polignac et leurs créatures, revenus quelque peu subitement de leur voyage d'Angleterre. Ayant appris les discussions des parlemens, qui les inquiétaient plus que celles des notables, ils avaient senti la nécessité de donner à la reine par leur présence plus de force contre le choc qu'elle avait à soutenir. Aussi je remarquai en Marie-Antoinette un redoublement de mauvaise humeur, car elle se trouvait au milieu de gens avides qui lui représentaient sans cesse qu'elle renoncerait à sa gloire en renonçant à récompenser ses fidèles serviteurs, et qu'elle devait tenir tête aux robins et les forcer au silence. Dès que la reine me vit elle me dit :

— Eh bien! monsieur, voilà donc la couronne du roi au greffe? Elle figurera sans doute merveilleusement sur le front de M. d'Esprémesnil !

— En vérité, madame, répondis-je, si la couronne est sortie de sa véritable place, pour retourner là où elle n'a siégé que trop long-temps, ce n'est point moi qu'il faut en accuser.

— Il est certain que le plus coupable fut M. de Maurepas, qui abusa de notre inexpérience pour se créer une popularité à nos dépens.

— Cependant, madame, je puis dire sans trop de vanité que, malgré ma jeunesse, je sus découvrir le danger et même le signaler.

— Oh ! vous êtes un vrai prophète, répliqua la reine avec ironie, et vous vous trouvez à votre aise au palais, comme Daniel dans la fosse aux lions. Je vous félicite d'avoir su si bien gagner *messieurs* de la grande chambre, qui vous destinent une place sur le banc de faveur.

— Je m'efforce, madame, de nous tirer d'un péril auquel, grâce à Dieu, je n'ai point contribué, et je connais assez les hommes pour savoir qu'il est quelquefois utile de les ménager.

— Quant à moi, dit le comte d'Artois qui nous écoutait, jamais je ne m'abaisserai à caresser cette........; la rigueur doit seule être opposée à la rébellion.

— C'est avec de tels discours, mon frère, qu'on exaspère la multitude, qu'on appelle la guerre civile, et puisque vous me mettez sur cette voie, je déclarerai franchement à la reine que votre présence au parlement nuit beaucoup plus qu'elle n'est utile à l'autorité royale.

— C'est que le sang bourbon bouillonne dans mes veines lorsqu'on cherche à avilir devant moi la majesté du trône. Je n'ai point, mon frère, votre sage retenue, votre calme indifférence, qu'on pourrait peut-être encore qualifier autrement.

— Et quelle autre qualification vous plairait-il de lui donner ?

— L'égoïsme sait prendre toutes les formes.

— Bien obligé, mon frère : mon égoïsme, à moi, est le soin bien légitime de ma conservation personnelle ; mais ce soin n'ira pas jusqu'à me faire abandonner ma famille au moment du péril.

J'avoue que, blessé du propos du comte d'Artois, je ne cherchais point à le ménager dans ma réponse, qui, à son tour, le piqua au vif. Il m'en demanda l'explication avec aigreur. Je la lui donnai sur le même ton, si bien que la reine s'interposa entre nous pour prévenir une querelle sérieuse. Notre conversation venait de finir, lorsque le roi arriva. Il n'était pas content non plus, et me pria de lui faire un tableau général du parlement, et de lui dire si je savais dans quel nombre les votes seraient partagés. Je répondis qu'un tiers pencherait vers l'obéissance; mais que les deux autres tiers insisteraient pour la communication des états de finance.

— Et Monsieur sera de ce nombre? dit le comte d'Artois.

— Monsieur, répliquai-je, servira toujours les intérêts du roi selon sa conscience; et lorsque Sa Majesté voudra qu'il se retire des affaires, il se mettra aussitôt à l'écart.

— N'en faites rien, répondit le roi, nous avons besoin de vos lumières dans cette conjoncture critique, et peut-être n'en serions-nous pas à ce point si nous avions plus tôt suivi vos conseils.

— Le roi du moins me rend justice, dis-je en regardant la reine et le comte d'Artois.

— Quant à moi, répliqua Marie-Antoinette, je conviens qu'en 1774 Monsieur n'était point parlementaire, et s'il l'est devenu depuis, c'est sans doute par un motif de prudence.

Le roi, me prenant à part, m'annonça que, de l'avis du conseil, il était déterminé à ne céder en rien à la volonté impérieuse de la magistrature déguisée sous l'apparence d'un faux respect ; il ajouta :

— Si l'on me pousse à bout, je casserai le parlement..... ou il me détrônera lui-même.

— J'espère, sire, répliquai-je, qu'on n'ira pas jusque là ; mais soyez ferme et vous serez fort.

La reine m'apprit ensuite que, voulant profiter de la belle saison, elle irait s'établir dès le lendemain au petit Trianon avec l'élite de sa société, ceux qui formaient malheureusement le vrai conseil de la couronne. Sa Majesté ajouta que j'y étais invité ainsi que le roi et le comte d'Artois, et qu'elle nous attendrait à souper deux ou trois fois par semaine. Les comtesses de Provence et d'Artois devaient y aller aux jours indiqués, et laisser la reine libre le reste du temps, et surtout le matin.

Il était convenu que le cercle ordinaire serait augmenté parfois de quelques personnes privilégiées, des dames du palais et des grands officiers de la maison royale. Louis XVI venait seul tous les matins au petit Trianon, déjeûner avec la reine, retournait à Versailles faire son lever, revenait à deux heures dîner, puis allait lire au jardin, dans les bosquets, lorsque ses affaires ne le rappelaient pas à Versailles ; mais il était toujours de retour à neuf heures pour le souper ; il jouait ensuite une partie, et repartait à minuit pour Versailles.

Trianon était le point de mire et le désespoir de tous les courtisans. La difficulté, ou pour mieux dire, l'impossibilité d'y être admis, désolait une foule d'ambitieux qui s'en irritaient contre la reine, et regrettaient amèrement Marly, Fontainebleau et Compiègne, où chacun allait librement. Marie-Antoinette avait conservé les habitudes retirées de sa famille; l'immensité de Versailles, une représentation continuelle lui étaient insupportables, aussi cherchait-elle à s'en affranchir; mais priver les courtisans de l'éclat d'une représentation, c'est les frapper de la sixième plaie d'Égypte. Ceux de Versailles déploraient les goûts de la reine, et c'était un grief contre elle qu'ils ne lui pardonnèrent jamais. Dès-lors la calomnie prétendit qu'une semblable retraite ne servait qu'à favoriser des intrigues qu'on craignait de mettre au grand jour; et le peuple qui ne comprend pas que les grands puissent aimer la solitude pour elle-même, accepta tous les commentaires les plus absurdes sur les goûts de la reine comme des révélations.

Pendant le voyage de Trianon M. de Brienne parut étrangement embarrassé; la résistance du parlement le mettait hors de lui. Son sang, naturellement âcre, s'allumait de plus en plus; aussi son visage était plus bourgeonné que jamais. J'étais étonné que, dans cet état de santé, son ambition l'emportât sur le besoin de se livrer au repos; mais il rêvait une vengeance terrible, le parlement lui réservait aussi de vigoureuses attaques; enfin des deux côtés ce devait être un combat à mort.

L'arrêt, minuté d'après l'opinion du comte d'Artois, fut apporté à Versailles le dimanche 8 juillet, par le premier président et deux présidens de chambre. La députation fut introduite à six heures du soir. Sa Majesté prit l'arrêté et répondit, après l'avoir lu :

« Je recevrai toujours les représentations de
« mon parlement qui seront dictées par le désir
« d'accélérer le retour de l'ordre que je veux établir
« et maintenir dans l'administration de mes finan-
« ces. Les états que mon parlement a demandés
« ont été mis sous les yeux des notables de mon
« royaume, parmi lesquels étaient plusieurs mem-
« bres de mon parlement. Ils ont constaté la dis-
« proportion qui existe entre mon revenu ordinaire
« et les charges annuelles. Je leur ai annoncé aussi
« la somme annuelle à laquelle je me propose d'éle-
« ver les retranchemens et les bonifications ; un
« nouvel examen ne donnerait pas plus de lumiè-
« res, et d'ailleurs il n'est pas dans l'ordre des fonc-
« tions que j'ai confiées à mon parlement.

« Il ne peut se dissimuler mes résolutions et
« encore moins se permettre des doutes sur leur
« accomplissement, si l'engagement que j'ai pris
« de rendre public, à la fin de cette année, l'état
« de recette et de dépense en est un gage. Cet
« engagement indique en même temps que ce n'est
« qu'à cette époque qu'il sera possible de publier
« les états avec toute la publicité que je désire leur
« donner. Je vous charge de dire à mon parlement

« que mon intention est qu'il soit procédé sans
« délai à l'enregistrement de ma déclaration ; le
« bien de mon service, l'intérêt de mes sujets, ce-
« lui des créanciers de l'État, et la considération
« du royaume l'exigent et en font un devoir.

« Si l'expérience offre des adoucissemens conci-
« liables avec la nécessité des impôts auxquels
« je suis forcé de recourir, je n'aurai pas besoin
« d'être excité pour les procurer à mon peuple. »

Le roi congédia ensuite la députation, qui, le lendemain lundi 9, rendit compte de son audience et de la réponse de Sa Majesté. J'assistai encore à cette séance avec le comte d'Artois, et nous nous trouvâmes d'un avis opposé ; mon frère, avec une étourderie qui laissa trop voir que son opinion précédente avait été inspirée par un motif particulier, répondit, lorsqu'on lui demanda son vote : qu'il ne concevait pas cette résistance opiniâtre à la volonté du roi ; que les remontrances n'ayant pas obtenu ce qu'on en désirait, la soumission devenait un devoir, et qu'en conséquence il opinait pour qu'on obéît à Sa Majesté.

J'aime à transcrire mon propre discours en cette circonstance ; il atteste toute la sincérité de mes opinions :

« L'usage constant du parlement assemblé en
« cour des pairs étant de renouveler les remon-
« trances lorsqu'elles n'ont point produit leur
« effet, je crois qu'on peut, sans manquer au res-

« pect que nous devons au roi, se régler sur ce
« qu'on a déjà fait nombre de fois. Je crois aussi
« qu'on peut sagement insister sur la nécessité du
« dépôt des pièces qui seules peuvent éclairer la
« cour, et que, dans une résistance prudente,
« motivée sur l'intérêt public et sur celui du trône
« qui en est inséparable, il n'y a rien de blâmable.
« Car enfin le gouvernement, comme le reste de
« l'humanité, n'est point infaillible ; et s'il se
« trompe, c'est lui rendre service que de l'éclairer.
« Je conclus donc pour que les remontrances soient
« renouvelées. »

Je ne pus méconnaître la satisfaction que causait mon avis : tous les yeux se tournèrent vers moi pour me le témoigner. Le comte d'Artois, au contraire, haussa les épaules, et cependant je ne m'étais permis aucun geste désapprobateur lorsqu'il avait parlé. Nous étions cent cinquante votans ; les avis se partagèrent, les uns pour demander la prompte convocation des états-généraux, comme ayant seuls le droit de consentir à l'établissement de nouveaux impôts ; et les autres, pour la soumission absolue. Soixante membres ayant désiré qu'on essayât encore de nouvelles remontrances, on remit le soin de leur rédaction à MM. Pasquier de Coulan, Sillier de la Berge, et d'Esprémesnil.

Le roi dit aux trois députés :

« Il est évident qu'il existe dans les finances de

« mon royaume un déficit qui ne peut être rempli
« par les seuls retranchemens et bonifications. Il
« n'est pas moins évident que sans les quarante
« millions de réformes dont j'ai pris l'engagement,
« et qui au surplus sont déjà portés à plus de
« vingt, et passeront mes premières espérances,
« les impôts auxquels je me suis déterminé seraient
« insuffisans. Enfin il est certain que les emprunts
« supérieurs à ceux que j'ai annoncés aggraveraient
« les charges de l'État, et nuiraient tôt ou tard à
« la fidélité de mes promesses. Il est donc impos-
« sible de douter que les impôts ne soient malheu-
« reusement indispensables, et tout délai à leur
« enregistrement ne serait pas moins nuisible à la
« confiance et au crédit public qu'aux mesures que
« je prends pour la meilleure administration de
« mes finances.

« Je veux bien cependant recevoir en bonne
« part les nouvelles instances de mon parlement ;
« *mais elles doivent être les dernières*, et ma vo-
« lonté est qu'il procède sans retard à l'enregistre-
« ment de ma déclaration. Je vous charge de lui
« faire connaître mes intentions, *et je ne veux pas
« douter de son obéissance.* »

Il y avait des menaces dans ce discours, que
l'archevêque de Toulouse me communiqua ; il
profita de cette occasion pour me prier de ne point
lui être contraire au parlement.

— Je n'en ai pas intention, répliquai-je, car ce
n'est point votre système que je combats, mais

celui de M. de Calonne. Hâtez-vous, monsieur, de nous présenter votre plan, et je vous promets de le soutenir, pourvu qu'il réponde à la bonne opinion que j'ai de vos lumières.

— Mais, monseigneur, me répondit-il avec embarras, nous ne pouvons marcher sans impôts, et autant vaut celui-là qu'un autre.

— Dans ce cas vous me mettez dans l'impossibilité de vous être agréable, car m'étant déjà prononcé contre lui, je ne puis sans manquer à mon caractère revenir soudainement sur mon opinion.

— Il est permis d'en changer quand on croit s'être trompé.

— Oui, monsieur, on peut en changer du soir au matin, lorsque de notable on devient ministre ; mais un prince, dont la position ne varie pas, doit toujours agir selon sa conviction.

M. de Brienne fut atterré de ma réponse, et dès ce moment on regarda comme certain au château que je me rangerais de l'opposition. La cabale me témoigna son mécontentement dans les soirées de Trianon ; j'en pris de l'humeur, et un soir, en présence du roi et de la reine, et du cercle complet des intimes, la patience m'ayant échappé, je pérorai de telle sorte que je fermai la bouche à tous les assistans. Je soutins en thèse générale que les embarras financiers d'un État ne venaient jamais de la nécessité de fournir à des besoins réels et légitimes, mais bien des profusions, des prodigalités, dévorées en gratifications, pensions, indemnités sans motifs, en fêtes inutiles, en vaines fantaisies, etc., etc.; et qu'enfin c'étaient ces causes réunies qui amenaient toujours la ruine d'un État. On ne peut donc, ajoutai-je, blâmer ceux qui paient de chercher à remédier à de tels abus, et à assurer la paix publique en rendant le royaume florissant.

Chacun gardait le silence, bien que le déplaisir et le dépit fussent sur toutes les physionomies. Celle de la reine peignait son incertitude et de profondes réflexions ; quant au roi, il s'écria lorsque j'eus achevé :

— Monsieur a parfaitement raison, et je ne serais pas dans l'embarras où je me trouve si moi et mes prédécesseurs avions moins accordé à ceux qui ne devaient rien prétendre.

Ces paroles ôtèrent toute envie de me contester des faits trop vrais, mais augmentèrent en même temps la colère qu'on avait contre moi. On rapporta au comte d'Artois, qui était absent, que je m'étais permis la sortie la plus virulente sur ses dépenses et sur celles de la reine ; que j'avais tout fait pour pousser le roi à ruiner tous ses serviteurs, et qu'on devait me craindre comme l'homme le plus dangereux de la cour.

Mon frère n'eut rien de plus pressé que de me reprocher ma sortie ; il y mit tant d'aigreur et de partialité que je le fis taire, indigné que j'étais de voir dénaturer tous mes actes et propos.

Au reste les intrigues de cabale, si puissantes à

Versailles, n'arrêtèrent pas les mesures du parlement. Une assemblée convoquée pour le 16 eut lieu. Le duc de Nivernais essaya de ramener à l'avis favorable au ministère, par un petit discours à l'eau rose, qui contrastait d'une manière étrange avec l'âpre énergie des parlementaires récalcitrans. Il en résulta de véritables huées contre l'orateur.

Ce fut à cette séance que je remarquai pour la première fois M. Huguet de Sémonville, aujourd'hui grand référendaire de la chambre des pairs, et qui alors était conseiller à la seconde des enquêtes. Ce magistrat, âgé de 28 ans, et membre du parlement depuis le 19 décembre 1777, s'exprima avec autant de grace que de vigueur ; il osa même dire que l'impôt du timbre avait enlevé l'Amérique à l'Angleterre, et que celui qu'on proposait en France pourrait amener les plus graves résultats.

On revint encore à presser la convocation des états-généraux; vingt-cinq ou trente voix opinèrent pour cette mesure. Le comte d'Artois s'avisa de dire que l'on ne pouvait sans péril repousser l'impôt du timbre, et que ne pas consentir à son enregistrement serait obliger le roi à faire banqueroute.

Quant à moi, j'offris un terme moyen qu'on ne jugea point à propos d'admettre. Une commission composée de vingt-cinq membres fut nommée pour rédiger de nouvelles remontrances. Les esprits s'envenimaient de plus en plus, et pour punir le comte d'Artois de son opposition au vœu de la majorité, on imagina de chercher une mauvaise querelle à sa garde et à la mienne, qui nous accompagnaient. On prétendit que dans l'enceinte du palais l'autorité militaire devait appartenir en suprématie aux archers de robes courtes, et que par conséquent nos gardes ne pouvaient avoir de porte nulle part.

Cette décision me déplut autant qu'au comte d'Artois ; je ne voulus pas m'y soumettre, et prévenant le roi de notre résolution, à laquelle il ne s'opposa pas, nous prîmes nos mesures pour nous faire rendre raison de cette impertinence bien digne des robins.

CHAPITRE XIII.

Suite de l'affaire des gardes. — Scène au palais. — Le comte de Provence termine ce fâcheux débat. — Séance du 24 juillet. — Remontrances. — Réponse du roi. — Ce qu'il charge Monsieur de dire au parlement. — Le prince s'en acquitte sans succès. — On demande la convocation des états-généraux. — On décide de nouvelles remontrances. — Aveu personnel du comte de Provence. — Réponse sèche du roi. — Monsieur tente en vain de négocier la paix. — Le parlement rend un arrêt pour provoquer la convocation des états-généraux. — Effroi qu'il cause à Versailles. — Mot du roi. — Séance du 4 août. — Retrait des édits. — On attaque M. de Calonne. — Intrigues au château. — Chagrin de la reine. — Sa conversation avec M. de Bezenval. — Conseil privé du 4 août au soir. — Lit de justice décidé. — Le parlement proteste par avance. — Terreur panique à Versailles.

L'ouverture de l'assemblée devait avoir lieu le 4 Nous partîmes de Versailles *in fiochi*, accompagnés de tous les premiers officiers de nos maisons, d'un renfort de nos gardes, et en outre d'un nombre considérable de seigneurs et de gentilshommes. On aurait pu en les voyant se presser au tour de notre personne, se croire revenu au temps de l'orageuse minorité de Louis XIV.

Mais il s'agissait bien d'autre chose que de la Fronde.

Un bandeau couvrait nos yeux, et nos prévisions les plus sinistres n'allaient pas au-delà de soulèvemens partiels. Les Gardes françaises, les Suisses, garnissaient les avenues du palais, et certes nous étions en mesure de nous faire respecter.

Il ne fut pas nécessaire d'en venir à aucune extrémité fâcheuse; l'aspect de notre nombreuse escorte jeta l'épouvante parmi la robe courte, qui n'osa opposer aucune résistance. Cette mesure que j'avais cru nécessaire pour maintenir la dignité de mon rang, me coûta néanmoins à employer; j'étais fâché de me commettre ainsi avec les parlemens, et de me brouiller peut-être avec eux pour une cause aussi légère. Aussi, dès que je fus entré, j'affectai de tourner en plaisanterie la pompe de notre escorte. Je dis à messieurs du parlement qu'il y avait eu une lutte d'amour-propre entre nos *maisons militaires et la leur*, et que la victoire étant si souvent restée du côté de celle-ci, il ne fallait pas se plaindre du triomphe que la première remportait aujourd'hui.

Bien m'en prit de cette adresse, car cette affaire aurait pu prendre une tournure désagréable; d'autant que rien n'est plus à craindre que la colère d'un poltron. Heureusement aussi que l'importance des matières qui devaient se traiter dans cette séance fit qu'on cessa de s'occuper de cet incident.

Deux projets de remontrances nous furent soumis, l'un de M. d'Esprémenil, l'autre de M. Ferrand, homme de sens et plein de droiture, qui a fourni une honorable carrière à travers toutes les guerres de la révolution. Son projet l'emporta de trois voix ; on chargea le parquet de prendre les ordres du roi, afin de savoir quand il lui plairait de recevoir la députation de son parlement.

Voici la réponse de Sa Majesté, en date du dimanche 29.

« J'examinerai avec attention les remontrances
« de mon parlement sur le timbre, et je lui ferai
« connaître incessamment mes volontés ; mais
« comme je désire ne pas laisser d'incertitude sur
« l'étendue et les bornes des séances que les cir-
« constances exigent, j'ai donné ordre qu'on pré-
« sentât demain au parlement, l'édit sur la sub-
« vention territoriale que je lui ai annoncé. C'est
« aux seuls besoins réels que je veux proportionner
« les impôts, et il est un terme que je mettrai
« toujours à leur durée, la fin de ces mêmes be-
« soins. L'état que je ferai publier tous les ans ne
« laissera aucun doute à ce sujet. J'attends du
« zèle et de la fidélité de mon parlement qu'il pro-
« cèdera sans délai à l'enregistrement de mon
« édit. »

Le lendemain nous revenions au palais ; la résistance du parlement avait exaspéré le roi, et les personnes qui avaient de l'influence sur son esprit en profitèrent pour l'engager à prendre des mesures vigoureuses : il me fit appeler le matin avant mon départ.

— Vous allez au parlement, me dit Sa Majesté ; je vous charge d'appuyer sur l'extrême mécontement que me cause la séditieuse conduite de la plupart de ses membres. J'ai patienté jusqu'ici, aimant à me flatter que la résistance provenait de leur amour du bien public ; mais il m'est prouvé aujourd'hui que cette conduite tire sa source d'intentions coupables. Ne me répliquez pas, Monsieur, ajouta le roi, voyant que j'ouvrais la bouche pour parler ; car à commencer par vous, j'ordonne un silence absolu sur toutes mes affaires.

J'obéis en m'inclinant, et partis le cœur navré de tristesse. Je savais que le parlement persisterait dans sa résistance, et je pensais qu'il eût été peut-être plus sage de se soumettre sans délai aux plus sévères économies, en leur donnant une publicité telle qu'on ne pût en douter. Mais quels étaient ceux qui auraient voulu s'y prêter ? J'aurais payé bien cher, dans cette incertitude, un répit de quelques jours.

J'arrivai au parlement avant le comte d'Artois. Je vis plusieurs présidens et conseillers avec lesquels j'étais en relation, et ne leur cachai rien des dispositions du roi. Ils en gémirent sans renoncer à leur projet. Après plusieurs discussions sur le discours de Sa Majesté, on se décida enfin à réclamer la prompte convocation des états-généraux. Je tâchai de ramener la chambre à plus de sagesse ; quelques pairs imitèrent mon exemple ; mais quatre-vingts voix approuvèrent la demande à faire au roi, et la déclaration que la nation, représentée par les députés des trois ordres, ne pouvait consentir à l'établissement de nouveaux impôts. Les remontrances furent rédigées, et on envoya prendre les ordres de Sa Majesté. J'étais accablé de douleur ; je me maintins dans la ligne que j'avais suivie jusqu'alors, *parce que je savais positivement que Sa Majesté trouvait bon, au fond, qu'un de ses frères suivît la marche parlementaire, afin de servir d'intermédiaire en cas de besoin.* C'est un secret que je me dois à moi-même d'avouer maintenant.

Les remontrances furent présentées le 1er août. Le roi répondit aux députés par ces seules paroles, prononcées d'un ton sévère : *Je vous ferai connaître mes volontés*, puis il sortit de son cabinet, en fermant sur lui la porte avec force.

Je travaillai, mais inutilement à détruire le mauvais effet de cette audience, une rupture ouverte devant être le résultat de la marche qu'adoptaient les deux partis ; il est vrai que la magistrature était loin de rester en arrière. Son arrêté du 30 juillet plaça le roi dans une fâcheuse position, entre la convocation des états-généraux et la nécessité de sortir des voies ordinaires pour gouverner.

J'avais bien prévu que cette demande d'assembler les états-généraux porterait au comble l'exaspération des meneurs. On se disposait à danser à Trianon lorsque nous y portâmes la nouvelle de cette délibération menaçante. La terreur fut générale : ce mot d'*états-généraux* tomba comme la foudre au milieu de la fête; ce fut le *manè tessel pharès* du repas de Balthazar. On suspendit la musique, on se groupa dans les bosquets voisins de la tente où l'on dansait; le plus grand nombre environna le comte d'Artois, quelques personnes vinrent à moi, pour me demander des détails, que je ne crus pas devoir leur refuser

Le premier mouvement du roi fut de dire :

— Eh bien! on veut les états-généraux, *on* les aura; mais c'est avec eux qu'on discutera dorénavant et non avec moi.

Néanmoins, le lendemain, après avoir vu l'archevêque de Toulouse et le garde-des-sceaux, Louis XVI changea de langage; il se montra courroucé contre le parlement, et défendit aux princes et aux pairs de prendre part à l'assemblée des chambres, où sa réponse devait être rapportée. Nous obéîmes.

Mais la défense ayant été levée peu après, nous nous rendîmes à la séance du 4 août. M. Séguier, avocat général, l'ouvrit en disant qu'il avait mission du roi de retirer l'idée de sa déclaration. Cette mesure, qui aurait pu sembler un abandon du gouvernement, fut regardée par le parlement comme la menace d'un lit de justice. Le reste de la séance se passa en discussion sur diverses mesures à prendre contre l'agiotage, et sur une plainte contre M. de Calonne, dont le parlement redoutait le retour. Mais cette dernière affaire ne fut qu'entamée et renvoyée au vendredi, 10 du mois. Le roi conservait toujours sa confiance à l'ex-contrôleur général, correspondait en secret avec lui, et en recevait des mémoires de finance et de politique, dans lesquels l'auteur n'épargnait ni Necker ni l'archevêque de Toulouse. Je tiens de M. de Calonne que Louis XVI l'autorisa à quitter le royaume, où il ne le croyait pas en sûreté, à l'époque où on lui enleva sa charge de trésorier de l'ordre du Saint-Esprit.

Entraîné par le récit de la lutte de la cour avec le parlement, j'ai négligé de rapporter en son temps que la dernière fille de Louis XVI, la princesse Sophie, mourut cette année, le 19 juin, à l'âge de onze mois et dix jours. Les événemens se pressaient déjà avec une telle rapidité, que nos regrets sur la perte de cette enfant furent bientôt oubliés.

Je reviens maintenant à la magistrature. Il était impossible de tolérer plus long-temps sa résistance : il fallait ou lui céder l'administration du royaume, ou la réduire au silence. Avant d'employer les mesures violentes, on cherchait encore à négocier ; on employait à cet effet le premier président, qui, sous un air de bonne foi, jouait le ministère. MM. de Nivernais et de Malesherbes travaillaient aussi sans plus de succès à cette négociation.

Mais que pouvait la vertu de ce dernier contre une influence intérieure et extérieure? Je développerai plus tard celle-ci, dont je n'ai point encore parlé. Il y avait dans le ministère un homme qui poussait aux coups d'État, non dans l'intérêt du roi, mais afin de rendre M. de Brienne odieux et de le perdre; c'était le baron de Breteuil. Il mettait une telle adresse dans cette intrigue, que loin de le soupçonner de perfidie, le chef du conseil de finance le croyait sincèrement attaché à sa cause.

La reine, au milieu de ces agitations, n'était pas non plus tranquille, et bien qu'on lui cachât une partie des calomnies qu'on répandait sur son compte, il lui en revenait cependant assez pour qu'elle connût l'opinion publique à son égard. Enfin le lieutenant général de police crut devoir informer le roi qu'il ne répondait pas que Marie-Antoinette ne fût insultée si elle se présentait dans Paris. Louis XVI se vit forcé de faire ce pénible compliment à sa femme, qui en éprouva un profond chagrin.

Il est certain que chaque jour voyait éclater de nouveaux symptômes d'irritation contre la reine; la poésie, la prose, la peinture et la gravure conspiraient pour la perdre dans l'esprit des Parisiens. On voulait que la nation entière se prononçât contre Marie-Antoinette, espérant s'emparer ensuite plus facilement du roi. Ce complot infâme sera connu comme il doit l'être.

Qu'on juge de l'affliction de cette infortunée princesse, souveraine à Versailles, et décriée à Paris ; elle n'ignorait pas qu'on la disait vendue à l'Autriche, qu'on l'accusait d'avoir seule causé la ruine de l'État, et de faire poursuivre avec rigueur le parlement, défenseur des droits et de la liberté de la nation. La reine cherchait souvent à s'élever par le mépris au dessus de tant d'outrages ; mais elle n'y parvenait pas toujours, aussi son caractère, aigri par le chagrin, la rendait quelquefois injuste envers ceux qui lui étaient le plus sincèrement attachés.

Peu de jours avant les derniers coups portés au parlement, Marie-Antoinette, se promenant seule avec moi dans les jardins de Trianon, me parla de la situation des affaires, de manière à prouver qu'elle n'espérait pas d'issue favorable. Ah! s'écriat-elle, M. de Calonne a fait bien du mal à la France en assemblant les notables.

— Madame, répliquai-je avec une franchise que je cherchai à adoucir par un accent de sympathie triste, je n'étais pas l'ami de M. de Calonne; mais quels qu'aient pu être ses erreurs ou ses torts, il est juste de convenir que cet homme si léger avait conçu peut-être le plus beau projet qui ait passé par la tête d'un ministre. Si on avait maintenu les notables dans de justes bornes, si on n'avait pas renvoyé M. de Calonne au milieu de ses travaux, quitte à s'en défaire plus tard, dans le cas où les circonstances l'eussent exigé, il est probable qu'on aurait évité les maux qui accablent l'État aujourd'hui. D'ailleurs Votre Majesté protégeait les notables, et cet appui a dû augmenter leur audace.

— Moi! dit la reine, c'est une erreur; j'étais absolument neutre.

— C'était déjà trop, madame, dans une telle conjoncture, et permettez-moi de dire à Votre Majesté que cette neutralité a pu faire croire à sa partialité pour les notables : je lui suis trop attaché pour lui cacher qu'on lui a reproché de vouloir annihiler le roi, opinion que je n'ai pu admettre, connaissant sa sagesse et ses lumières.

Une pareille conversation ne pouvait plaire à la reine, aussi elle l'abrégea en reprenant le chemin du château.

J'eus encore un autre entretien à ce sujet à Trianon avec Marie-Antoinette, le soir même du lit de justice; et j'en parle afin de prouver que dans cette circonstance je fis ce que mon devoir m'ordonnait de faire.

Le 4 août, un conseil extraordinaire fut convoqué : il se composa de tous les ministres secrétaires d'État, du chef du conseil des finances, du garde-des-sceaux, du duc de Nivernais et de M. de Malesherbes. Le garde-des-sceaux, ayant exposé le motif de la réunion, demanda l'avis de chacun. Les ministres à portefeuille furent unanimes dans l'opinion que le roi ne devait pas céder, sauf à donner, après l'obéissance obtenue, les preuves de sa bonne foi. M. de Malesherbes dit à son tour qu'avant de déployer une autorité dont la manifestation était toujours fâcheuse, il croyait plus digne de la vertu et de la majesté du roi de constater le déficit, et de donner des preuves irréfragables de son désir sincère d'alléger les charges de l'État en tranchant dans le vif par des réformes considérables; que dans le cas contraire, le peuple ne verrait dans le lit de justice qu'un acte de violence et non d'équité, et qu'on pourrait ensuite frapper le parlement avec plus de raison et de vigueur.

L'archevêque de Toulouse prétendit que la bonté du roi ne servait qu'à augmenter l'audace parlementaire; que douter de la promesse de Sa Majesté était un crime, d'autant mieux qu'il y en avait déjà une partie d'exécutée dans les réformes qu'elle avait annoncées dans sa maison. Le roi, ajouta-t-il, affaiblirait la force et l'éclat de son trône en obéissant aux injonctions arrogantes de ses sujets; qu'enfin son opinion se rapportait à celle de M. de Malesherbes, sauf qu'il croyait qu'il fallait faire avant ce que celui-ci jugeait convenable de faire après.

Les voix recueillies, le lit de justice fut décidé, et le roi en ordonna les préparatifs. Un billet du garde-des-sceaux en prévint M. d'Aligre, dans la matinée du 5 mai, et il convoqua aussitôt l'assemblée des chambres pour le même jour. La nouvelle du lit de justice s'étant promptement propagée, M. de Vratronville, maître des cérémonies de France apporta au parlement, vers cinq heures, la lettre de cachet officielle qui le convoquait à Versailles; la cour lui en donna acte le lendemain dans la séance du matin, et il fut convenu qu'on obéirait aux ordres du roi; mais on protesta en même temps contre le mode de convocation de ce lit de justice, contre les diverses matières qui pourraient y être traitées, et principalement les édits du timbre et de l'impôt territorial, qu'on voulait sans doute faire enregistrer par force. On résolut donc que ces protestations rédigées en arrêts, seraient la base du discours du premier président. Je place en note cette pièce importante, qui ralentirait la rapidité de mon récit (1).

Une terreur panique se répandit ce jour-là dans le château; on crut tout à coup que la canaille de Paris se disposait à marcher sur Versailles pour soutenir le parlement. Les postes furent renforcés; on ordonna aux troupes, dans les diverses casernes, de se tenir prêtes au premier signal, et la nuit se passa dans une grande inquiétude.

Il est vrai que les dispositions de la multitude ne pouvaient être plus hostiles; elle environnait

(1) Voir la fin du volume.
(*Note de l'Éditeur.*)

le palais avec la basoche et la valetaille de la magistrature. On insultait tous ceux qu'on croyait favorables au ministère ; la révolution préludait dans les rues en attendant qu'elle parvînt dans les palais. Paris offrait cet aspect sinistre, avant-coureur des grandes catastrophes qui agitent les empires et souvent les renversent.

CHAPITRE XIV.

Lit de justice du 3 août. — Cérémonial. — Discours du roi. —De MM. de Lamoignon et Séguier. — Ce que fait le roi. — Joie maladroite du comte d'Artois. — Contenance de Monsieur. — La reine le fait appeler. — Conversation. — Quatrain épigrammatique. — Fête à Trianon. — Conversation dramatique avec Marie-Antoinette. — Entretien plus sérieux. — Budget du duc de Coigny. — Interruption mystérieuse — Conversation vive. — La reine prête à s'évanouir. — Son désespoir. — Séance du 7 août. — Le lit de justice est déclaré illégal. — Séance du 10 employée contre M. de Calonne. — Séance du 13. — Discours du duc de Nivernais. — Réplique de M. d'Eprémesnil. — Colère du public. — Réformes dans la maison du roi. — Suite du budget du duc de Coigny. — Note historique.

Les princes et les pairs se tenant prêts pour assister au lit de justice, le parlement arriva en corps, et fut accueilli par les applaudissemens de la populace qui se pressait sur son passage.

La séance eut lieu dans le salon d'Hercule ; le *lit* du roi s'élevait à l'un des angles. Sa Majesté y entra accompagnée des grands officiers de sa maison. Le duc d'Orléans et le duc de Penthièvre ne se montrèrent pas dans l'assemblée, le dernier par suite d'une indisposition assez grave. Il n'y avait pour assistans que les curieux du château, ceux du dehors ayant été exclus.

Après l'ouverture de la séance, le roi parla à peu près en ces termes : qu'il était surpris de la résistance qu'on opposait à ses ordres, que son désir de bien faire était trop positif pour qu'on pût le suspecter, que la conduite de son parlement était blâmable, qu'il ne pouvait s'empêcher de lui témoigner du mécontentement; que ses édits présens étant nécessaires, il persistait à vouloir leur enregistrement, et que son garde-des-sceaux allait expliquer plus au long ce qu'il avait résolu.

M. de Lamoignon prit en effet la parole pour faire connaître la volonté de Sa Majesté ; mais son discours fut long et diffus : il passa en revue tous les griefs qu'on avait contre la magistrature, répéta ce qui avait été dit mille fois, relativement aux réformes et bonifications, donna à entendre que les impôts exigés dureraient peu et seraient allégés plus vite encore, essaya d'adoucir la rigueur de la forme et de calmer le parlement, puis procéda à la lecture des édits du timbre et de l'impôt territorial.

M. d'Aligre y répondit conformément à ce qui lui avait été dicté la veille dans l'assemblée des chambres, et il supplia le roi d'écouter et de faire droit aux justes et prudentes remontrances de la cour du parlement.

Il y eut un instant de silence après le discours du premier président, puis l'avocat général Seguier demanda l'enregistrement des édits; mais ce fut en termes peu agréables au ministère, et après avoir parlé avec chaleur contre cette mesure et démontré les maux qui découleraient de sa mise à exécution. A la suite de cette harangue toute parlementaire, nous n'entendimes pas sans émotion M. de Séguier dire : que, nonobstant son opinion personnelle, l'exercice de sa charge lui faisait un devoir de conclure selon la volonté du roi.

Louis XVI fut touché de ces paroles, je le lus sur ses traits. On continua sans succès la séance. Le parlement de son côté demeurant impassible, le garde-des-sceaux monta sur le trône, s'agenouilla devant le roi, et lui dit que tout le cérémonial du lit de justice était accomplies, la transcription des édits consommée sur les registres de la cour que le greffier en chef avait apportés et présentés à cet effet. Sa Majesté répondit :

« Vous venez d'entendre mes volontés, je compte
« que vous vous y conformerez. »

Après ces courtes et royales paroles il donna le signal, et la séance fut levée. Le parlement se retira morne et silencieux, déterminé à ne rien céder au ministère qui venait de remporter une vaine victoire.

Le front du comte d'Artois rayonnait, et loin

de chercher à dissimuler sa joie, ce prince tourna en plaisanteries, avec quelques intimes, la tristesse de la magistrature ; mais il faillit payer cher peu de jours après ces démonstrations imprudentes.

Je me gardai de l'imiter ; ma contenance resta grave et soucieuse ; aussi on me complimenta sur la dignité que j'avais montrée ; les bruits les plus favorables circulèrent sur mon compte, et j'en recueillis le fruit le jour même où mon jeune frère fut exposé à l'animadversion du peuple de Paris.

Il était deux heures et demie quand nous sortîmes du lit de justice ; je trouvai en rentrant chez moi deux billets ; l'un de la reine pour me prier d'aller la voir le soir au Petit-Trianon, et l'autre renfermant un quatrain sans signature ; mais je puis en désigner l'auteur aujourd'hui : c'était le marquis de Montesquiou Fésenzac. Voici ce quatrain :

> Cloé, sais-tu, ce que l'on dit ?
> Dame Justice est désolée :
> Louis est entré dans son lit,
> On prétend qu'il l'a violée.

C'était gai, c'était vrai peut-être, il était possible aussi que ce fût injuste ; néanmoins je ne pus m'empêcher d'en rire du bout des dents, car mon cœur ne pouvait se dilater pour si peu ; puis j'allai trouver la reine à Trianon : le hasard avait voulu qu'elle donnât ce soir-là une fête préparée à l'avance, et qui, au reste, fut la dernière de ce séjour, témoin de tant de plaisirs. Les jardins étaient illuminés; des guirlandes de fleurs unissaient les arbres ou serpentaient autour de leur tronc; des batelets pavoisés garnis de cordons de verres de couleur flottaient sur le lac; divers groupes de musiciens jouaient des fanfares; une foule assez nombreuse, quoique choisie, de dames et de seigneurs de la cour erraient dans les allées, dansaient ou prenaient des rafraîchissemens sous les tentes et dans les divers parties du jardin. Le temple de l'Amour étincelait de feux éblouissans. Le ciel était pur, l'air chaud. Nul dans ce lieu ne se serait douté à cette heure de l'événement de la matinée et de l'existence du volcan sur lequel on folâtrait.

J'arrivai, et dès que je parus, la reine, sous prétexte de me faire voir divers aspects de la fête, prit mon bras, et nous nous enfonçâmes dans la partie la plus écartée des bosquets; dès que nous fûmes assez loin pour qu'on ne pût nous entendre, Marie-Antoinette me dit:

— Eh bien! voilà le lit de justice tenu; que vous en semble?

— Que si on avait pu l'éviter on aurait bien fait.

— Cela ne pouvait être, à moins de se mettre sous la tutelle du parlement. Quelles sont les intentions de celui-ci?

— Il protestera demain contre la séance d'aujourd'hui, redoublera de vigueur, et prendra peut-être des arrêtés dont je redoute les conséquences.

— Expliquez-vous, dit la reine avec inquiétude.

— Je crains, madame, qu'il ne fasse un mauvais parti à l'archevêque de Toulouse, et ne décrète contre lui une prise de corps...

— Une telle hardiesse est impossible!

— Elle n'est pas sans exemple, car le parlement de Toulouse agit ainsi le 13 décembre 1763, envers le duc de Fitz-James, gouverneur de la province, et porteur des ordres du roi.

— J'ignorais cette particularité : mon Dieu! mon frère, qu'il est difficile de bien gouverner!

—Cependant il faut sortir de cette position embarrassante ; il nous faut de l'argent, et comment en trouver?

— Hélas! je l'ignore ; nous aurions besoin d'être guidés par quelques bons conseils.

— Il en est un, madame, répliquai-je, celui d'agir à la fois avec fermeté et franchise, trancher dans le vif, et exécuter des réformes telles que la malveillance soit contrainte de nous rendre justice.

— J'ai déjà commencé, mon frère ; j'ai fait dans ma maison pour un million de retranchemens annuels, le roi en fera autant de son côté ; mais peut-on laisser mourir de faim de fidèles serviteurs, les plonger dans une misère indigne de l'affection que nous leur portons et du rang qu'ils occupent près de nous?

— C'est un point, madame, sur lequel il est nécessaire de s'entendre. Ces observations qui vous font honneur, méritent sans doute des égards ; mais je crois qu'on peut récompenser dignement la fidélité et le dévouement sans passer les bornes d'une générosité bien entendue ; je citerai, par exemple, entre autres le duc de Coigny : pensez-vous, madame, qu'il ne puisse maintenir la dignité de son rang et de sa place auprès du roi à moins d'un million qu'il touche annuellement ?

— Un million ! s'écria la reine, c'est impossible.

— Oui, madame, un million, et sans en retrancher un denier.

— C'est un conte qu'on a voulu vous faire.

— Je dirai, madame, que c'est un compte trop juste, si un calembour était permis à propos de la langue exacte des chiffres ; un compte qui est constaté par la signature de M. de Brienne. Voyez-le, ma sœur, et que Votre Majesté décide ensuite si le parlement, et avant lui les notables, ont eu tort d'exiger la communication des états de dépense.

La pièce que je présentais à la reine m'avait été remise la veille par M. de Brienne, elle était jointe à beaucoup d'autres semblables ; la voici textuellement :

Relevé exact des pensions et traitemens de M. le duc de
Coigny sur le trésor royal.

Sur le bon de Mme Dubarri, une première pension consentie par le feu roi, de la somme de cent mille francs, ci.	100,000 f.
A la recommandation de ladite dame, une seconde pension, *id*...	100,000
Une autre d'une même somme motivée par la nécessité de soutenir son rang................	200,000
Une quatrième à la recommandation de la reine, de deux cent mille francs................	200,000
Premier total..........	600,000
Deuxième, les appointemens et bénéfices connus de la charge de premier écuyer du roi, dépassant la somme de quatre cent mille francs.	400,000
Total général.......	1,000,000

La reine, s'étant approchée d'un if lumineux, lut avec attention cet état, écrit et signé de la main de M. de Brienne ; après l'avoir tourné et retourné, comme si elle eût été embarrassée de me répondre, Sa Majesté, me dit enfin :

— Un million !... mais c'est considérable !

— Le duc de Coigny, madame, n'est cependant

pas le seul qui touche d'une manière patente une somme aussi forte ; si Votre Majesté le désire, je le lui prouverai d'après des pièces authentiques que j'ai chez moi.

— C'en est assez, mon frère ; je vois avec douleur comme on nous trompe. Quoi ! Mme Dubarri a fait obtenir une pension de 200,000 liv. au duc de Coigny ! un million de pension!.... ah ! c'est trop... je vois qu'il est temps de mettre des bornes à un tel désordre ; je sais bon gré à M. de Brienne de vous avoir confié cette note, elle contribuera mieux à me maintenir dans mes projets de réforme, que toutes les résistances du parlement.

— Ce sera du moins le moyen de les rendre vaines.

Nous continuions cet entretien en nous promenant, lorsque nous entendîmes à quelques pas de nous, quelques personnes qui causaient avec vivacité ; nous suspendîmes notre marche pour écouter. Les interlocuteurs étaient en dehors du jardin, qu'ils examinaient à travers un saut de loup.

— On danse, on chante, on rit, disait l'un d'eux, on ne songe seulement pas à la misère du peuple, et s'il peut fournir à ces dépenses folles. Dites-moi si j'ai tort de sentir dans mon cœur cette haine instinctive des puissans du jour.

— La reine, dit une autre voix, n'est-elle pas la plus coupable ?

Ici, ma plume s'arrête, ne pouvant écrire les

expressions outrageantes qui furent prononcées. L'indignation me rendit d'abord immobile, mais revenant à moi, je cherchai à entraîner loin de là Marie-Antoinette, qui résistait en disant tout bas :

— Non, non, laissez-moi boire le calice jusqu'à la lie; je veux savoir jusqu'au bout la triste opinion qu'on a de moi, opinion qu'on m'a trop cachée jusqu'à ce jour !

Mais des injures on en vint aux menaces contre l'infortunée reine, puis on s'éloigna. Tout me porte à croire que ces trois individus étaient le comte de Mirabeau, le marquis de Genlis et M. de Laclos; je crus du moins reconnaître leur voix lorsque dans la suite les circonstances me rapprochèrent d'eux.

— Partons, ma sœur, dis-je, le cœur déchiré, vos oreilles ne sont pas faites pour entendre d'aussi odieuses calomnies. Ah ! pourquoi ai-je cédé à votre désir.

— Calmez-vous, mon frère, répondit la reine, tandis qu'elle tremblait d'émotion; j'aurai la force, j'espère, de supporter ce nouveau chagrin, quoique la blessure en soit bien cruelle, mais je ne puis encore retourner à la fête.

Les sanglots de la reine l'empêchèrent de continuer; je m'efforçai de la consoler, et d'effacer l'impression pénible qui pesait sur son cœur, mais je n'y réussi qu'à moitié, et me quittant pour aller faire disparaître la trace de ses larmes, dans une chaumière du jardin, où une toilette était dressée, elle me dit :

— Je me souviendrai de cette soirée, de la rage de mes ennemis, et de l'avidité de mes amis. Retournez à la fête, mon frère, j'irai bientôt vous rejoindre.

Et moi aussi, je n'ai jamais oublié cette journée qui me fit éprouver tant de sensations diverses que le temps n'a pu affaiblir; car je me rappelle encore les incidens qui la signalèrent, comme si je repassais ceux d'hier; et cependant nombre d'années ont hâté ma course vers la vieillesse; je vis du moins, tandis que la reine infortunée.... que mon frère, plus à plaindre encore.... affreux souvenir! pourquoi ne sont-ils pas effacés comme les joies de ce monde, qui laissent à peine après elles quelques traces !

Le 7 au matin le parlement était en séance, prêt à continuer le combat ; il avait convoqué les princes et les pairs. Les princes ne répondirent point à l'appel, une lettre de cachet le leur ayant défendu. Le comte d'Artois m'entraîna à la chasse, complaisance que je me reprochai.

On opina, pendant l'assemblée, sur le fait du lit de justice, et on déclara illégal et nul tout ce qui s'y était passé, à une majorité de soixante-quatre voix contre cinquante-une. On discuta avec véhémence : M. l'Esprémesnil, bien qu'attaqué de la jaunisse, ne resta pas en arrière ; le public l'adorait dans ce moment. En sortant du palais les membres de l'assemblée furent salués par les acclamations de la foule; on aurait dit que l'État était sauvé parce que le parlement avait protesté contre un acte du souverain.

Le 10 on procéda à la délibération contre M. de Calonne. Le 11 et le 12 le parlement se tint tranquille, mais le 13 il sortit de son repos pour montrer une vigueur nouvelle, qui ne laissait plus à la longanimité royale le pouvoir de se perpétuer. On entra vers onze heures en séance, et aussitôt M. d'Esprémesnil, demandant la parole, informa la cour que si on l'avait bien instruit, les gens du roi avaient reçu ordre de la chancellerie d'expédier directement à tous les tribunaux inférieurs du ressort l'édit et la déclaration des deux impôts; il ajouta que le fait étant important à éclaircir, il convenait de mander les agens du monarque afin d'apprendre d'eux la vérité.

La cour se conforma à son désir. M. Séguier, ayant comparu avec ses confrères, fut interrogé sur ledit fait, et répondit qu'effectivement le parquet, d'après les ordres du roi, avait fait partir la déclaration et l'édit dès le dimanche précédent; puis ces messieurs se retirèrent. La délibération commença ensuite, relativement au lit de justice et aux impôts qu'on persistait à repousser.

Le duc de Nivernais fit observer à la compagnie qu'en s'opiniâtrant dans sa résistance à la volonté paternelle et réfléchie du roi elle nuirait au royaume tant au dedans qu'au dehors; que la situation de l'Europe faisait redouter une guerre prochaine; que la France, inattaquable tant qu'elle resterait unie, exciterait les puissances jalouses de sa prospérité à s'armer contre elle, si la division se mettait parmi la nation; que d'un autre côté le roi ne pouvant faire face à ses engagemens, le discrédit de l'État et même la banqueroute seraient une conséquence inévitable de ce premier malheur, et qu'enfin ces motifs réunis et mûrement examinés devaient parler hautement pour une soumission qui, bien entendue, ne nuirait en rien aux intérêts du royaume.

M. d'Esprémesnil répondit à ce discours avec une éloquence et une chaleur qui entraînèrent l'assemblée, il rétorqua l'un après l'autre les argumens du duc de Nivernais; et lorsqu'on alla aux voix, il eut une majorité de soixante contre quarante. Ce fut le dernier acte du parlement.

Déjà depuis plusieurs jours des placards incendiaires ou diffamans, contre le chef du conseil des finances, le garde-des-sceaux et la reine, ajoutaient à l'exaspération publique. Ces pièces odieuses étaient affichées au Palais, dans Paris, à Versailles, dans les jardins, et jusque dans le grand appartement. Marie-Antoinette, ne pouvant plus contenir son indignation, s'abandonna dès lors entièrement aux investigations de la cabale et de l'abbé de Vermont. Elle porta ses plaintes au roi, et le conjura, pour la dédommager d'une persécution si cruelle, de nommer l'archevêque de Toulouse au premier ministère.

Le roi, cédant encore contre sa volonté, crut remporter une victoire en obtenant que M. de Brienne *ne serait pas premier ministre, mais principal ministre*. C'était disputer sur le mot : je reviendrai à cette nomination, qui ne fut consommée que le 26. Je veux rapporter avant les mesures diverses qu'on prit au Château, soit pour punir la magistrature rebelle, soit pour satisfaire en même temps l'opinion publique. Le roi signa un réglement, qui fut imprimé et répandu le 13, par lequel il supprimait la moitié du service ordinaire de sa chambre, moins les quatre premiers gentilshommes et les quatre premiers valets ; même réduction dans le service de la garde-robe, et la suppression des vingt-huit officiers privilégiés d'arts et métiers qui en dépendaient ; suppression totale de la petite écurie, de la grande fauconnerie, de la plus grande partie du vol, du cabinet de la louveterie, et tout ce qui s'y rattachait. Les suppressions s'étendirent encore sur le reste des compagnies rouges que M. de Saint-Germain avait épargnées. On décida la démolition des châteaux et maisons de plaisance de Choisy, La Muette, Madrid, Vincennes, Blois, et la vente de toutes les maisons possédées dans Paris par S. M., et qui ne se rattachaient pas au plan de l'achèvement du Louvre. Enfin le même réglement annonçait que les réductions et économies dans la maison de la reine dépasseraient la somme de neuf cent mille livres.

Si toutes les réformes eussent été strictement exécutées, l'état y aurait gagné; mais les démolitions n'eurent pas lieu, et les indemnités, les pensions de retraite, les gratifications annuelles accordées aux supprimées, le remboursement des charges, montèrent à un chiffre si élevé, que l'on dépassa l'économie projetée. Le duc de Coigny, par exemple, qui retirait quatre cent mille livres de l'exercice de sa charge, obtint d'abord deux cent mille livres *pour lui tenir lieu d'appointemens perdus*, deux cents autres mille livres *en indemnité de la suppression de ladite charge*, et cent mille livres, *en considération de ses services et à titre de retraite*; ce qui, au lieu d'un million annuel qu'il recevait, éleva la somme à onze cent mille livres. Il eut en outre la pairie de son duché, et trouva encore le moyen de se plaindre.

CHAPITRE XV.

Le duc de Polignac. — Conseil privé tenu au sujet des par-lemens. — C onversation importante avec le roi. — Qui apprend au comte de Provence les intrigues du duc d'Orléans pour obtenir le premier ministère.—Quelle opinion le roi avait de ce prince. — Exil des parlemens à Troyes. — Lettre de cachet. — Effet que cet acte produit dans Paris. — Scène à la procession du 3 août. — Le roi veut envoyer le comte de Provence à la cour des comptes. — Conversation en famille. — Monsieur refuse d'abord cette mission. — Discours de M. de Lamoignon. — Monsieur cède à la volonté du roi. — Comment il exécute sa mission. — Comment le comte d'Artois entreprend la sienne. — Fureurs du peuple. — Dangers que court ce prince. — Sa juste frayeur. — Arrêt du parlement à Troyes. — Propos impudent de M. de Brienne à la comtesse de B.

Le duc de Polignac perdit à ces réformes la direction de la poste aux chevaux ; mais le traitement lui en fut conservé. Cependant le roi et la reine, malgré leurs économies apparentes, ne pouvaient réussir à calmer les esprits; l'exaspération allait croissant, et le coup d'État qui frappa le parlement acheva de la porter au comble. On délibéra dans le conseil sur ce qu'il fallait faire ; la punition des coupables fut décidée à la majorité : seulement on différa sur la nature de cette punition. Le garde-des-sceaux et l'archevêque de Toulouse opinèrent pour la destruction du parlement, ou tout au moins pour qu'il fût enchaîné plus étroitement encore que ne l'avait été celui de M. de Maupeou. Les quatre autres ministres secrétaires d'État, le duc de Nivernais, et M. de Malesherbes, décidèrent que la translation dans une ville du ressort serait un châtiment suffisant. Ce moyen plut au roi, et l'exil fut résolu.

Je sus qu'il devait avoir lieu dans la nuit du 14 au 15. S. M. me le confia en secret, à la sortie du conseil, en me demandant ce que je pensais de cette mesure.

—Je l'approuve, répondis-je, bien que je blâme la cause qui la détermine. Je crois à l'archevêque de Toulouse d'excellentes intentions ; mais a-t-il pris la bonne voie ?

Louis XVI, qu'on avait prévenu en faveur de M. de Brienne, répliqua avec aigreur qu'il était plus facile de fronder un ministre que de bien administrer à sa place ; non, ajouta-t-il, que je manque de gens qui ne demandent pas mieux de se mêler de mes affaires, et même dans ma propre famille ; car sans vous compter, Monsieur, qui m'avez présenté un mémoire tendant à ce but, il est encore un prince du sang qui, avec une obligeance extrême, m'offre de prendre cette tâche.

Je ne relevai point les paroles du roi qui me concernaient, seulement je parus curieux de connaître le nom du solliciteur; et croyant l'avoir deviné, je dis :.

—Le prince de Condé a-t-il bien calculé sa force pour se charger d'un tel fardeau?

— Vous n'y êtes pas, repartit le roi en se déridant.

— Alors il faut que le prince de Conti déraisonne; car enfin il n'est pas assez bien avec Votre Majesté.

— Cherchez ailleurs, monsieur mon frère, dit Louis XVI en reprenant toute sa bonne humeur.

— Votre Majesté voudrait-elle me faire croire que l'excellent duc de Penthièvre fût assez dénué de sens pour.....

— Allons, Monsieur, donnez votre langue aux chiens, car vous êtes à cent lieues du personnage: on me presse de mettre à la tête des affaires le duc d'Orléans.

— Ma foi, sire, j'avoue qu'avant de nommer celui-ci, j'aurais épuisé la liste de la famille, sans laisser de côté nos neveux d'Angoulême et de Berry. Le duc d'Orléans! et à quel titre?

— Lui-même, repartit le roi : n'est-ce pas un homme bien propre à me faire respecter, et surtout à rétablir mes finances? Que vous en semble?

— Nous sommes dans un siècle où nulle extravagance ne peut étonner; cependant celle-ci me paraît passer les bornes. Quoi ! la famille irait se mettre dans la gueule du loup!

Le roi me raconta alors de point en point l'intrigue ourdie à ce sujet, et conduite principalement par M. de La Touche. Il me nomma deux ministres dans le conseil qui ne s'y seraient pas opposés, et me dit que le comte de Valence s'en mêlait aussi. Mais ce que S. M. ignorait, et ce que j'appris plus tard, c'est que le garde-des-sceaux était fort avant dans cette trame, et que si elle manqua, ce fut à son grand regret.

Néanmoins Louis XVI n'estimait point assez ce prince pour lui donner sa confiance, et la suite a prouvé d'une manière trop fatale si les pressentimens du roi étaient fondés. La reine ressentait le même éloignement pour le duc d'Orléans : mon opinion était conforme à la leur. Quant au comte d'Artois, il conserva jusqu'à cette époque son aveuglement sur le duc, dont il s'était fait le défenseur près de nous.

Il était donc impossible que ce prince pût jamais entrer dans le conseil sous le titre de premier ministre. Cette chimère qu'il s'était plu à caresser, et qui ne se réalisa pas, acheva de l'irriter contre nous. C'est de ce moment que date ses complots, ses intrigues, et ce que je ne crains pas de désigner sous le titre de conspiration permanente qu'il conduisit jusqu'à la fin, et dont il devint lui-même victime. Il ne pardonna jamais à la reine de s'être opposée à son ambition ; et le moment est venu où il va, à son tour figurer souvent sur la scène.

Lorsque l'exil du parlement eut été décidé, on procéda à l'exécution. Des officiers aux gardes, accompagnés chacun d'un sergent du même corps, se rendirent dans la nuit, et le matin du 15 août, chez tous les membres du parlement, et leur remirent une lettre de cachet ainsi conçue.

« Mons. N...

« Je vous fait cette lettre pour vous ordonner
« de sortir, dans le jour, de ma bonne ville de
« Paris, et de vous rendre dans celle de Troyes,
« dans le délai de quatre jours, pour y attendre
« mes ordres, vous défendant de sortir de chez
« vous avant votre départ à peine de désobéissance.
« Sur ce, je prie Dieu qu'il vous ait en sa sainte
« garde.

« A Versailles, ce 15 août 1787.

« *Signé* LOUIS.

« Et plus bas, le Baron DE BRETEUIL. »

Le parlement, qui ne craignait pas de résister à la volonté royale, pour le fait de l'enregistrement, s'y conforma dans cette circonstance avec un respect religieux. La translation d'une ville à une autre étant un droit de la couronne, sujet à protestation peut-être, mais non à un refus. Les magistrats partirent tous, à l'exception des infirmes, et Paris se trouva privé de l'exercice de la justice, qui fut simultanément suspendu par la résolution des avocats et du peuple, et le concours de la magistrature, maintenue au lieu naturel de son siége.

Si les Parisiens avaient déjà montré des dispositions peu favorables pour le gouvernement, ils se surpassèrent encore dans la manifestation de leur mécontentement en apprenant cette mesure. La populace, les clercs, et toute la canaille vivant du palais, ou poursuivie par la sévérité de ceux qui venaient de disparaître, se soulevèrent en leur faveur. Les placards contre la reine, le comte d'Artois, madame de Polignac, MM. de Lamoignon et de Brienne, reparurent avec une nouvelle rage. L'action de la police demeura suspendue, ou plutôt n'exista plus pendant quelques jours. Ce fut une anarchie complète.

La mesure de l'exil avait été précipitée, afin d'empêcher le parlement d'assister à la procession du vœu de Louis XIII. On savait que le peuple lui préparait pour cet instant un triomphe civique ; mais son absence ne fit que le rendre plus solennel et plus glorieux. Voici comment la chose se passa :

Le soir du 13, à l'heure ordinaire, un aide de cérémonie étant venu prendre la chambre des comptes pour la conduire à Notre-Dame, cette cour, qui paraissait ignorer l'événement, lui demanda si le parlement était parti pour l'église. L'aide de cérémonie ayant répondu qu'il n'était point à Paris, la chambre des comptes délibéra, puis se mit en route. Arrivée à la porte de Notre-Dame, elle fut reçue par le grand-maître des cérémonies, et conduite dans le lieu où elle stationna jusqu'au moment de la procession. Lorsqu'on vint lui annoncer qu'il fallait partir, elle manifesta le vœu de conserver la ligne gauche; on lui répéta que le parlement ne l'occuperait pas, alors elle demanda la robe courte, (la garde du palais) pour conserver la ligne droite qui était toujours occupée par le parlement, et afin d'empêcher que personne n'y prît place; mais comme la robe courte était partie pour Troyes, il fallut redoubler la garde de la ville pour remplir la même fonction.

Ce spectacle inusité produisit un grand effet: la magistrature, malgré son exil, conservait sa même suprématie, sa Majesté lui réservait le même poste d'honneur; et sur cette ligne vide pendant la procession, les poissardes ne cessèrent de jeter des fleurs, et les jeunes praticiens des couronnes de laurier. La reine, à laquelle madame de Châlons rapporta ce fait, en fut si émue que ses yeux se remplirent de larmes. L'archevêque de Toulouse s'en indigna, surtout quand il apprit les démarches plus sérieuses que la chambre des comptes et la cour des aides faisaient en faveur du parlement.

Le lendemain 16, je dus, ainsi que mon frère, obéissant aux ordres du roi, aller porter à la première de ces cours les deux édits à enregistrer; mais avant d'écrire les événemens de cette journée, je vais rapporter ce qui se passa la veille entre Louis XVI, la reine et moi.

On m'avait parlé indirectement depuis plusieurs jours de l'intention qu'avait le roi de me charger, ainsi que le comte d'Artois d'aller tenir sa place aux deux cours, où, en l'absence du parlement, les édits devaient être enregistrés. J'avais fait la sourde oreille, ne me souciant pas de remplir cette mission, qui gâterait la conduite que j'avais tenue depuis l'assemblée des notables, et me brouillerait avec le peuple parisien. Le 15 au soir, étant à Trianon, la reine me demanda si j'avais vu le roi dans la journée : je répondis négativement. Elle n'en dit pas davantage, et nous allâmes nous promener.

Nous étions réunis dans le salon à rotonde du jardin, les comtesses de Provence et d'Artois, mon frère et madame Élisabeth, dansant au son du clavecin de la reine, lorsque Louis XVI arriva et dit sur-le-champ au comte d'Artois et à moi :

— Messieurs, demain vous aurez *l'insigne honneur* (appuyant en plaisantant sur ces mots) de représenter ma personne sacrée, vous, Monsieur, à la cour des comptes, et vous, monsieur le comte d'Artois, à la cour des aides.

Je répondis sur le même ton :

— *Pater mi, si possibile est, transeat à me calix iste;* ce qui signifie, mesdames, poursuivis-je : *Mon père, éloignez, s'il est possible, ce calice de moi.*

— Et pourquoi, mon frère, dit la reine, ne voulez-vous pas aller à la chambre des comptes ?

— Parce que je tiens à ma popularité.

— A votre popularité ! repartit Louis XVI : qu'entendez-vous par là ?

— Que n'ayant jamais approuvé les mesures auxquelles on a porté Votre Majesté, il m'est pénible de concourir à leur exécution.

— Vous pouvez avoir votre opinion comme particulier ou comme membre d'une assemblée quelconque, dit la reine ; mais, Monsieur, en qualité de sujet du roi vous devez vous rendre à sa volonté

— Les choses vont donc mal selon vous ? me demanda Louis XVI.

— Sire, elles pourraient *mieux* aller.

— Vous avez raison, dit le comte d'Artois ; l'État est dans une fâcheuse position, car le roi n'est pas le maître ; chacun s'avise de résister à sa volonté. Quant à moi, je remplirai avec zèle et fermeté la commission qu'il me confie.

— Tâchez, lui dis-je, que ce ne soit pas de manière à augmenter l'exaspération qui n'excite déjà que trop contre vous. Je vous y engage sérieusement.

— Je m'en moque, répliqua-t-il, en faisant une pirouette.

— Tant pis, mon frère ; il est des choses avec lesquelles on ne doit point plaisanter.

La reine et la comtesse d'Artois me demandèrent à la fois, avec inquiétude, si mon jeune frère courrait, à ma connaissance, quelque danger?

— Je ne sais rien de particulier, répliquai-je ; mais malheureusement personne de nous n'ignore les fâcheuses dispositions du peuple envers le comte d'Artois.

— Quant à vous, Monsieur, me dit le roi, vous n'avez rien de semblable à craindre, car vous faites des politesses à tout le monde.

— Aussi me les rend-on, sire, et je les préfère à des injures et à des pamphlets.

— Du temps de la Ligue et de la Fronde, répondit le roi en riant, vous auriez été contre la cour?

— J'ignore ce que j'aurais fait alors, mais aujourd'hui j'obéirai au roi mon frère, s'il l'exige, quelque chagrin que son ordre me cause.

— On prétend, repartit le roi, que vous devez vous montrer tous les deux, afin de prouver que la famille royale est unie.

— Cette raison me détermine ; commandez et je pars.

— Le garde-des-sceaux passera demain de bonne heure chez vous et le comte d'Artois, pour vous communiquer mes volontés.

Voilà cette conversation telle qu'elle eut lieu, à peu de chose près, et je puis affirmer, bien qu'on l'ait dénaturée depuis, qu'elle se tint plutôt sur le ton de la plaisanterie que de l'aigreur.

Il me devint impossible d'éviter la mission que la malice du garde-des-sceaux et M. de Brienne m'avaient fait donner par le roi. Je me promis seulement que cette démarche, à l'aide de laquelle ils espéraient me nuire, tournerait à leur confusion et à mon avantage, d'après la manière dont je m'en acquitterais. J'attendis donc de pied ferme M. de Lamoignon, qui m'apporta, le lendemain 16, ma besogne toute préparée, et même la minute du discours que je devais prononcer. Je le remerciai de la peine qu'il avait voulu m'éviter, et lui dis qu'ayant arrangé à l'avance les quelques phrases dont j'avais besoin, je le priais de ne pas s'occuper davantage de ce soin.

— J'avais cru, monseigneur, me répondit-il d'un air embarrassé ; j'avais cru vous faire plaisir en vous épargnant ce travail.

— Convenez du moins, monsieur, que ma vanité aurait pu s'en offenser.

Puis-je lui tournai les talons, et il courut exhaler sa colère dans le sein de l'archevêque de Toulouse. Quant à moi, je partis pour Paris à l'heure indiquée, avec les premiers officiers de ma maison, et escorté du détachement ordinaire de mes gardes. Je traversai Paris au pas, saluant tout le monde d'un air bienveillant, quoique ma physionomie fût grave et triste, car je partageais la douleur publique ; aussi la multitude m'en sut gré, et des applaudissemens sans nombre signalèrent partout mon passage ; ce fut un vrai triomphe au milieu du deuil général. Lorsque je mis pied à terre dans la cour de la grande chapelle les acclamations redoublèrent ; ces témoignages vrais et affectueux des Parisiens adoucirent mon chagrin et me fortifièrent dans la résolution de ne point m'écarter de la conduite que j'avais tenue jusqu'à ce jour.

La cour des comptes avait protesté à l'avance, ainsi que celle des aides, contre l'enregistrement de l'édit et de la déclaration. Elle me reçut avec le cérémonial accoutumé et la gravité qui convenait à la circonstance. Je répondis en quelques mots aux complimens d'usage, et lorsque j'eus pris ma place, au lieu du discours qu'on attendait, je requis simplement qu'il fût procédé séance tenante, selon la volonté expresse *du seigneur roi*, à l'enregistrement des édits sur le timbre et la subvention territoriale. Cette demande produisit un grand effet, le bruit s'en répandit rapidement parmi la foule amassée autour du palais ; et quand je sortis, je fus encore mieux accueilli que je ne l'avais été à mon entrée. Au lieu de retourner immédiatement à Versailles, j'allai dîner au Luxembourg, où je reçus encore de nouvelles félicitations sur ma conduite et ma contenance.

Pourquoi le comte d'Artois ne suivit-il pas cet exemple? Avec tant de moyens de plaire, par quelle fatalité mon frère fit-il toujours tout ce qu'il fallait pour provoquer la malveillance du peuple ! Il arriva en grande pompe, et au galop, regardant la foule avec hauteur et affectant de rire dans son carrosse avec ses officiers ; aussi il ne recueillit pendant la route que des sifflets et des huées ; et en arrivant au palais, la multitude prit un aspect si menaçant, que, tandis que le comte d'Artois montait l'escalier, le chevalier de Crussol, inquiet de ces démonstrations hostiles, ne put s'empêcher de crier : aux armes ! A ce cri, la garde du prince fit volte-face; l'effroi s'empara du peuple et des assistans, qui se précipitèrent de l'escalier dans la cour avec une vivacité telle, qu'il en résulta de graves accidens. Le comte d'Artois qui, malgré sa légèreté, avait un excellent cœur, ne put voir ce tumulte sans une vive douleur; il arriva à la cour des aides pâle et tremblant, et ne put reprendre son calme durant toute la séance. Cependant il avait préparé un discours à l'avance ; mais, incapable de le prononcer, il s'en tint à requérir l'enregistrement. Son retour à Versailles fut encore plus pénible; il éprouva, en traversant Paris, tout ce qu'a d'amer l'impopularité, et ne put s'empêcher de verser des larmes dès qu'il eut passé la porte de la Conférence.

Il était tard lorsque j'appris cette triste nouvelle ; je me hâtai de repartir pour Versailles, afin de m'assurer par moi-même de ce qui s'était passé. Je trouvai le comte d'Artois plongé dans une profonde douleur, mêlée d'indignation contre le peuple. Son chagrin le rendant injuste, il me reprocha la faveur dont je jouissais auprès des Parisiens; car, malgré son aveuglement, il ne pouvait s'empêcher d'envier cette même faveur qu'il affectait de dédaigner, d'après l'instigation de perfides conseillers qui profitaient de sa faiblesse pour le détourner de la route qu'il aurait sans doute suivie, en se laissant guider par sa propre impulsion. La reine eut aussi sa part de ce sanglant affront; elle crut devoir presser le roi de confier l'exécution de ses ordres dans une seule main, et malheureusement elle réussit.

Sur ces entrefaites, le parlement transporté à Tróyes y recevait les hommages de tous les corps constitués des diverses juridictions; mais il n'y rendait point la justice, parce que les avocats du ressort refusaient de plaider; et loin de se sentir abattu, il décréta, le 27 août, l'arrêt suivant qui donna la mesure de ses dispositions :

« La cour ayant été arrêtée dans son zèle, lors-
« qu'elle voulait manifester la pureté de ses inten-
« tions et son activité vigilante pour le maintien des
« ordonnances qui sont le véritable commande-
« ment du roi, a arrêté qu'elle ne cesserait de ré-
« clamer auprès de Sa Majesté les maximes né-
« cessaires au soutien de la monarchie; de lui
« représenter que les états-généraux peuvent seuls
« sonder et guérir les plaies de l'État, et octroyer
« les impôts dont la nature et la quotité auraient
« été jugées utiles, après plus amples discussions
« et mûres délibérations; que la monarchie fran-
« çaise serait réduite à l'état du despotisme, s'il
« était vrai que les ministres pussent abuser de
« l'autorité du roi, pour disposer des personnes par

« lettres de cachet, des propriétés par des lits de
« justice, des affaires civiles et criminelles par des
« évocations ou cassations, ou suspendre le cours
« de la justice par des exils particuliers ou des
« translations arbitraires ; qu'enfin, en continuant
« de persister dans les principes qu'elle a soutenus
« avec autant de fermeté que de respect pour la
« personne du roi, elle ne cessera jamais, aux dé-
« pens même de la fortune et de l'existence de tous,
« et de chacun de ses membres en particulier, de
« veiller à tout ce qui intéresse le service du roi
« et la tranquillité de ses sujets, etc. »

D'une autre part, les remontrances venaient de tous côtés, de la cour des comptes et de celle des aides de Paris, du grand conseil même, qui, par délibération, se refusait à tenir la place du parlement de la capitale, et enfin des autres parlemens du royaume. La résistance s'échauffait, la querelle s'envenimait, et au milieu de ce trouble, de cette confusion, prélude sinistre d'un bouleversement prochain, l'auteur de tant de maux allait parvenir au but de ses intrigues; la chose était faite, et nous en doutions encore !

Avant qu'elle éclatât, l'archevêque de Toulouse essaya une dernière tentative pour se rapprocher de moi. Il s'adressa à une personne dont j'appréciais la société, et que je voyais fort souvent; celle-ci lui répondit :

— Monseigneur, Son Altesse Royale m'honore

de sa confiance, et si je tiens à la conserver je dois m'abstenir de lui parler de vous avantageusement.

— Monsieur me hait donc?

— Non, ce n'est pas de la haine qu'il vous porte.

— Ceci est trop insultant, madame, je m'en vengerai.

Cette réponse me fut rapportée; je voulus me plaindre, mais on ne m'écouta pas.

CHAPITRE XVI.

M. de Brienne est nommé principal ministre. — Comment les maréchaux de Ségur et de Castries donnent leur démission. — Les autres ministres restent. — On retarde de faire connaître les successeurs des deux premiers. — M. de la Luzerne, ministre de la marine.— Le comte de Brienne, ministre de la guerre.— Monsieur apprend par le comte d'Artois qu'on négocie avec le parlement. — Arrêt que rend celui-ci. — Conditions réciproques du retour. — Lettre du roi. — Le premier président à Versailles.— Son discours. — La réponse du roi. — Rentrée du parlement. — Paix momentanée. — Création d'un conseil de la guerre. — Comment on le compose. — Il se forme une conspiration en faveur du duc d'Orléans. — Lettre que le chancelier Maupeou écrit à Monsieur à ce sujet — Surprise qu'elle lui cause. — Il la communique à la reine. — Texte qu'elle fournit. — La reine persiste à consulter M. de Brienne.— Faute qu'elle commet.

Le 25 août, la reine, qui devait rester à Trianon jusqu'au 10 septembre, quitta précipitamment cette maison de plaisance pour rentrer à Versailles. Ce retour inopiné donna fort à penser au public, qui s'attendit à quelque chose d'extraordinaire, car on savait que Sa Majesté avait la direction principale des affaires. Le même jour, dans la soirée, les ministres apprirent que le roi avait élevé M. de Brienne, chef du conseil des finances, à la dignité *de ministre principal*, et qu'en cette qualité ils lui soumettraient leur travail avant de le présenter à Sa Majesté.

Les maréchaux de Castries et de Ségur, assez liés ensemble, quoique d'opinion différente, se concertèrent sur cette déclaration et résolurent de donner leur démission plutôt que de plier sous le joug de l'archevêque de Toulouse. Ils comblèrent ainsi les espérances de M. de Brienne, dont l'orgueil ne s'arrangeait pas des égards forcés que lui imposait la dignité militaire de ses deux collègues. Cette détermination prise, chacun s'exécuta à sa manière.

Le maréchal de Castries prévint le roi que sa santé ne lui permettait pas de rester à la tête du ministère de la marine, et qu'il le priait de lui permettre de prendre sa retraite. Le roi témoigna ses regrets au duc et le laissa partir, en le gratifiant toutefois du gouvernement de Flandre, vacant par la mort récente du prince de Soubise.

Le maréchal de Ségur, par un autre système, aborda franchement la question avec Louis XVI. Il lui dit que, ne pouvant s'accorder avec l'archevêque de Toulouse sur les mesures générales à prendre, il préférait se retirer, ne voulant pas faire naître la division dans le conseil; mais que son regret, dans cette circonstance, était de rester inutile au service de Sa Majesté. Néanmoins, ajouta-t-il, j'aurais fait un effort, mais la conduite de l'archevêque de Toulouse a été telle à mon égard, que je reconnais l'impossibilité de jamais nous entendre ; ainsi donc je conjure Votre Majesté de trouver bon que je me retire du ministère, d'où, après sept ans d'administration, je crois pouvoir sortir exempt de reproches.

Le roi, entraîné contre son gré vers M. de Brienne, ne fit rien pour retenir le maréchal de Ségur dont il était très-satisfait, et lui témoigna néanmoins son chagrin de le perdre, lui accorda une pension de trente mille francs, et l'assura que son fils aîné, alors ambassadeur en Russie, ne perdrait rien de ses droits à de justes récompenses; puis Sa Majesté le congédia.

Chacun pensait que le baron de Breteuil imiterait ses deux collègues ; en effet, il était décidé à donner sa démission, mais la reine, qui avait sur lui une grande influence, exigea qu'il restât. Il y consentit, à condition que si plus tard il ne pouvait s'accommoder des mesures que présenterait le principal ministre, il serait libre de prendre son congé. Quant à M. de Montmorin, sa nullité le préserva de toute jalousie ; il agréa de bonne grâce le choix de Leurs Majestés; et le garde-des-sceaux, le bras droit de M. de Brienne, vit nécessairement avec plaisir cette nomination.

Les deux ministres partans devaient être remplacés : on cherchait déjà sur qui tomberait le choix de l'archevêque, car lui seul désormais devait tout diriger. Qui pouvait-il mettre à la guerre si ce n'était son frère le comte de Brienne, alors commandant à Bordeaux? mais un reste de pudeur arrêta la manifestation de ce dessein formé et déjà exécuté *in petto*. Et afin que l'interrègne de ce ministère ne parût pas trop étrange, on laissa aussi vacant celui de la marine, qui furent tous deux administrés par intérim, le premier par le baron de Breteuil, et le second par M. de Montmorin.

Peu après on déclara que le roi appelait à la marine le comte de la Luzerne, qui était alors à Saint-Domingue, et ne pouvait conséquemment se mettre à la tête de son ministère avant trois mois. De son côté le comte de Brienne ne se pressa pas de venir prendre possession de son portefeuille.

Tout se passait en France d'une étrange façon ; le contrôleur général Villedeuil s'avisa aussi, par un calcul d'homme adroit, de céder, avec le consentement de M. de Brienne, le contrôle général à M. Lambert, et de prendre en échange la charge d'intendant des finances, possédée par celui-ci. Ces mutations fréquentes ébranlaient la confiance et le crédit déjà mort ; chose dont on ne put douter, en voyant l'empressement que l'on mit à retirer l'argent de la caisse d'escompte.

Nous en étions à ce point, lorsque la comtesse d'Artois vint me dire :

— Tout va bien, mon frère, on négocie avec le parlement, et il va revenir.

— Revenir! ma sœur; et de quelle manière?

— En vertu du consentement du roi; et l'affaire s'arrangera de façon que l'honneur de la couronne et celui de la magistrature seront à couvert.

La princesse ne m'en apprit pas davantage, attendu que c'était tout ce qu'elle connaissait ; mais je sus par une autre voie que le premier président arrivait, et serait admis auprès du roi le jeudi 13 septembre; que l'archevêque de Toulouse était entré en négociation par l'intermédiaire de M. d'Outremont de Minière, conseiller de la grand'chambre; et que ce magistrat avait décidé sans peine ses confrères, ennuyés du séjour de Troyes, à faire une première démarche qui devait amener un accommodement. En effet, dès le 11 septembre, les chambres assemblées avaient rendu l'arrêt suivant :

« La cour, tenant considération sur l'état des
« justiciables de son ressort, après avoir prouvé
« au roi son respect par l'enregistrement des let-
« tres-patentes qui prorogent à Troyes les séances
« ordinaires; considérant que lesdites lettres-pa-
« tentes sont un gage de la sollicitude dudit sei-
« gneur roi, sur la distribution de la justice
« qu'il doit à ses peuples; mais que les disposi-
« tions de ces lettres sont entièrement illusoires;
« qu'on ne peut juger à Troyes aucune affaire ;

« que des obstacles insurmontables éloignent les
« partis et leur conseil ; que les demandes les plus
« essentielles sont différées ; qu'ainsi le cours de
« la justice est interrompu, contre l'intention du
« dit seigneur roi, sans que son parlement puisse
« espérer que le temps, qui n'a servi qu'à démon-
« trer les inconvéniens de la translation, apporte
« aucun remède à une situation aussi critique,

« A arrêté : que le premier président se trans-
« portera sur-le-champ près de la personne dudit
« seigneur roi, à l'effet de le prier de peser dans
« sa justice toute l'importance des difficultés que
« son parlement ne se permet que d'indiquer dans
« le présent arrêt. »

C'était l'expression de gens lassés de leur exil, et qui aimaient mieux faire les Romains à Paris, que dans une ville de province. Le principal ministre, de son côté, tenant plus à obtenir de l'argent qu'à conserver la force et la dignité du trône, ne s'opposa à rien. En conséquence, il fut convenu de part et d'autre que le gouvernement retirerait les édits en contestation, et qu'à leur place le parlement enregistrerait ceux qu'on lui présenterait sur les finances qui ne seraient point perpétuels.

Le roi écrivit en réponse à l'arrêté de la compagnie dans les termes suivans, le 13 septembre :

« J'ai senti les inconvéniens de la translation
« de mon parlement, mais les circonstances l'ont
« rendue nécessaire. Je donnerai à ce qu'il vient
« de me représenter l'attention que j'aurai tou-
« jours pour ce qui peut intéresser le bien de la
« justice et le bonheur de mon peuple. Je ferai
« connaître incessamment mes intentions à mon
« parlement. »

On s'excusait des deux côtés; déjà le parlement en avait donné une grande preuve en enregistrant sa prorogation de vacation à Troyes, bien qu'elle lui eût été transmise par le baron de Breteuil, son privilége essentiel étant de correspondre directement avec le monarque; mais il lui tardait d'en finir, et d'Esprémesnil, qui lui-même avait dit d'abord, en pleine assemblée des chambres, au premier bruit des négociations : *Vous êtes sortis de Paris couverts de gloire, et vous y rentrerez couverts de boue ;* d'Esprémesnil fut un de ceux qui consentirent à l'accommodement. On le différa néanmoins, pour obtenir avant tout la révocation positive des deux édits; mais dès qu'on y parvint, tout fut conclu. Le nouvel édit étant enregistré à l'unanimité et sans réserve ni modification, on y joignit seulement un arrêté particulier, par lequel le parlement se réservait le droit de se rendre compte plus tard à lui-même des motifs qui avaient dicté sa conduite actuelle, peu en harmonie avec ses principes antérieurs.

Le premier président, auquel on avait promis le titre de duc, et en outre la charge de chancelier de France à la mort du titulaire, et celle du garde-de-sceaux préalablement, dans le cas où M. de Lamoignon sortirait du ministère; le premier président, dis-je, fut le plus ardent moteur de cet accommodement; il vint au château lorsque tout fut réglé, et le parlement rappelé, dire au roi avec une sorte de pompe inaccoutumée :

« Sire,

« Votre Majesté vient de donner à ses peuples
« une preuve bien signalée de son amour et de sa
« justice. Héritier du sceptre et des vertus de
« Charles V, vous serez compté, sire, parmi les
« plus sages d'entre les rois. Votre parlement,
« empressé de concourir aux vues bienfaisantes
« de Votre Majesté, si visiblement touché de l'as-
« surance que vous daignez lui donner par votre
« édit, qu'il n'est pas de moyen que Votre Ma-
« jesté ne soit disposée à employer, lorsqu'il
« pourra tendre au bonheur et au soulagement
« de ses peuples, a ordonné l'enregistrement de
« l'édit, et m'a chargé, par la même délibération
« de porter aux pieds du trône de Votre Majesté
« l'hommage de la reconnaissance publique, de
« son profond respect et de sa fidélité inviolable. »

Le roi répondit :

« Je suis satisfait des marques de fidélité et

« d'obéissance que mon parlement vient de me
« donner ; je compte qu'il s'empressera toujours
« de concourir à mes vues pour le bonheur de
« mes peuples et de mériter ma confiance. »

Dès-lors tout fut terminé ; le parlement rentra dans Paris en triomphe. La populace fit de son retour un nouveau sujet de scandale ; la reine et le comte d'Artois furent plus que jamais victimes des insultes de la multitude ; MM. de Brienne et de Lamoignon ne furent pas épargnés davantage. On brûla publiquement un mannequin représentant M. de Calonne, décoré du cordon bleu, qu'il venait de perdre néanmoins, le roi lui ayant fait demander la démission de la charge de trésorier de l'ordre.

Ce fut seulement le 24 septembre que le comte de Brienne prêta son serment de ministre Secrétaire-d'État au département de la guerre. Il possédait des vertus et de la probité, mais aucune des qualités supérieures qui commandent l'admiration et la confiance dans celui qui occupe un poste élevé. Chacun se demandait quel talent, quelle action d'éclat l'avait porté au ministère, et on était forcé de reconnaître que son seul titre à cette faveur était sa qualité de frère de l'archevêque de Toulouse. Le comte de Brienne sentit si bien son insuffisance qu'il créa dès son entrée à son poste un conseil, auquel il accorda les attributions les plus étendues afin d'alléger son travail. Les membres de ce conseil furent MM. de Gribauval, de Puységur, de Guines, de Sancourt, de Fourcroy, d'Esterhazy, d'Autichamp, de Lambert et de Guibert.

On parla beaucoup de cette commission, et elle fit plus de bruit que de besogne, suivant l'usage de toutes les organisations de ce genre.

La soumission apparente du parlement nous donna un peu de répit à Versailles; mais c'était le calme qui précède la tempête; il me revenait de toutes parts des avertissëmens sur la conspiration menaçante qui s'ourdissait dans ce moment; on m'affirmait son existence avec tant de chaleur que je ne savais qu'en penser. Il n'y avait personne dans le ministère à qui j'osasse m'ouvrir avec confiance; le baron de Breteuil était cependant tout dévoué à la reine, mais je ne l'aimais pas, et je me trouvais par conséquent dans un fort grand embarras.

Sur ces entrefaites je reçus une lettre qui m'étonna beaucoup; elle était du chancelier Maupeou et m'avait été remise fort secrètement; la voici :

« Monseigneur,

« Je connais le dévouement de V. A. R. pour
« le roi, l'État et le bonheur public. Vous savez
« aussi avec quelle ingratitude on a reconnu le
« service éminent que j'avais rendu à Sa Majesté
« en retirant *sa couronne du greffe,* suivant l'ex-
« pression consacrée. Ce qui se passe aujourd'hui

« doit faire regretter amèrement qu'on se soit
« écarté de la route facile que j'avais pris tant de
« peine à tracer ! Quoi qu'il en soit, je désire en
« bon citoyen l'avantage du roi et de la monarchie,
« et c'est ce double motif qui m'engage à vous faire
« connaître ce que j'apprends par quantité de per-
« sonnes qui croient pouvoir compter sur moi pour
« l'exécution de leurs projets de bouleversement;
« et supposant que mon cœur ne peut renfermer
« que de la haine contre ceux qui m'ont méconnu.
« Voilà, monseigneur, ce dont il s'agit, et je laisse
« à votre sagesse le soin de décider ce qu'il lui
« reste à faire.

« Il est question d'abord de transporter la cou-
« ronne dans une autre branche de la famille
« royale, celle d'Orléans. On se flatte d'y parve-
« nir au moyen d'une sorte de légalité, qui con-
« sisterait à faire déclarer illégitimes les enfans du
« roi et ceux du comte d'Artois; les preuves, pré-
« tend-on, ne manqueront point; mais cette me-
« sure ne sera employée qu'après le bouleverse-
« ment complet du royaume et la fuite à l'étranger
« des membres de la branche aînée ; cette fuite
« sera provoquée par des soulèvemens , dans Paris
« et dans les provinces ; par le siége de Versailles,
« effectué par la canaille parisienne, et par les
« actes de violence auxquels se porteront les par-
« lemens. On cherchera à enlever la famille royale,
« soit pour s'en défaire par un coup de main , soit
« pour la transporter au-delà des frontières. Alors

« les états-généraux seront assemblés, et compo-
« sés de partisans du duc d'Orléans, et c'est de-
« vant eux qu'on instruira le procès infâme dont
« la flétrissure retombera sur les juges et non sur
« les augustes victimes qui en seront atteintes.

« Ce plan aussi vaste que perfide reçoit déjà un
« commencement d'exécution, à l'aide des calom-
« nies répandues contre la reine et la comtesse
« d'Artois. On aura le témoignage du garde du
« corps Desgranges, et d'autres personnages non
« moins importans. Tous les amis du duc d'Or-
« léans coopèrent à cette œuvre de ténèbres ; mais
« elle vient de recevoir un échec par l'accommo-
« dement de la cour et de la magistrature ; aussi
« on excite de nouveau le parlement à des actes
« hostiles ; peu de jours s'écouleront avant qu'il
« rentre en scène plus menaçant que jamais ; c'est
« alors que le duc d'Orléans se déclarera publique-
« ment pour lui par une démarche éclatante. Il
« s'y est engagé, et c'est à cette condition que les
« meneurs consentent à tromper la compagnie,
« qui en majorité reculerait avec effroi devant ce
« complot, s'il lui était divulgué dans toute sa
« noirceur.

« Voyez, monseigneur, si vous jugez convena-
« ble d'ajouter foi à cette révélation, dont je vous
« certifie la véracité, et si vous croyez devoir en
« prévenir le roi, il faut de la prudence et de la
« fermeté. Aussi je vous abandonne entièrement
« cette affaire qui ne peut être en meilleures

« mains. Je vous fournirai tous les renseignemens
« qui vous seront nécessaires ; mais je vous con-
« jure, dans vos intérêts et dans ceux de votre
« famille, d'agir sans l'intermédiaire du principal
« ministre; *à bon entendeur, salut.* »

J'ai l'honneur d'être, monseigneur, de V. A. R.,
avec le plus profond respect, etc.

Je relus plusieurs fois cette lettre, je la commentai avec attention, et bien qu'elle me donnât de vives inquiétudes, j'hésitai à la communiquer au roi ; après avoir mûrement réfléchi je me décidai à en faire part d'abord à la reine.

J'oublie de dire que M. de Maupeou avait ajouté à la lettre, sur un papier détaché, ces mots importans :

« *On espère que je parlerai ; on compte m'o-*
« *bliger à rendre témoignage sur ce qu'on pré-*
« *tend que je dois savoir. Je vous affirme à l'a-*
« *vance que je n'en ferai rien.* »

Je crus cette circonstance favorable pour donner à la famille royale la preuve de mon attachement, dont on avait paru douter en diverses occasions. Je fis donc prévenir la reine que je désirais l'entretenir sur un sujet important qui la concernait, et dans le plus bref délai possible. Sa Majesté répondit par le billet suivant :

« La journée est belle, je pars pour Trianon;
« venez m'y joindre avec Madame, ou seul, si vous
« l'aimez mieux. »

Je pouvais compter sur la discrétion de Madame ; je pensais qu'en la menant avec moi, c'était le moyen de détourner les soupçons des courtisans qu'il est si facile d'éveiller. Je partis donc avec elle, et nous arrivâmes à Trianon, où la reine nous attendait sans témoin, car elle avait eu soin d'écarter les personnes qui auraient pu gêner notre entretien. Après quelques explications en forme de préambule oratoire, je lui donnai à lire la lettre du chancelier.

Je dois dire ici que ce Desgranges, dont M. de Maupeou faisait mention, était un garde du corps du comte d'Artois, qui, dans Angoulême sa ville natale, avait compromis la comtesse d'Artois par des propos mystérieux que rien n'autorisait, et qui par suite avait été chassé et puni sévèrement.

Une vive rougeur colora le visage de la reine, et ses yeux exprimèrent une profonde indignation pendant qu'elle faisait cette lecture ; puis elle me dit d'un ton courroucé :

— Le chancelier vous trompe, monsieur ; il est impossible qu'une aussi noire trahison existe !

— Cependant, madame, répondis-je, je dois vous avouer que je la crois vraie de point en point; il se passe autour de nous d'étranges choses ; et si votre mémoire est aussi fidèle que la mienne, vous vous rappellerez l'avertissement que je vous donnai dans le temps, afin d'empêcher le comte d'Artois d'entretenir une liaison intime avec un homme qui, dans ses intérêts, devait désirer que ce prince n'eût pas d'enfans, le trône étant encore sans héritiers.

— En effet, je ne l'ai point oublié.

— Vous voyez donc, madame, qu'on suit par une autre voie l'exécution du même plan.

— Mais, mon frère, on *le* méprise.

— Soyez certaine, madame, que quelque nouvelle intrigue ne tardera pas à le faire rentrer en grâce auprès de la nation.

— On ne lui connait que des vices.

— Sans contredit; mais il est riche, et avec de l'or on fait disparaître les défauts sous des qualités empruntées.

— Je parlerai à M. de Brienne.

— Alors, ma sœur, vous avez mal lu la lettre du chancelier.

— Comment cela?

— Écoutez cette phrase :

« *Je vous conjure, dans l'intérêt de la famille*
« *royale et dans le vôtre, d'agir sans l'intermé-*
« *diaire du principal ministre.* »

—Un chancelier en disgrâce, répliqua la reine, ne doit point aimer un ministre en faveur ; M. de

Maupeou veut simplement écarter l'archevêque de Toulouse de cette affaire.

J'essayai de combattre avec ménagement l'opinion de Marie-Antoinette, pour la ramener peu à peu à mes convictions personnelles, mais sans succès ; elle persista à vouloir consulter M. de Brienne, et je fus forcé d'y consentir : cependant je repris la lettre, car à mon tour j'insistai pour ne pas m'en dessaisir.

Deux ou trois jours après la reine me prit à part dans son appartement de Versailles, et me dit :

— L'archevêque était instruit de ce que la lettre de M. de Maupeou renferme de véridique. Quant au reste, qui est plein d'exagération, il a pris les précautions nécessaires, et nous pouvons rester tranquilles.

Je jugeai, d'après ces paroles, que la famille royale n'avait plus rien à attendre désormais que de l'intervention de la Providence.

CHAPITRE XVII.

Scène séditieuse sur le Pont-Neuf. — Madame Le Brun. — M. de Brienne espère triompher du parlement. — Des intrigans le trompent. — Assemblée des chambres le 19 novembre 1787. — Le roi et ses deux frères vont à la séance. Détails. — Discours du roi. — Discours de M. de Lamoignon. — On ouvre les avis. — Aveu d'un déficit immense. — Discours de M. Robert de Saint-Vincent. — De l'abbé le Coigneux. — De d'Esprémesnil. — Effet qu'il produit sur le roi. — Dépit du garde-des-sceaux. — M. de Ferrand. — La séance devient un lit de justice. — Protestation du duc d'Orléans. — Ce que le roi lui dit. — Séance levée. — Propos de M. de Lamoignon.

Ne voulant point répondre par écrit au chancelier, je lui envoyai à sa terre qu'il habitait depuis l'exil, le chevalier d'Avaray, pour lui témoigner ma gratitude de la preuve d'attachement qu'il m'avait donnée, et lui dire que l'avis important que j'en avais reçu serait l'objet de toute mon attention. En effet, la chose me paraissait d'autant plus sérieuse que le lieutenant de police, qui parfois venait me faire sa cour, me raconta que, dans une des saturnales qui eurent lieu après la paix du parlement et de la cour, la populace avait brûlé en effigie MM. de Calonne et de Breteuil, jeté par la fenêtre de la place Dauphine des mannequins représentant la duchesse de Polignac et Madame Lebrun ; enfin que, sans l'intervention de la police, on aurait été jusqu'à faire le procès de mes deux belles-sœurs, sur le pont-Neuf, en face de la statue de Henri IV, pour cause d'adultère.

Madame Lebrun était jolie, spirituelle, peintre habile et fort goûtée, en outre, de M. de Calonne qui ne se contentait pas de l'aimer en peinture, c'en était assez pour lui attirer la malveillance de la canaille. Cette dame qui, je crois, vit encore, fut toujours fort dévouée à notre famille.

Le récit de M. Tiroux de Crosne me fit frémir ; j'y vis clairement l'un des moyens de la conspiration que m'avait dénoncée le chancelier. Tout contribuait à augmenter notre embarras, et à fournir des armes à nos ennemis.

M. de Brienne avait toujours besoin d'argent. Les édits bursaux enregistrés par le parlement, étant loin de suffire aux dépenses, il fallut aviser à trouver d'autres ressources. On imagina de faire un emprunt de quatre millions ; mais comment obtenir que le parlement consentît à une pareille anticipation des revenus publics. Le principal ministre se flattait d'y réussir à l'aide des conseillers et des pairs qui lui étaient vendus. On convint qu'une séance royale aurait lieu inopinément, afin qu'un grand nombre de parlementaires récalcitrans ne pussent y assister, plusieurs d'entre eux étant encore en vacance.

Mais les conjurés, de leur côté, se mirent en mesure de faire échouer le plan de M. de Brienne; ils lui promirent que les deux édits passeraient à une forte majorité afin de l'endormir sur les conséquences d'un refus; puis ils convinrent de rassembler ce jour-là, par un avis secret, les adversaires de la cour et du principal ministre, afin que la résistance de l'assemblée permît au duc d'Orléans de se prononcer contre une loi fiscale, ce qui ne pouvait manquer de lui donner de la popularité.

Ainsi, des deux côtés, on se trompait également; M. de Brienne, ne doutant pas du succès, mena l'intrigue avec le plus grand mystère, et le dimanche 18 novembre, à la brune, les ministres secrétaires d'état et autres membres du conseil, reçurent l'ordre subit de s'assembler sous la présidence du roi.

Le garde-des-sceaux annonça l'existence des deux édits, et la nécessité urgente de les faire passer : les avis furent demandés ; on proposa une séance royale convoquée spontanément, afin d'empêcher les brouillons de cabaler à l'avance. Ce projet décidé, on expédia sur-le-champ au premier président, l'ordre d'annoncer à la compagnie, que le roi viendrait le lendemain matin au parlement, en même temps on tint prêts les officiers des gardes françaises et suisses, et ceux de la maison militaire.

M. d'Aligre reçut très tard la notification du grand maître des cérémonies, et dans le trouble du moment, *on oublia* de convoquer plusieurs conseillers.

Mais ceux-là, instruits à l'avance, se tinrent pour avertis, aussi furent-ils des premiers à la séance.

J'étais, comme tout le reste du château, dans une ignorance absolue du coup de théâtre qui se préparait. Je fus donc fort étonné en apprenant qu'on allait tenir un conseil extraordinaire, et je m'empressai de passer chez la reine, afin de l'interroger. Sa Majesté me mit alors au courant. Je me plaignis du silence qu'on avait gardé à mon égard; et, à l'air embarrassé de Marie-Antoinette, je devinai que M. de Brienne avait eu peur que je lui jouasse quelque mauvais tour : néanmoins je ne me permis aucune observation sur la mesure projetée.

Le lendemain, lundi 19 novembre, je rejoignis le roi au point du jour avec le comte d'Artois. Nous partîmes pour Paris, et nous arrivâmes au Palais à huit heures. Aussitôt les portes furent fermées, et de nombreux détachemens de troupes occupèrent toutes les issues. Le roi, dès son entrée dans la grand'chambre, ordonna au premier président de convoquer immédiatement une assemblée générale de tous les parlemens; ce qui fut exécuté. L'inquiétude et la curiosité étaient sur la plupart des visages. On se questionnait avec impatience sur le but de cette mesure inopinée.

Le roi semblait soucieux et préoccupé : enfin le signal fut donné par le premier président. Louis XVI prit la parole avec une sévérité inusitée. Il dit qu'il croyait devoir prévenir son parlement qu'il s'écartait trop de ses fonctions pour empiéter sur la puissance royale; qu'il convenait à la magistrature de se maintenir dans cette réserve modeste qui pouvait seule lui conserver le rang où sa bonté royale l'avait élevée; qu'il venait encore lui fournir une preuve de son estime et de sa condescendance, en le consultant sur deux édits importans, dont l'un, dans ses diverses parties satisferait aux besoins de l'état, et l'autre, à ceux de la justice et de la tolérance. Il se plaignit ensuite des représentations que la chambre de vacation lui avait faites, pour la défense du parlement de Bordeaux, acte qu'il prétendit attentatoire à la couronne; enfin chaque partie de son discours signala le maître suprême, qui n'exige en apparence des conseils que pour commander en réalité la plus aveugle obéissance.

Le roi ayant remis, selon sa coutume, à son garde-des-sceaux le soin de continuer à faire connaître ses volontés, M. de Lamoignon, déjà fort mal vu de la magistrature, prononça un discours qui augmenta encore l'exaspération contre lui.

Après qu'il eut cessé de parler, les gens du roi, porteurs des édits, les posèrent sur le bureau, et le rapporteur, l'abbé Tandeau de Marsac, conclut à leur enregistrement. Les premiers conseillers qui opinèrent furent de l'avis du rapporteur, motivant brièvement le leur, comme s'ils eussent craint de faire perdre du temps à l'assemblée.

Voyant que l'affaire prenait une heureuse tournure, le contrôleur général, ayant d'abord parlé en faveur de l'emprunt, se hasarda de communiquer au parlement que le déficit annuel de cent quarante millions menaçait de porter cette année la somme à cent soixante mille.

Un murmure sourd accueillit cette triste révélation, et je compris que le reste de la séance serait orageux. En effet l'abbé Sabbatier, qui n'avait pu par son talent faire oublier sa déconsidération, éleva le premier la voix, non qu'il refusât absolument tous secours au trésor royal, car il opina pour l'enregistrement du premier emprunt ; mais il fit une violente diatribe sur les abus, et demanda, pour y remédier, la prompte convocation des états-généraux.

Plusieurs magistrats s'exprimèrent dans le même sens; cependant aucun ne produisit une sensation aussi profonde que M. Robert de Saint-Vincent, qui comptait quarante années de magistrature : nul n'avait des dehors plus austères, des formes plus âpres, et cette sévérité de principes des hommes d'autrefois élevés dans l'amour de l'étude et l'indifférence des honneurs. Il se leva en promenant ses regards sur l'assemblée, salua le roi avec respect, et d'une voix ferme et retentissante s'exprima ainsi :

« Sire,

« En voyant aujourd'hui Votre Majesté dans le
« sein de son parlement pour y chercher des con-
« seils, il n'est personne parmi nous qui ne soit
« peiné de remarquer qu'on ait choisi pour cet
« acte solennel le moment où le parlement est en-
« core en vacance. Les bancs sont déserts, et une
« partie de ceux qui auraient pu mieux que nous
« éclairer Votre Majesté par la sagesse de leurs
« conseils sont absens ; ce qui nous laisse la tâche
« pénible de discuter devant elle l'édit qui vient
« de nous être présenté. Il est douloureux pour
« nous, lorsque nous devons à Votre Majesté des
« conseils, de n'avoir à lui dire que de tristes vé-
« rités ; et déjà les circonstances qui accompagnent
« sa présence dans le parlement l'avertissent assez
« que cet édit est une calamité de plus pour la
« chose publique. Si Votre Majesté venait apporter
« au parlement des lois pour le soulagement de la
« nation, aurait-on cherché à soustraire à vos re-
« gards le peuple de votre capitale ? Les portes
« du palais seraient-elles fermées, les avenues de
« cette salle seraient-elles interdites aux citoyens ;
« la marche de Votre Majesté eût-elle été trans-
« formée en une course précipitée ? Ah ! pourquoi
« se trouve-t-on dans le cas de craindre qu'au lieu
« des acclamations unanimes si justement dues à
« Votre Majesté pour sa bonté et son amour pour

« son peuple, elle ne remarque sur tous les vi-
« sages qu'inquiétude et consternation ?... »

Il passa ensuite au fait de l'édit d'emprunt, le critiqua dans le fond et dans la forme, puis ajouta :

« Comment peut-on espérer que le parlement
« émette son vœu en faveur de pareils actes, tan-
« dis que si un fils de famille en faisait de sem-
« blables, il n'y a pas un tribunal qui hésitât à les
« annuler ? Sans doute l'état actuel des finances
« est bien affligeant ; mais l'édit que l'on présente
« est un véritable coup de désespoir. Se peut-il
« que l'on se joue ainsi des destinées de l'État, du
« bonheur de la nation ? etc., etc. »

Il continua à faire l'énumération des malheurs que cette mesure attirerait sur le royaume, puis il termina son discours en disant :

« Sire, nous n'ignorons pas que, dans le secret
« du cabinet, la résistance à laquelle le devoir des
« magistrats les oblige souvent, n'est pas toujours
« bien interprétée ; mais ils seraient coupables si
« le désir qu'ils ont de plaire à Votre Majesté leur
« faisait oublier leur devoir. Vos Magistrats, sire,
« mettent leur gloire à se montrer dans tous les
« temps les plus fermes appuis du trône ; mais ils
« se font en même temps un devoir rigoureux de
» dire la vérité à Votre Majesté, etc., etc. »

Le paysan du Danube ne produisit pas plus d'effet au sénat de Rome que la voix de M. de Saint-Vincent dans cette assemblée.

Nous l'écoutâmes tous avec autant d'intérêt que de surprise, nous surtout princes de la famille, peu accoutumés à cette rude franchise. Sa Majesté ne quitta pas des yeux l'orateur ; et l'attention sans aucun mélange de courroux qu'il lui prêta, honorait autant Louis XVI que cette hardiesse méritait d'estime au vieux Robert de Saint-Vincent.

Plusieurs membres parlèrent ensuite avec plus ou moins de succès ; mon désir d'impartialité m'oblige à discontinuer de rendre compte par moi-même de cette séance célèbre ; à cause du rôle qu'y jouait un prince de notre sang, envers lequel on m'accuserait peut-être d'injustice. Je laisse ce soin à M. Sallier dont l'ouvrage est devant mes yeux, et qui a déjà décrit cette époque avec autant d'exactitude que de talent.

Sous des formes plus insinuantes, d'Esprémesnil fit une grande sensation sur l'esprit du roi. Il proposait d'enregistrer l'édit quant aux deux premiers emprunts ; mais il voulait qu'en même temps le roi annonçât la convocation des états-généraux pour l'année 1789. Ce n'était pas ici le langage d'une vaine rhétorique, mais une éloquence qui s'adressait à toutes les convictions, et qui faillit suspendre la politique arrêtée du roi lui-même. S'apercevant de l'impression favorable qu'il produisait sur Louis XVI, M. d'Esprémesnil redoubla d'instances pour lui faire adopter son avis.

« Sire, lui dit-il, d'un mot vous allez combler
« tous les vœux ; un enthousiasme universel va
« partir, en un clin d'œil, de cette enceinte dans
« la capitale, de la capitale dans le royaume. Un
« pressentiment qui ne me trompera pas m'en
« donne l'assurance ; je le lis dans les regards de
« Votre Majesté ; cette intention est dans son cœur,
« cette parole est sur ses lèvres. Prononcez-la,
« sire, accordez-la à l'amour de tous les Fran-
« çais...... »

A ce moment, il s'arrêta ; tous les regards étaient fixés sur l'orateur et sur le roi. Une faible hésitation, un léger doute, semblaient ne plus combattre que faiblement la bonté et l'attendrissement que Louis XVI ne cherchait plus à dissimuler. Un contraste frappant, dans cette scène touchante, était l'attitude du garde-des-sceaux, qui, assis au dessous du roi, mais à une distance assez grande, ne pouvait l'aider ni d'une parole ni d'un signe, et qui laissait lire sur ses traits altérés la crainte et le dépit de se voir vaincu. Le monarque cependant résista ; mais il avoua le lendemain à l'archevêque de Paris qu'il avait été au moment d'oublier les résolutions de son conseil, et d'interrompre le discours pour accorder ce qui lui était demandé.

Une autre opinion, bien plus remarquable, fut celle de M. Ferrand, conseiller des enquêtes. Prévoyant les malheurs qui pouvaient résulter de cette séance, il tenta de les détourner. Ayant su solliciter une attention particulière par une élocution facile et entraînante, il termina en rappelant ce qui s'était passé sous le règne précédent, lorsque Louis XV, étant au parlement en 1770, et ayant adopté l'avis de M. Michau de Montblin, l'assemblée entière revint par acclamation à cet avis. Il conjura le roi de se souvenir de cet heureux exemple, et de faire choix parmi les avis qui lui étaient proposés de celui qui semblerait réunir le plus de suffrages et lui paraîtrait sans doute le plus sage.

« Ah! combien cet accord, ajouta-t-il entre le
« monarque et le parlement, serait à la fois hono-
« rable pour les magistrats, et avantageux pour la
« chose publique ! Cette séance doit faire époque
« dans le règne de Votre Majesté, peut-être même
» dans l'histoire. Elle a été signalée par une grande
« liberté d'opinion ; faites, sire, qu'elle se termine
« sous les mêmes auspices. Ce nouveau bienfait
« est ce qui peut le plus contribuer à affermir le
« crédit public et à inspirer la confiance. »

Malheureusement ce conseil si sage ne fut pas écouté, et la délibération commencée sous les formes de la liberté, se termina par un lit de justice. Quand toutes les voix eurent été recueillies par le premier président, au lieu de laisser former le vœu du parlement par la réduction des avis et la supputation des suffrages, le garde-des-sceaux conféra quelque temps avec le roi à voix basse, après quoi Sa Majesté consterna l'assemblée en prononçant ces paroles :

« Après avoir entendu vos avis, je trouve qu'il
« est nécessaire d'établir les emprunts portés dans
« mon édit; j'ai promis les états-généraux avant
« 1792, cette promesse doit vous suffire. J'ordonne
« que mon édit soit enregistré. »

Le garde-des-sceaux prononça aussitôt l'enregistrement comme dans un lit de justice. Une légère rumeur parcourut les rangs, tandis que le greffier en chef écrivait sur le repli de l'édit la mention de l'enregistrement. Alors le duc d'Orléans, placé très près du roi, éleva la voix pour protester contre la séance, qu'il qualifia d'illégale, disant :

« Si le roi tient séance au parlement, les voix
« doivent être recueillies et comptées; si c'est un
« lit de justice, il nous impose silence. Je demande
« que l'enregistrement soit fait du très-exprès com-
« mandement de Sa Majesté. »

Le roi surpris, répondit avec embarras :
— Cette mesure n'a rien d'illégal puisque je la sanctionne... puisque je l'ordonne même...
On fit ensuite lecture de l'édit concernant les protestans; puis le garde-des-sceaux ayant pris de nouveau les ordres du roi, remit la délibération

au lendemain en assemblée ordinaire. Il était cinq heures du soir; au moment où Louis XVI se leva pour sortir, Molé de Champlatreux, gendre du garde-des-sceaux, quitta sa place et vint se mettre à côté de moi, qui étant le dernier reçu du parlement était le plus près de la barre, et lorsque Lamoignon passa, il lui dit : « Quelle scène vous venez de faire ! » Le garde-des-sceaux continuant sa marche, répondit gravement : « C'est l'usage. »

CHAPITRE XVIII.

Mot du roi au comte d'Artois. — Aspect de Paris. — Ce que Madame dit au comte de Provence. — La reine et ce prince. — La séance au parlement continue après le départ du roi et de ses frères. — Le duc d'Orléans rédige sa protestation. — Qui la lui souffle. — Exil du duc d'Orléans. — La famille royale en action. — Réponse du roi au parlement. — Autre réponse. — Mémoires et protestations des ducs et pairs pour la conservation de leurs droits. — Affaires politiques. — Nominations dans l'ordre de Saint-Lazare. — Suite de la querelle avec les parlemens. — Ce que Monsieur dit à un évêque. — Intrigues pour abréger l'exil du duc d'Orléans. — Réflexions. — La reine confie au comte de Provence la création de la cour plénière. — Sa composition future. — Ce que Monsieur en dit à la reine. — Sa réponse. — Elle se fâche.

Des courriers partaient de demi-heure en demi-heure, soit pour calmer les inquiétudes de la reine, soit pour la tenir au courant de ce qui se passait. Lorsque le roi fut rentré dans son carrosse, il dit au comte d'Artois qui se plaignait de l'arrogance du parlement :

— Il n'a peut-être pas tort, mon frère ; il agit d'après sa conscience, et je n'ose me demander si j'ai bien suivi l'avis de la mienne.

Le comte d'Artois se récria en prétendant qu'un roi a toujours raison, et que maître d'ailleurs du bien de ses sujets...

— C'est une fausse maxime, répliqua Louis XVI avec chaleur ; j'empêcherai qu'on l'inculque à mes enfans : je suis le père du peuple et non son despote ; je suis désespéré d'être mal avec lui. Voyez, poursuivit cet excellent prince, en nous montrant des doigts la foule muette et consternée, pensez-vous que cette multitude ait moins raison que mes ministres ? n'est-ce pas le prix de ses sueurs que le parlement vient de défendre ? Ah ! si nous y songions bien, nous frémirions à chaque dépense inutile, car l'argent qu'on dissipe en prodigalité est arrosé des larmes des malheureux.

Le comte d'Artois se tut ; et moi, à la lueur des torches qui nous éclairaient, j'examinai ces figures pâles et menaçantes, les regards inquiets de cette foule dont le silence opiniâtre pesait douloureusement sur le roi. Il me semblait que l'esprit de révolte se montrait déjà dans toute sa laideur, et que le moment approchait où nous aurions tout à craindre de lui.

J'étais tellement préoccupé de cette idée, que je la communiquai en entrant chez moi à Madame, qui en fut effrayée.

— Pourvu, me dit-elle, que le temps ne vienne

pas où vous serez la seule ressource de la France; car, si jamais ce moment arrive, quels affreux malheurs l'auront précédé!

Certes, rien dans ces paroles n'annonçait mon ambition supposée, ni celle de la comtesse de Provence. La consternation de MM. de Lamoignon et de Brienne changea un peu le cours de mes pensées: ces messieurs reconnaissaient enfin qu'on les avait joués, et que la séance préparée, disait-on, pour leur triomphe, n'avait fait qu'augmenter les embarras de leur position. Le garde-des-sceaux qui, la veille encore, dans le conseil, prétendait, en présence de MM. de Malesherbes et de Nivernais, que la séance royale dégénérant en lit de justice était toute naturelle, et que le parlement ne ferait aucune difficulté d'obtempérer, manifestait une exaspération qui amena la continuité des coups d'État successifs, sa seule défense jusqu'au moment de sa chute.

Dès que je vis la reine :

— Eh bien, madame, lui dis-je, le chancelier a-t-il exagéré le mal comme on a voulu vous le faire entendre?

— Je suis atterrée, me répondit Marie-Antoinette, il ne disait que trop vrai; le duc d'Orléans est un traître, mais j'aime mieux le voir à visage découvert que sous le masque qu'il a porté jusqu'à ce jour. Le roi saura maintenant quelle conduite il doit tenir à son égard.

La reine ajouta qu'elle croyait qu'on l'enverrait en exil.

— Ce serait, dis-je, achever de lui donner cette popularité que la séance de tantôt lui a déjà value en partie.

— Il faut le punir, répondit la reine avec vivacité, et si j'étais à la tête du gouvernement il quitterait le royaume dès demain, pour n'y jamais rentrer.

— Alors, ma sœur, j'approuverais cet exil, tandis qu'un simple éloignement de la cour ne peut tourner qu'à son avantage et nuire aux intérêts du roi. Rappelez-vous que lorsqu'un monarque est forcé de prendre une mesure sévère envers un prince de son sang, elle doit être complète, ou elle nuit plus qu'elle ne sert.

— La reine convint de cette vérité ; mais elle dit que jamais le roi ne se déciderait à cet acte de rigueur.

Tandis que nous causions ainsi à Versailles, la séance du parlement continuait, sur la demande expresse des jeunes gens des enquêtes, qui ne voulaient pas perdre de temps, dans la crainte que le gouvernement ne les surpassât en vitesse. Le premier président céda à l'avis de la majorité; le duc d'Orléans rédigea sa protestation, et on la transcrivit sur le registre des délibérations, ainsi conçue :

« Sire,

« Je supplie votre majesté de permettre que je
« dépose à ses pieds, et dans le sein de la cour, la

« déclaration que je regarde cet enregistrement
« comme illégal, et qu'il serait nécessaire, pour
« la décharge de ceux qui sont censés y avoir dé-
« libéré, de mentionner que c'est par le comman-
« dement exprès de Votre Majesté. »

Un témoin oculaire, M..Sallier, prétendit que le duc d'Orléans n'avait pas prononcé les mêmes paroles; il fut donc fort embarrassé pour rassembler ses phrases, quand le parlement voulut les faire mettre sur le registre, ce qui prouvait qu'il savait assez mal sa leçon. Il fut soufflé par quelques-uns, et notamment par l'abbé Sabbatier, qui se chargeait en quelque sorte de dicter pour lui. Ceci occasiona un peu de confusion, et une voix s'écria assez plaisamment : « Eh! messieurs, écoutez monsieur l'abbé, ne voyez-vous pas qu'il sait son thème mieux que M. le duc d'Orléans! »

La délibération continua; elle conclut par un arrêté secret, constatant que la cour n'avait pris aucune part à l'enregistrement, et qu'elle ne le soutiendrait pas. Le ministère crut devoir agir avec éclat, en faisant enlever l'abbé Sabbattier, qui fut enfermé au château de Doulens, et on envoya le conseiller Fretteau, l'un des rédacteurs de l'arrêt, au Mont-Saint-Michel.

Le lendemain le baron de Breteuil parut aussi à six heures du soir au Palais-Royal. Il était porteur d'une lettre de cachet qui exilait le duc d'Orléans à Villers-Cotterets. Le prince se mit en devoir d'obéir, et il était prêt à monter en voiture, lorsque le ministre lui dit qu'il avait ordre du roi de l'accompagner. « Eh bien! monsieur, répondit S. A. S. avec humeur, montez derrière. »

Le baron de Breteuil, profondément blessé, se servit de sa propre voiture, et suivit le prince jusqu'à Villers-Cotterets. De retour au château il rendit compte de l'impolitesse du duc d'Orléans. Le roi en éprouva un tel chagrin qu'il dit au baron de Breteuil :

— Monsieur, je vous fais pour lui ses excuses.

La reine ajouta ;

— Le duc d'Orléans, sire, essaie sur vos fidèles serviteurs, la manière dont il traitera plus tard Votre Majesté.

Hélas! en parlant ainsi, la reine ne croyait pas rencontrer si juste! Le roi fit savoir au parlement que le mercredi 21 il recevrait la grande députation à laquelle les chambres assemblées avaient donné la commission de réclamer la liberté des deux conseillers, et le retour du duc d'Orléans. Le monarque, en présence de la grande députation, effaça l'arrêt du parlement; puis, parlant avec une sévérité qu'il n'avait jamais employée jusqu'alors, il termina par ces paroles :

« Lorsque j'éloigne de ma personne un prince de
« mon sang, mon parlement doit croire que j'ai de
« fortes raisons pour en agir ainsi. J'ai puni deux
« magistrats dont j'ai dû être mécontent. »

Cette rigueur n'était pas faite pour calmer les

esprits; aussi n'était-ce plus la paix que l'on voulait, mais la guerre, une guerre à mort.

Le principal ministre et le garde-des-sceaux avaient formé entre eux le projet de recommencer l'ouvrage du chancelier Maupeou, et d'anéantir le pouvoir des parlemens, en diminuant leurs attributions, le nombre de leurs membres, et surtout en leur enlevant l'enregistrement des lois. Or, pour arriver à ce but, il fallait pousser la magistrature à une résistance telle, qu'on sentît la nécessité de la châtier et de l'enchaîner sans retour. En conséquence de ce plan, la réponse du roi fut libellée de manière à irriter le parlement, qui se rassembla de nouveau le 23, et, par suite de la délibération relativement à l'enlèvement des deux conseillers et du duc d'Orléans, adressa au roi des supplications qui eurent pour nouvelle réponse les phrases suivantes encore plus amères que les précédentes :

« Le jour de ma séance au milieu de vous, mon
« garde-des-sceaux vous a dit, par mon ordre,
« que plus je me montrais bon quand je pouvais
« me livrer aux mouvemens de mon cœur, plus
« je suis ferme lorsque je puis entrevoir qu'on
« abuse de cette même bonté; je pourrais finir là
« ma réponse à vos supplications, mais je veux
« bien y ajouter que si je ne blâme pas l'intérêt
« que vous me témoignez sur la détention de deux
« magistrats de mon parlement, je désapprouve
« que vous en exageriez les circonstances et les

« suites, et que vous sembliez l'attribuer à des
« motifs que le libre cours que j'ai laissé aux opi-
« nions ne vous permet pas même de présumer.

« Je ne dois compte à personne du motif de mes
« résolutions; ne cherchez pas plus long-temps à
« lier la cause de ceux que j'ai punis avec les inté-
« rêts de mes autres sujets et des lois. Mes sujets
« savent tous que ma bonté veille perpétuellement
« sur leur bonheur, et ils en reconnaissent les ef-
« fets jusque dans les actes de ma justice ; chacun
« est intéressé à la conservation de l'ordre public,
« et l'ordre public tient essentiellement au main-
« tien de mon autorité. Si ceux qui ont été chargés
« de l'exécution de mes ordres se sont conduits
« d'une manière contraire à mes intentions, je les
« punirai.

« Si le lieu de la détention des deux magistrats
« peut-être nuisible, je les ferai transférer ailleurs.
« Le sentiment d'humanité est inséparable, dans
« mon cœur, de l'exercice de ma justice. Quant à
« l'éloignement de M. le duc d'Orléans, je n'ai
« rien à ajouter à ce que j'ai déjà dit à mon parle-
« ment. »

Le roi qui avait défendu aux princes et aux pairs d'assister aux assemblées de la cour leur permit d'y revenir, Sa Majesté ayant eu égard à un mémoire que dix-sept pairs présentèrent pour se plaindre qu'on suspendait arbitrairement l'exercice de leurs droits.

Il n'y eut parmi les princes du sang que ceux de Condé et de Conti qui continuèrent à prendre part aux délibérations ; le comte d'Artois ni moi n'y parûmes plus, par déférence aux volontés du roi. Ainsi se termina cette année sous de fâcheux auspices ; elle avait vu les États-Unis d'Amérique achever l'édifice de leur constitution, la Hollande perdre son indépendance comme république, et passer sous la royauté déguisée du prince d'Orange. Ce grand acte se consomma avec le concours de la Prusse et au désavantage de la France, qui eut la faiblesse de le souffrir ; mais le ministère occupé à guerroyer avec le parlement, négligea la politique extérieure, et se maintint dans une paix honteuse avec l'Angleterre [1].

Je terminai l'année en nommant commandeurs ecclésiastiques de mon ordre de Saint-Lazare et de Notre-Dame-de-Mont-Carmel, M. de Cheglas, évêque de Bayeux, et M. de Gain de Montagnac, évêque de Tarbes.

Le 4 janvier 1788, le parlement, intraitable, rendit un arrêt contre l'abus des lettres de cachet et contre toute mesure arbitraire. Le roi cassa cet arrêt le 17 du même mois, lequel fut confirmé le lendemain par le parlement. Le 29, cette compagnie enregistra enfin l'édit si paternel de Louis XVI,

[1] Ces lignes font naître l'idée d'un singulier rapprochement entre la politique de la cour de France en 1787, et celle de la même cour en 1831.

(*Note de M. le duc de D****.*)

qui rendait aux protestans l'exercice de leurs droits civils.

Je ne puis passer sous silence la coupable proposition du clergé à cet acte de justice ; j'en fus d'autant plus indigné qu'il gagna à sa cause le comte d'Artois, qui s'avisa de solliciter contre les protestans. Je le querellai sans pitié, et il me répondit qu'il voulait sauver son ame.

— Dans ce cas, lui répondis-je, montrez-vous moins admirateurs des dames, et diminuez le nombre de vos créanciers.

Le roi reçut les applaudissemens de toute l'Europe éclairée, à l'exception de la cour de Rome, qui laissa entendre clairement à Louis XVI qu'il venait de signer sa damnation éternelle, à moins qu'il ne s'en accusât devant le pape. Louis XVI répondit qu'il ferait mieux, car il s'adresserait à Dieu. Ce mot, plein d'esprit et de sens, resta dans l'intérieur de la famille, et je suis bien aise de le rappeler ici.

Cependant l'exil du duc d'Orléans durait toujours; ce prince aurait bien voulu en voir le terme, et pour y parvenir il écrivit d'abord une lettre au roi qui demeura sans réponse. Madame de Montesson vint à son secours, et employa le ministère de son neveu, M. de Valence. On ne voulut encore rien accorder, puis on exigea une lettre de soumission à la reine de la part du prince, en réparation des insultes dont Sa Majesté avait droit de se plaindre, et qu'elle attribuait justement au duc d'Orléans.

23.

Cette lettre, composée par l'abbé de Vermont et le baron de Breteuil, était telle, que je ne l'aurais signée à aucun prix. Le duc d'Orléans, qui avait fait prier le parlement de ne plus se mêler de son affaire de peur de la gâter, se montra moins difficile que moi ; il copia la missive en entier, l'envoya au roi, et obtint en retour non de revenir librement à Paris, mais de s'en rapprocher. Le lieu nouveau de son exil fut le Rainci, où il dut attendre sa grâce entière. Je passe sous silence la comédie qui fut jouée à ce sujet du jockei sauvé par lui, *des fureurs de l'onde courroucée* et d'une mort certaine. Cette comédie ne produisit de l'effet que sur les badauds. Quant aux deux conseillers du parlement, on les avait moins punis de leur résistance ouverte à l'autorité royale, que de leurs complots avec le duc d'Orléans.

Plus nous allions, et plus les circonstances devenaient graves. C'était comme si la voix dont parle Bossuet eût fait entendre au monarque et à la France ce mot terrible : *marche! marche!* qui pousse peuples et rois à leur destinée. L'union forcée du garde-des-sceaux et du principal ministre, leur incapacité et leur opiniâtreté à conserver un pouvoir qu'ils étaient hors d'état de maintenir, les portèrent à des coups de désespoir, à ces secousses violentes, toujours funestes, lorsqu'une main habile n'est pas là pour en modérer le choc.

Le feu roi, aidé par soixante-cinq ans d'un règne paisible, par tout ce que la majesté inspirait de respect à cette heureuse époque de la monarchie, avait pu faciliter à un ministre ferme, et que n'accablait pas le fardeau de finances embarrassées, les moyens de détruire la magistrature pour la reconstituer sous un autre mode plus en harmonie avec le gouvernement. Mais ce qui s'était fait avec calme, ce qui avait été reçu avec soumission en 1771, n'était plus possible en 1788. La nation, depuis le nouveau règne, s'était affranchie de ses anciennes habitudes d'obéissance et de respect pour ses maîtres. Elle craignait peu le roi, n'aimait pas la reine, et méprisait tous les dépositaires du pouvoir, parce qu'elle les appréciait à leur juste valeur. Inquiète d'ailleurs, poussée vers des idées subversives de l'ordre établi, elle demandait une liberté qui devait être de la licence, et déjà forte de sa prochaine régénération, il devenait impossible à des hommes aussi faibles que MM. de Lamoignon et de Brienne de la modeler à leur volonté; et ces titans pygmées furent écrasés sous la masse gigantesque de mécontentement, et d'exaspérations qu'ils avaient osé soulever.

Vers les premiers jours de janvier, peu après que M. de Brienne eut abandonné l'archevêché de Toulouse pour passer à celui de Sens que laissait vacant le décès du cardinal de Luynes, mort à quatre-vingt-cinq ans, la reine, qui me traitait avec un redoublement d'amitié depuis le commencement de l'année, me prit à part et me dit :

— J'ai à vous communiquer un grand secret ;

on m'a cependant conjurée de vous en faire mystère, mais n'importe. Vous saurez donc que nous allons à notre tour nous débarrasser des robes noires.

— Le chancelier, répliquai-je, consent donc à revenir?

— M. de Maupeou? ah! vraiment non! quel besoin en avons-nous? M. de Lamoignon se charge de la réforme.

— Il est bien frêle pour une aussi forte tâche.

— Son plan est très-beau, et je suis sûr qu'il vous séduira comme nous.

— Et quand me le montrera-t-il?

Le voici, dit la reine en me remettant un papier qu'elle m'engagea à lire, puis m'ayant fait passer dans un cabinet voisin, afin que je ne fusse pas dérangé, je pris lecture du projet de l'édit suivant :

1° Création de grands bailliages qui jugeront en dernier ressort, par appel des juridictions inférieures, jusqu'à concurrence de 20,000 livres, et pour le criminel également en dernier ressort, avec appel aux parlemens, pour les sommes au-dessus de 30,000 livres. Suivait le personnel de cette nouvelle magistrature. 2° Quarante-six bailliages se divisant les ressorts des parlemens. 3° Suppression des tribunaux d'exception, bureaux de finances, élections, juridictions des traites, chambre du domaine, etc. 4° Réforme de l'ordonnance criminelle, abolition de la sellette, de la torture préalable, défense de dépouiller les accusés de leurs vêtemens et marques de dignités, exigeance de l'insertion dans l'arrêt des motifs qui l'ont décidé, etc., etc. 5° Réduction d'offices dans la cour du parlement de Paris, qui sera composé à l'avenir de la grande chambre de la Tournelle, d'une chambre d'enquête, et en tout de soixante-sept membres, sur qui tomberont les suppressions. Les conseillers, reçus à vingt-cinq ans, auront voix délibérative à trente. Conditions de la postulance à l'office de conseiller, etc., etc.

Je lus et relus ces dispositions, qui me parurent fort étranges; mais mon étonnement devait augmenter lorsque après les projets d'édits, je trouverais le *nec plus ultrà* de la folie et de la stupidité dans l'édit portant rétablissement de la cour plénière ; *oui, rétablissement*, qu'on entende bien, car ce n'est pas chose nouvelle que l'on crée ; elle a jadis existé, cette cour plénière. — Ainsi composée ? — Oui, monsieur. — Où ? — En France. — A quelle époque? — Toujours. — Mais encore est-elle l'ancien plaid de la nation, le parlement, le champ-de-mars des Gaulois ? — C'est cela précisément. — Mais votre cour plénière n'en est pas même l'ombre. — Si bien. — Et comment? — Parce que nous le voulons, et qu'à cette raison il n'est pas de réplique.

Rare et sublime effet d'une imaginative,
Qui ne le cède en rien à personne qui vive.

J'en tombai de mon haut. Or voici comment était composée cette fameuse et ancienne cour plénière rétablie, car toute la poudre de *perlinpinpin* était dans cette reconstruction.

Le chancelier ou le garde-des-sceaux la présidera ; la grand'chambre du parlement de Paris, les princes du sang, les pairs, les deux conseillers d'honneur-nés, les six conseillers d'honneur, le grand aumônier de France, le grand maître de la maison du roi, le grand chambellan, le grand écuyer, deux archevêques, deux évêques, deux maréchaux de France, deux gouverneurs de province, deux lieutenans-généraux, deux chevaliers des ordres, quatre personnages qualifiés du royaume, six conseillers d'État, dont un d'église, un d'épée, quatre maîtres des requêtes, un président au conseil de chambre des autres parlemens, deux de la chambre des comptes, deux de la cour des aides de Paris, le capitaine des gardes de service y aura entrée avec voix délibérative toutes les fois qu'il y accompagnera le roi. S. M. nommera tous les membres, à l'exception des pairs et de la grand'chambre ; ils seront irrévocables et à vie ; la cour plénière tiendra ses séances dans la grand'chambre du parlement de Paris, et dans les maisons de séjour du roi où Sa Majesté voudra l'appeler. Suivaient toutes les dispositions nécessaires pour enlever à la cour plénière son indépendance. Elle devait servir à enregistrer tous les arrêts, édits, lois, emprunts, en un mot tout ce qui était jusque là du ressort du parlement, auquel on l'enlevait sans retour. Elle devait connaître des crimes de haute trahison, forfaitures, enfin elle remplaçait en entier le parlement, qui demeurait simple tribunal de judicature.

J'affirme que je pris plaisir à cette lecture toute nouvelle pour moi ; j'admirais jusqu'à quel point des hommes placés à la tête de l'État pouvaient ignorer les constitutions du royaume, et se persuader qu'on les leur laisserait violer selon leur gré et avantage. Cette cour plénière m'aurait amusé si j'avais eu la force de voir un côté plaisant dans cette extravagance qui allait bouleverser le royaume, et peut-être appeler la guerre civile. J'étais à réfléchir depuis assez long-temps lorsque la reine, impatiente sans doute de savoir l'effet que ce beau chef-d'œuvre avait produit sur moi, entra rayonnante.

— Êtes-vous content, mon frère, me dit-elle ; le parlement n'est-il pas terrassé du coup ?

— Oui, madame, et nous tous avec lui peut-être.

— Nous ! s'écria la reine ; vous n'y pensez pas. Qu'avons-nous de commun avec ces hommes opiniâtres qui ne cherchent qu'à indisposer la nation contre nous, tandis qu'en rétablissant l'ancienne cour plénière, tout leur pouvoir s'évanouit.

Un sentiment de tristesse l'emporta sur mon envie de rire.

— Ma sœur, dis-je, la cour plénière est une création nouvelle sortie de je ne sais quel cerveau; car je vous certifie qu'elle n'a jamais existé.

— C'est impossible! ces messieurs assurent que l'histoire de France la reproduit en mille endroits.

— Qu'ils me la montrent en un seul; voilà tout ce que je leur demande.

— Quoi! on n'en aurait jamais eu d'exemple!

— Non, madame, et ceux qui ont prétendu le contraire, ont indignement abusé de votre bonne foi. Savez-vous ce qu'était la cour plénière? pas autre chose qu'une joyeuse assemblée que le roi réunissait pour deviser d'amour, de guerre, de galanterie et de réjouissances; à laquelle assistaient des troubadours, des jongleurs; où l'on pouvait bien s'occuper en passant d'administration et de politique; car, où n'en cause-t-on pas? Mais au fond jamais *cour plénière* ne fut uniquement consacrée à enregistrer les édits royaux ou faire acte de gouvernement. Et lorsque ce cas arrivait, on appelait la nation au Champ-de-Mars, en parlement ou en états-généraux.

— En vérité, votre érudition est impatientante; elle renverse d'un seul coup ma cour plénière dont on m'avait promis des merveilles. Vous croyez donc qu'elle ne sera d'aucune utilité?

— Je vais plus loin, madame, car je pense qu'on ne l'assemblera même pas; qui voudrait y siéger? Daignez remarquer, je vous prie, qu'on a prévu que les conviés refuseraient de venir au festin, par cette seule disposition qui annonce à quel point ce projet est mauvais : *La cour sera suffisamment garnie et en état de rendre arrêt en cas que plusieurs classes tout entières des membres qui la composent n'assistent pas à la délibération.* Est-il rien de plus déshonorant pour cette cour que de prévoir à l'avance qu'on pourra la fuir? a-t-on jamais vu une chambre tout entière, le corps complet de la pairie, refuser d'assister à l'assemblée générale du parlement, à moins d'un ordre exprès du roi? Non, ma sœur, et cependant il faudra dans cette cour plénière *rétablie*, la compléter de membres du moins pour tenir lieu des membres héréditaires. Consultez votre raison, madame, et croyez-en sa réponse.

Malgré toute ma galanterie, je ne fus pas fâché d'avoir donné une petite leçon d'histoire et de politique en même temps à la reine ; mais Marie-Antoinette me reprocha d'avoir détruit son illusion.

— Je vous ai rendu service, madame, répliquai-je.

— Vous serez donc contre la cour plénière.

— Non, en vérité ; je m'engage avec vous à me tenir à l'écart : elle aura affaire à assez fort parti sans que j'aie besoin de m'en mêler.

— Vous me le promettez?

— Je vous le jure.

— Je suis satisfaite.

— Vous l'êtes, ma sœur, à peu de frais, ne puis-je m'empêcher de répondre à la reine ; puis nous nous séparâmes.

CHAPITRE XIX.

Mouvemens dans les divers parlemens de France. — On projette des arrestations parmi les magistrats. — Le duc de Breteuil trahit le secret. — Les conseillers d'Esprémesnil et de Montsabert se réfugient au palais. — Détails de la fameuse séance du 3 mai 1788. — Propos du roi. — Il refuse de recevoir la députation du parlement. — Sentimens de la famille royale. — Le roi communique le projet de la cour plénière à Monsieur. — Conversation à ce sujet. — Lit de justice du 8 mai. — Discours du roi. — Détails de la séance. — Lettre de la grand'chambre au roi. — Protestation des autres chambres.

Le parlement de Paris venait de rédiger et de présenter ses célèbres remontrances que je n'ai pas besoin, je crois, d'insérer ici, arrêtées le 27 avril, et remises le 4 mai. La magistrature, électrisée par son opposition, devenait une puissance que secondait Paris et la France. La plupart des parlemens du royaume suivaient cet élan ; celui de Bretagne était en pleine révolte ; celui de Dauphiné menaçait de rompre le contrat qui liait cette province au roi. Dans cette conjoncture, Lamoignon et Brienne virent qu'il n'y avait pas un moment à perdre, et qu'il fallait céder ou écraser. Un conseil a lieu le 3 mai ; on décide que, pour effrayer la haute robe, il faut s'emparer de quelques-uns de ses membres et choisir parmi les plus séditieux. Le garde-des-sceaux désigna Duval d'Eprémesnil, et l'archevêque de Sens, Goislart de Montsabert ; il fut résolu que le lendemain on procéderait à leur enlèvement ; que le premier serait dirigé sur les îles Sainte-Marguerite, et le second au château de Pierre-en-Cise, à Lyon.

Mais le secret du conseil fut mal gardé. Le baron de Breteuil, lassé de marcher à la suite de deux insensés, et toujours indigné de n'occuper qu'une place secondaire, envoya un de ses amis intimes prévenir les deux magistrats du sort qu'on leur réservait. L'un et l'autre abandonnèrent sans hésiter leur demeure, et se réfugièrent au sein du parlement. Aucune histoire n'offrit jamais le pendant de cette séance, que je dois décrire d'après les rapports d'un témoin oculaire.

Le jour commençait à peine, lorsque d'Eprémesnil et son collègue entrèrent furtivement dans le palais. Les chambres, instruites de leur venue, demandèrent l'assemblée générale et la convocation des pairs. Les deux magistrats rendirent compte des mesures prises dans la nuit dernière pour leur enlèvement ou leur évasion. Le parlement, par un arrêt, les met sous la sauve garde du roi, au nom duquel on venait les arrêter, et sous celle de la loi, que les ministres n'écoutaient plus. On députa au roi le premier président et quatre conseillers ; les chambres restèrent assemblées jusqu'au retour des députés. Ils arrivèrent à Versailles à neuf heures du soir, au moment où le roi revenait de la chasse ; et ce ne fut qu'à minuit que le garde-des-sceaux leur donna une réponse écrite, par laquelle Louis XVI refusait de recevoir la députation, sous prétexte qu'on avait manqué aux formalités dans la manière dont elle avait été annoncée.

Cependant des ordres avaient été donnés pour enlever les deux magistrats au milieu du parlement ; à minuit on sut que de nombreuses patrouilles circulaient autour du palais ; puis on apprit que les gardes françaises entraient dans les cours, montaient dans les salles, et qu'on posait partout des sentinelles. Quoique le parlement fût toujours en séance, beaucoup de membres s'étaient dispersés dans les chambres ; on les avertit à la hâte ; et ils eurent le temps de se réunir dans la grand'chambre, lorsque les huissiers vinrent annoncer que toutes les issues étaient gardées ; et qu'on ne pouvait plus sortir : les portes étaient garnies d'une multitude de personnes étrangères au parlement, qui dans le désordre de la journée s'y étaient introduites pendant l'interruption des délibérations. Le président de Gourgues tenait l'assemblée en l'absence du premier président ; et dans ce moment difficile où tout sortait des règles ordinaires, il sut constamment allier la dignité et le devoir à la prudence ; il évita une grande faute au parlement en le rappelant à lui-même par ces paroles :

« Messieurs, voulez-vous innover contre les formes anciennes? »

De toutes parts s'éleva une réponse négative ; puis quelqu'un ayant dit qu'il existait une communication encore libre entre la grand'chambre et la Tournelle, on ordonna aux assistans de se retirer dans cette dernière. Le parlement fut averti que le marquis d'Agoult, aide-major des gardes françaises, demandait à entrer de la part du roi ; il fut introduit à l'instant. Ce gentilhomme s'était proposé d'annoncer sa mission en termes capables d'effacer ce qu'elle avait de pénible pour lui ; mais l'aspect d'une assemblée composée de plus de cent vingt magistrats, au milieu desquels siégeaient des ducs et pairs, des maréchaux de France, des prélats ; cette réunion imposante, le silence profond qui y régnait, la vaste étendue de la salle, à peine éclairée par une faible lumière, cette foule d'idées que faisaient naître la majesté du lieu, les souvenirs de l'histoire et la gravité des circonstances, jetèrent le trouble dans l'ame de ce militaire qui ne put que lire sans préambule l'ordre du roi, dont il était porteur. Cet ordre était conçu en ces termes :

« J'ordonne à M. le marquis d'Agoult de se ren-

« dre sans délai au palais, à la tête de six compa-
« gnies de mon régiment des Gardes; de s'emparer
« de toutes les issues, et d'arrêter dans la grand'-
« chambre MM. Duval d'Esprémesnil et Goislart
« de Montsabert, pour les remettre entre les
« mains de la prevôté de l'hôtel chargé de mes
« ordres.   *Signé* Louis. »

Le président répondit : *La cour va en délibérer.* Le marquis d'Agoult, revenu de sa première
surprise, s'arma de fermeté, et répliqua avec rudesse :

— Chargé des ordres du roi, je ne puis accorder de délai ; il faut qu'ils s'exécutent sans délibérations.

Puis, pressant le président de satisfaire à sa
réquisition, il le somma de lui livrer les magistrats, ou de signer un refus. Le président, qui avait
repoussé la première proposition avec un geste de
mépris, répondit à la seconde qu'il n'avait rien à
refuser; que ne pouvant donner de réponse qu'au
nom du parlement, ce n'était que par la délibération de ses membres qu'il pouvait connaître son
vœu; qu'au surplus l'ordre du roi n'était adressé
ni au parlement ni au président, mais à celui qu
en était porteur, et que c'était à lui par conséquent
à l'exécuter comme il le jugerait convenable.

— Il est cependant nécessaire, répliqua le marquis, que vous me désigniez ces messieurs, car ne
les connaissant pas, je ne pourrais exécuter les
ordres de Sa Majesté.

Alors, d'un des coins de la salle, une voix qui trouva au même instant cent échos, s'écria :

— Nous sommes tous MM. D'Esprémesnil et Goislard; puisque vous ne les connaissez pas, enmenez-nous tous, ou choisissez.

Un profond silence succéda à cette exclamation; le marquis d'Agoult le rompait de temps en temps par des instances inutiles, puis il se retira, déclarant qu'il allait rendre compte à son colonel, et attendre les ordres du roi.

Une heure après, les députés rentrèrent, et à la suite d'une courte délibération on arrêta, afin de n'avoir plus de prétexte d'admettre la députation, d'envoyer les gens du roi à Versailles; mais ils étaient aussi prisonniers dans leur parquet, et on refusa de les laisser sortir. La nuit se passa ainsi comme au milieu d'une place assiégée; toute communication au dehors était interdite, on laissait seulement aux magistrats la liberté de sortir de la grand'chambre pour aller dans l'intérieur du palais, sous l'escorte d'un garde, et s'il arrivait des lettres, le commandant ne les laissait remettre qu'après les avoir ouvertes. Il était onze heures du matin lorsque le marquis d'Agoult se présenta de nouveau; il rappela la mission dont il était chargé, et après avoir inutilement sommé d'Esprémesnil de le suivre, il fit entrer un officier de robe courte, auquel il lut un ordre du roi. Cet officier, nommé Archier, promena ses regards sur l'assemblée, et après cette marque extérieure d'obéissance, déclara qu'il ne voyait pas d'Esprémesnil. Le marquis d'Agoult lui réitéra par trois fois l'ordre de regarder bien attentivement ; mais celui-ci persistant dans sa première réponse, le marquis fut encore obligé de se retirer sans avoir pu exécuter sa mission.

Ce qui semblait depuis vingt-quatre heures impossible à l'autorité royale, devint enfin facile, grace à un mouvement de générosité de M. d'Esprémesnil qui, profondément touché du procédé de l'officier de robe courte, et ne voulant à aucun prix avoir à se reprocher la perte de sa liberté, il fit rappeler le marquis d'Agoult, et se découvrant lui-même :

— Je suis, dit-il, le magistrat que vous venez chercher à main armée jusque dans le sanctuaire des lois.

L'ayant ensuite interrogé plusieurs fois sur la nature de ses ordres et sur les moyens qu'il devait employer pour les exécuter :

— Je veux, continua-t-il, épargner à la cour et à moi-même l'horreur du spectacle qui nous est préparé ; je déclare que je prends votre réponse pour violence à ma personne, et que je vous suis ; (puis s'adressant au parlement) je suis la victime qu'on vient immoler sur l'autel même ; mon crime est d'avoir défendu la liberté publique contre les attentats sans nombre qui lui ont été portés ; je souhaite que le triomphe que remportent aujourd'hui les ennemis des lois ne soit point préjudiciable à l'État ; je prie la compagnie de ne point oublier l'attachement que je lui ai voué, et je puis l'assurer que quel que soit le sort qu'on me réserve, que quelles que soient les propositions qui me seront faites, je serai toujours digne d'être un de ses membres. Il descendit ensuite de sa place, après avoir embrassé ceux qui l'entouraient, et suivit le marquis d'Agoult. Celui-ci voulut le remettre entre les mains d'un jeune sous-lieutenant qui se trouva mal en recevant cet ordre. Le marquis d'Agoult se chargea lui-même de conduire d'Esprémesnil. Ce magistrat traversa les salles du palais en se rendant à la voiture qui l'attendait, avec une démarche assurée et le front serein, d'une conscience tranquille. Pendant les différentes délibérations, il avait parlé avec autant de facilité qu'à l'ordinaire, et son esprit était tellement libre, que lors de l'investissement de la grand'chambre, quand dans le premier moment du désordre personne ne pensait plus aux formes, ce fut lui qui prescrivit la manière dont le marquis d'Agoult devait être annoncé, et qui, en sa présence même, indiquait la place où il devait être entendu.

Une heure après cet enlèvement, le marquis d'Agoult rentra et somma Goislart de Montsabert de le suivre. Ce jeune magistrat se leva et obéit après avoir déclaré qu'il adhérait aux protestations et aux sentimens de d'Esprémesnil, et que, fût-il conduit à l'échafaud, il ne se départirait jamais des principes d'honneur et de courage qu'il avait puisés dans le parlement et que ses pères lui avaient transmis. Le parlement consterné arrêta des protestations au roi, et se retira après trente heures de séance.

J'ai emprunté ces détails à M. Sallier, en les rectifiant ; j'y ajouterai le récit de ce qui se passa à Versailles pour que rien ne manque à mon tableau.

A la première nouvelle de la retraite des deux conseillers au sein du parlement, l'inquiétude s'empara des ministres dirigeans, qui communiquèrent au roi cet incident fâcheux. Sa Majesté dit à plusieurs reprises :

Diable, diable, ils ont eu là une bien méchante idée ; faire arrêter des magistrats en pleine séance! quel scandale ceci occasionera !

Puis Louis XVI se promenait avec des gestes d'impatience. On lui représenta cependant que reculer était impossible.

— Je le conçois, répliqua le roi, mais n'importe ; c'est une cruelle extrémité ; j'aime mieux que le marquis d'Agoult s'en charge que moi, car jamais je n'exécuterais une telle mission.

La reine, à laquelle on alla rapporter les paroles du monarque, en fut très-agitée, et craignit qu'il ne faiblît. On le décida à partir pour la chasse où son intention était d'aller avant l'événement; mais en montant en voiture il dit encore :

— Certainement je recevrai aujourd'hui une députation de ces messieurs.

Le garde-des-sceaux la jugeait aussi inévitable et la redoutait beaucoup ; il s'estima heureux, lorsqu'elle fut arrivée, que le parlement eût oublié la formalité préalable de se faire précéder par les gens du roi, et dans le conseil impromptu qu'on tint après le retour de Louis XVI, on résolut de s'attacher à cette planche de salut, et d'éluder ainsi une audience qui aurait été fort embarrassante. Le ministère se crut sauvé, ne pouvant prévoir l'autre incident causé par M. d'Agoult qui, ne connaissant pas les magistrats qu'il était chargé d'enlever, fut forcé, ainsi que je l'ai dit, de revenir à Versailles prendre de nouvelles instructions du roi.

M. de Breteuil, qui avait remis les lettres de cachet à l'émissaire de Sa Majesté, jouissait de son embarras, puisque c'était lui qui avait fait prévenir ces messieurs qu'on voulait les arrêter.

Cependant on nous avait appris tout ce qui se passait au palais, et cette opiniâtreté du parlement à se maintenir en permanence. La reine en concevait une vive inquiétude ; je n'étais pas moi-même tranquille ; je voyais l'irritation du peuple augmenter en raison de la résistance de la cour ; cette irritation pouvait dégénérer en révolte et se propager dans tout le royaume.

Le roi était encore plus agité que le reste de la famille ; il ne cessait de demander si tout était fini ; on tâchait de lui cacher la vérité d'autant mieux que le surlendemain était le jour choisi pour la tenue du fameux lit de justice ou cour plénière, dans lequel les autres édits seraient promulgués et enregistrés. Il était donc important de ne pas faire craindre à Sa Majesté que ces nouveaux actes éprouvassent trop d'opposition.

La nouvelle que M. d'Esprémesnil et son collègue s'étaient livrés d'eux-mêmes rendit le calme au château ; on vit aussi dans l'espèce d'impassibilité de Paris, au milieu de ces graves événemens, un autre sujet d'encouragement, et on se disposa à achever de frapper un grand coup afin de couper le mal dans sa racine.

Le 7 mai le roi me manda dans son cabinet, et après un long préambule, contre son usage, il me répéta tout ce qu'on devait faire le lendemain, ce que je savais déjà, grâce à la confiance de la reine. Louis XVI ajouta que cette mesure était commandée par l'audace toujours croissante des parlemens ; qu'il était impossible de gouverner avec eux, tant qu'ils auraient le droit juste ou injuste de s'opposer à l'enregistrement des édits, et surtout à ceux que la royauté trouvait sages et utiles ; qu'on avait eu souvent à se repentir de ne pas avoir suivi mon avis en 1774 lorsque je m'opposai à la rentrée des anciens parlemens, mais que la faute faite, il n'y avait plus à songer qu'à la réparer ; que le rétablissement de la cour plénière, et la création des grands bailliages atteindraient ce but, et qu'il me priait de l'aider dans cette grande besogne, en faisant enregistrer en son nom les édits de demande à la cour des comptes, de même que le comte d'Artois le ferait à celle des aides. Ces paroles m'effrayèrent.

— Eh quoi! sire, répliquai-je, après ce qui s'est passé dernièrement, pouvez-vous envoyer notre frère à Paris, dans la circonstance actuelle? ce sera exposer sa vie ou occasioner une lutte sanglante et funeste entre le peuple et les troupes.

— Il faudrait que j'eusse perdu le jugement, répondit le roi, si j'exposais le comte d'Artois à la fureur de la canaille déchaînée ; ni lui ni vous n'entrerez à Paris : j'ai mandé les deux cours à Versailles, et l'enregistrement d'obéissance que j'exige aura lieu ici.

— A la bonne heure, sire, nous sommes ici sur notre terrain, et si on nous blâme d'aider à la destruction de la magistrature, du moins les murmures n'arriveront pas jusqu'à nous. Je donne à Votre Majesté, en lui obéissant dans cette circonstance, une preuve complète de mon dévouement, car c'est lui sacrifier ma popularité.

— Vous croyez donc que la nation tient beaucoup aux parlemens, avec leur composition actuelle?

— Je suis certain, sire, qu'on repoussera la cour plénière.

— Cependant on ne cesse de m'assurer que les justiciables verront avec joie la justice se rapprocher d'eux.

— Oui sans doute, si la chose a de la durée ;

mais si on ne la leur montre ainsi que comme un leurre !...

— Comment cela ?

— Je crains qu'à la chute de l'archevêque de Sens et du garde-des-sceaux, on ne revienne à l'ancien mode.

Le silence du roi me convainquit qu'il pensait comme moi. Je m'engageai cependant à exécuter sa volonté; mais je dis à d'Avaray, le même soir, que je ne croyais pas que le présent ministère pût exister long-temps; la corde de l'arc qu'il avait trop tendue devait nécessairement se briser avant peu.

Le 8 mai, le parlement en corps fut mandé à Versailles, pour assister à la tenue d'un lit de justice. Il savait ce qui se passerait dans cette séance, quoi qu'on eût pu faire pour en garder le secret. Les pairs convoqués s'y rendirent, ainsi que tous les princes du sang, même le duc d'Enghien qui débutait. Le comte d'Artois et moi y tînmes notre place privilégiée. Le roi prononça d'un ton sévère le discours suivant :

« Messieurs,

« Il n'est pas d'écarts auxquels mon parlement
« ne se soit livré depuis une année : ses principes
« pernicieux et subversifs contre mon autorité me
« forcent à prendre des mesures propres à la con-
« server intacte, afin de la transmettre à mes en-
« fans telle que je l'ai reçue de mes ancêtres; je

« veux agir de manière à réprimer la licence et à
« rassurer la tranquillité publique, en convertis-
« sant un moment la crise en une époque salutaire
« pour la France. J'ai jugé devoir à cet effet ren-
« dre plusieurs lois dont on va vous donner lec-
« ture, et sur lesquelles mon garde-des-sceaux vous
« fera connaître mes volontés. »

Copiste maladroit du chancelier de Maupeou, M. de Lamoignon prit ensuite la parole, et, après avoir vanté les bons effets des lits de justice tenus successivement sous chaque règne, il fit la lecture de tous les édits dont j'ai donné l'analyse plus haut, et termina par un dernier qui frappait les parlemens d'une interdiction indéfinie, les plaçait sur-le-champ en convocation forcée, et leur défendait de délibérer sur aucune affaire publique ou particulière.

L'assemblée fut d'abord surprise, garda le silence; mais les regards étaient plus éloquens que des paroles. Les pairs, en masse, ne parurent pas disposés à consentir à l'abolition de la magistrature; le duc d'Orléans, rappelé de son exil par la bonté de la reine, ne protesta pas cependant. Un ordre du roi contraignit les conseillers de la grand'chambre de demeurer à Versailles, afin d'attendre que Sa Majesté les employât. Ils en profitèrent pour écrire au monarque la lettre suivante :

« Sire, vos fidèles magistrats, consternés des

« innovations de la monarchie „ dont on essaierait
« en vain de les rendre participans, supplient Vo-
« tre Majesté de leur permettre de lui déclarer
« l'impossibilité où ils se trouvent d'accepter au-
« cune des fonctions qui leur sont attribuées par
« les édits dont ils viennent d'entendre lecture.
« C'est le zèle le plus pur qui dicte à vos magistrats
« la déclaration qu'ils viennent déposer au pied
« du trône. »

Pendant que ceci se passait à Versailles, les conseillers des chambres d'enquêtes et de requêtes, qui, de retour à Paris, voulurent aller au palais continuer le cours des plaidoiries, ne purent y pénétrer. Des troupes nombreuses l'avaient environné, comme au moment de l'arrestation de MM. de Goislart et d'Esprémesnil. Les conseillers, obéissant à la force qui les empêchait d'entrer, se réunirent chez le doyen de chaque chambre, et là, ne se croyant pas en droit de délibérer, ils écrivirent, chacun de leur côté, à M. de Lamoignon qu'ils protestaient contre tout ce qui s'était fait dans le lit de justice.

CHAPITRE XX.

Indignation du public. — Le comte de Provence se range du côté de la nation. — Et présente à ce sujet un mémoire au roi. — Louis XVI l'approuve. — L'abbé de Vermont conseille à la reine de faire arrêter Monsieur. — Séance unique de la cour plénière. — Exécution des grandes mesures contre la haute magistrature. — Résistance des provinces. — Mal que produit l'opiniâtreté du ministère. — Remontrances du clergé. — Réponse du roi. — Il promet d'assembler les états généraux. — Lettre de M. de Brienne à ce sujet. — Louis XVI va visiter les Invalides. — La reine y va à son tour. — Ce qu'elle y dit.

Ainsi que le roi nous l'avait commandé, mon frère et moi, nous allâmes, chacun de notre côté, procéder à l'enregistrement forcé des édits aux cours des comptes et des aides réunies à Versailles. Nous fûmes reçus avec encore moins de plaisir que la première fois ; quant à moi, je revins le cœur navré de cette double séance, persuadé qu'il fallait se préparer à des événemens extraordinaires.

Il me revenait de toutes parts les avertissemens les plus sinistres ; je savais que l'on conspirait presque ouvertement en faveur du duc d'Orléans, et je me voyais enveloppé, malgré mes efforts, dans l'animadversion qui pesait sur le gouvernment. Je me demandai si, dans une catastrophe que tout désormais paraissait rendre inévitable, aucun des trois frères, chefs de la famille, ne conserverait de la popularité. Cette pensée me fit faire de sérieuses réflexions, et je compris que, dans nos intérêts à tous, je devais ne pas braver imprudemment la désaffection générale. Qu'on ose dire encore que je fus guidé par une inspiration ambitieuse et égoïste dans mes prudentes réserves ?

J'avais cependant un devoir à remplir avant de m'engager ; celui de communiquer ce projet au roi. Je le rédigeai en forme de mémoire, le priant de le lire et de le méditer. C'était un acte qui sortait de la règle commune : j'espérais néanmoins qu'il deviendrait utile. Il le fut en effet, non au moment fixé alors par ma prévision incomplète, mais lorsque la Providence consomma enfin l'œuvre de la régénération française par la restauration ! Je disais dans mon mémoire que les choses étaient venues au point que toute démarche demandait à être méditée et envisagée sous toutes ses faces. J'ajoutais :

« Vous devez savoir, sire, que les mesures

« adoptées par votre ministère sont loin de réunir
« l'approbation générale ; elles servent d'appui à
« la malveillance, et sous leur voile on conspire
« contre vous, contre vos enfans, contre la branche
« aînée de la famille des Bourbons. On est parvenu
« à l'enlever à l'amour des Français, à nous tous
« qui néanmoins en sommes dignes. Vous seul le
« possédez encore, et l'on cherche à vous le ravir.
« On a réussi à envenimer l'opinion publique sur
« la reine, sur notre frère, et maintenant on agit
« de manière qu'avant peu nous serons, malgré
« nos bonnes intentions, en dehors de la volonté
« publique, et placés au rang des ennemis de la
« nation. Ces machinations se font au profit d'un
« prince de notre sang. Est-il coupable lui-même?
« Je ne puis aujourd'hui l'affirmer; mais ses amis,
« mais ses créatures sont en ligne pour nous com-
« battre. Leurs manœuvres sont couronnées d'un
« tel succès, que Votre Majesté elle-même a cru
« devoir engager la reine à ne pas se montrer à
« Paris de quelque temps. Le comte d'Artois évite
« avec sagesse d'y aller, tandis que le duc d'Or-
« léans, depuis son retour de l'exil, est salué des
« acclamations qu'on nous dérobe.

« Pensez-vous, sire, que la bonne politique
« puisse vouloir que les princes les plus proches
« du trône se maintiennent dans cette fausse posi-
« tion? Ce serait commettre une erreur, dont votre
« sagesse est incapable. Regardez d'ailleurs ce qui
« se passe en Angleterre où l'héritier direct de la

« couronne compte dans les rangs de l'opposition ;
« où les fils du roi sont divisés de manière à ce
« que leurs principes satisfassent toujours les prin-
« cipes nationaux. C'est une règle de prudence,
« qui doit être suivie chez nous, sous peine de
« payer cher les conséquences d'une autre con-
« duite. Je crois donc d'une nécessité absolue
« que vos deux frères ne suivent pas les mêmes
« erremens ; que l'un, celui qui a des enfans,
« soit constamment d'accord avec vos ministres,
« s'ils sont guidés par le même esprit, et que l'au-
« tre, au contraire, aille s'asseoir avec ce qu'on
« appelle le parti national.

« En conséquence de cette sage division, ceux
« qui veulent élever à nos dépens un autre prince
« de la maison régnante seront déconcertés, car
« ils ne pourront plus le présenter au royaume
« comme étant le seul qui s'oppose à ce qu'on
« nomme les dilapidations de la cour, et à soute-
« nir la liberté. Or, dès ce moment, ce prince
« perdra la force de sa position, qui, sans cela,
« irait toujours croissant, et son crédit sera partagé.

« Beaucoup de ceux qui se rallient à lui se re-
« tourneront de mon côté, et ces derniers, loin
« de vous être redoutables, combattront les par-
« tisans du duc d'Orléans. Ceci est à méditer, sire;
« je le livre aux réflexions de Votre Majesté, que
« je supplie de ne pas m'en vouloir si je me range
« de manière à nous servir tous, et si je le fais
« malgré ce que pourra en penser et en dire un

« ministère qui, certes, ne peut m'approuver,
« puisque j'aurai l'air, en apparence, de blâmer
« son plan et les moyens qu'il emploie pour les met-
« tre à exécution. Mais j'agirai dans votre intérêt,
« sire, et dans celui de la famille.

« Je vous dirai encore, sire, que le travail de
« vos ministres ne paraît pas empreint de cette
« supériorité de vue qui annonce le génie ou le
« résultat d'une haute expérience, nourrie d'exem-
« ples et de réflexions. Aussi je n'éprouve point
« d'inquiétude en me refusant à prendre leurs
« conseils dans cette conjoncture, étant bien con-
« vaincu que mes inspirations valent les leurs, et
« que je suis aussi capable de régler ma politique
« qu'ils le sont de diriger celle de votre cabinet.
« C'est donc à vous seul, sire, que je m'adresse,
« c'est de vous seul que je recevrai des ordres en
« ceci, vous prévenant seulement pour ma respon-
« sabilité morale envers la postérité, que si ma
« résolution vous déplaît, il me faudra l'ordre ex-
« près de Votre Majesté pour m'empêcher de l'exé-
« cuter, non de vive voix, mais un ordre spécial
« écrit de votre main. Enfin, je vous conjure de
« ne point communiquer mon mémoire aux hom-
« mes de votre conseil, mais seulement à la reine,
« en qui j'ai autant de confiance qu'en vous, et
« qui retirera une des premières l'avantage que
« je me promets de la nouvelle marche que je vais
« adopter. »

Ce fragment du mémoire donnera une idée de l'ensemble. Il étonna le roi, qui, après l'avoir lu, fit appeler Marie-Antoinette pour lui en faire part. L'un et l'autre témoignèrent d'abord de l'inquiétude ; ma belle-sœur ne comprenant pas bien mon intention, se fâcha contre moi ; le roi dit qu'avant de me juger il fallait m'entendre, et il donna l'ordre de me faire venir sur-le-champ. Notre entretien fut d'abord orageux ; mais je ramenai par degrés la reine à mon opinion, et, après lui avoir représenté les dangers de notre position et la nécessité d'y apporter un prompt remède, et après avoir cherché à la convaincre que, loin d'être guidé par une ambition personnelle dans le projet que je voulais suivre, je n'avais en vue que de soustraire la royauté aux périls qui la menaçaient. Je conclus en disant :

— Enfin, ma conscience et mon opinion ne me permettant pas de me ranger plus long-temps à la suite du ministère, je m'en sépare sans retour, et je le refuse au roi ; je ne me départirai pas de cette nouvelle conduite que sous un ordre exprès et écrit de la main de Sa Majesté.

— C'est ce que je ne ferai jamais, répartit Louis XVI ; je préférerais que vous n'embarrassassiez pas la marche de mon gouvernement ; du reste agissez selon votre volonté.

Voilà ce qui fut dit et conclu en présence de la reine, et c'est de ce point que je partis pour me placer dans une ligne constitutionnelle dont je ne me départis plus, et ce qui sert à expliquer mes paroles et démarches, de ce moment jusqu'à ma sortie du royaume.

A peine la reine nous avait quittés qu'elle s'empressa de communiquer à l'abbé de Vermont ce qui venait de se passer dans le cabinet du roi, et de lui donner l'analyse de mon mémoire. Le saint personnage poussa un cri d'indignation, leva les yeux au ciel, et dans son zèle conseilla à Marie-Antoinette de me faire arrêter, de m'exiler ! que sais-je ! car, où ne va pas la colère d'un prêtre, lorsque ses affections sont attaquées ! Si je me permets de penser ainsi, ce n'est que parce que je sais que les prêtres me traiteront de *philosophe*, dans la plus fâcheuse acception du mot, mais je savais que me déclarer contre l'archevêque de Sens, *créature* de l'abbé de Vermont, c'était un crime contre lequel il ne serait jamais châtiment assez complet. La reine, bien qu'elle eût toute confiance en son directeur secret, n'eut garde de l'écouter dans cette circonstance, quoique M. de Brienne vînt à l'appui de l'abbé, ainsi qu'elle me le dit plus tard, sans me taire la moindre particularité de cette double scène.

Peut-être que Marie-Antoinette eût été plus touchée du désespoir de ces messieurs, si madame de Polignac et les siens ne les eussent pris en grande haine, et n'eussent déjà cherché à les perdre dans l'esprit de Sa Majesté. Ils ne leur pardonnaient ni la diminution de leurs énormes trai-

temens, ni la constance avec laquelle ces deux
ecclésiastiques s'attachaient à leur nuire. Déjà la
reine voyait moins la favorite, se plaignait d'elle
parfois, négligeait de suivre ses avis et ne tenait
pas toujours compte de ses recommandations.
Madame de Polignac trouvait sans cesse sur son
chemin ou l'abbé ou l'archevêque. Le duc de Coigny, le baron de Bezenval et le comte de Fersen
se plaignaient aussi de ces messieurs, si bien que
je fus soutenu par cette cabale, bien que d'ailleurs
elle ne m'aimât pas.

Les événemens vinrent bientôt à l'appui de ma
prévision : le 17 mai, le roi poussé par le garde-
des-sceaux et l'archevêque, tint une seconde
séance, dite ouverture de la cour plénière, qui fut
une comédie, où on ne fit rien et où le roi se contenta de dire qu'il persistait dans sa résolution de
la veille. Avant que de comparaître en sa présence, la grand'chambre du parlement renouvela
ses protestations devant le garde-des-sceaux, en
fit une troisième après la séance, et, par cette
persistance, plongea dans le désespoir les créa-
teurs de la cour plénière.

Bientôt arrivèrent de tous les points du royaume
les nouvelles les plus fâcheuses. Une mesure générale avait fait connaître le même jour, dans tous
les parlemens et dans les autres cours supérieures, les édits et le rétablissement de la cour plénière. Le parlement de Bordeaux refusa l'enregistrement; à Toulouse tous les citoyens s'unirent

à la magistrature ; à Grenoble les trois ordres protestèrent contre la nouvelle mesure ; à Rennes on déclara infâme quiconque s'y soumettrait ; le parlement de Rouen signa un arrêté par lequel chacun de ses membres s'engagea à ne jamais reconnaître la légalité de ces édits. Tous les autres parlemens, les cours des aides et les conseils supérieurs en firent autant. Ce fut une révolte générale.

Le ministère, qui ignorait encore ce résultat funeste, se flattait que le Châtelet de Paris, auquel il avait fait une si large part dans les dépouilles du parlement, reconnaîtrait la législation nouvelle, et que sa soumission entraînerait celle des autres tribunaux inférieurs. Mais une crainte secrète le retenait encore, il redoutait presque ce qu'il brûlait d'obtenir, et faisait répandre le bruit que les bailliages de province avaient tous accueilli les édits avec acclamation. Le moment arriva cependant où, pressé par l'urgence, il fallut enfin apporter cette pomme de discorde au Châtelet. La réponse fut un refus, refus terrible dans la situation des choses, refus d'une telle importance, que pendant deux jours on n'osa l'avouer au roi.

Il était difficile qu'on cheminât long-temps avec de tels embarras ; néanmoins je me tenais à l'écart sans faire de démonstrations hostiles, et sans aider des hommes que j'avais plusieurs motifs de mépriser. La reine, confondue, ne me parlait plus d'affaires publiques, et évitait même de se trouver seule avec moi.

Ses nuits se passaient dans les larmes et les inquiétudes, mais par une conséquence fatale de son caractère, plus il devenait évident que M. de Brienne manquait de talens administratifs et plus elle cherchait à le maintenir, encouragée d'ailleurs par l'abbé de Vermont qui ne voulait reculer à aucun prix.

Cependant le cours de la justice était interrompu; les avocats et les procureurs désertaient le barreau; c'était un scandale universel, une confusion qui ne pouvait tarder d'avoir un terme prochain, sous peine des plus graves désordres. En attendant, tout menaçait ruine; l'État, le commerce, la confiance et le crédit étaient entraînés dans le gouffre où la majesté et la solidité du trône les avaient précédés. Enfin les choses en vinrent au point que dans le petit nombre des tribunaux où l'on rendait encore la justice, le public, par ses cris et ses menaces, interdisait la parole aux gens de loi et les empêchait de prononcer des arrêts.

Le clergé lui-même descendit dans l'arène en faveur de cette magistrature qui lui était odieuse. L'assemblée de ce premier ordre de l'État se tenait alors à Paris; elle profita de ses rapports directs avec le roi pour lui adresser aussi ses remontrances conçues en ces termes :

« Notre silence serait un crime dont la nation et
« la postérité ne pourraient nous absoudre. Votre
« clergé, sire, vous tend des mains suppliantes; il

« est beau et touchant de voir la force et la puis-
« sance céder aux prières, etc. »

Le 6 juillet le roi répondit à ces remontrances dans les termes suivans :

« Je vois que mon clergé n'a pas saisi mes véri-
« tables intentions, dans l'interprétation qu'il a
« donnée à plusieurs articles de mon édit portant
« rétablissement de la cour plénière. Je n'ai jamais
« voulu déroger aux priviléges et capitulations des
« provinces. Leurs droits sont expressément ré-
« servés dans mon édit, et je n'ai désiré d'unifor-
« mité que pour les lois qui, devant être commu-
« nes à tout le royaume, ne peuvent, sans
« inconvénient, être différentes ou diversement
« modifiées. Tout, dans mon édit, respire la ferme
« résolution de n'établir aucune imposition sans
« le consentement des états-généraux. L'enregis-
« trement provisoire ordonné par l'article XII ne
« peut être présumé indéterminé, ni pour sa durée,
« ni pour son objet. Mon intention a toujours été
« que cet enregistrement, ne devant avoir d'effet
« que jusqu'aux États, ne fût jamais séparé de leur
« convocation à une époque prochaine et déter-
« minée. Les emprunts dont il est question dans
« l'article XIII sont des emprunts de pure admi-
« nistration, tels que ceux qui tendent à convertir
« une dette plus onéreuse en une dette qui l'est
« moins, à faire des remboursemens, à couvrir

« des anticipations et à d'autres opérations du
« même genre qui améliorent la fortune publique
« et ne l'altèrent pas.

« Je n'ai point entendu substituer à la nation
« une cour dont les membres tiendraient de moi
« leur pouvoir et leurs fonctions. Nulle cour ne
« peut représenter la nation, qui ne peut l'être
« que par les états-généraux. Je ne dois pas tolé-
« rer que des corps particuliers usurpent mes
« droits et les siens ; mais j'ai dit que je voulais
« confier de nouveau à la nation l'exercice de ceux
« qui lui appartiennent ; j'ai dit que je l'assemblerais
« non une fois, mais toutes les fois que les besoins
« de l'État l'exigeraient. Mes paroles ne sont ni
« équivoques ni illusoires ; c'est au milieu de l'État
« que je veux, pour assurer à jamais le bonheur
« et la liberté de mes peuples, consommer le grand
« ouvrage que j'ai entrepris de la régénération du
« royaume et du rétablissement de l'ordre dans
« toutes les parties. Au surplus j'examinerai les re-
« montrances de mon clergé, et les pèserai avec
« toute l'attention qu'elles méritent. »

Cette démarche des collègues du principal ministre, et ce désaveu formel de leur concours à son administration, plongèrent M. de Brienne dans un tel chagrin, et aggravèrent tellement sa maladie dartreuse, qu'il devint presque hideux. Sa famille fut forcée de le mener à Paris pour l'y faire soigner. Dans son dépit contre le clergé, il se plaignit au garde-des-sceaux, et, dès ce moment, leur bon accord fut rompu ; c'était le dernier coup qui devait être porté à leur système.

La veille du jour où eut lieu la réponse du roi au clergé, un arrêté avait été rendu par Louis XVI, portant que son intention était d'assembler les états-généraux. Comme tous ceux qu'on avait convoqués aux diverses époques de la monarchie l'avaient été d'après des bases différentes, il importait, disait Sa Majesté, de décider celles qui seraient prises pour leur prochaine réunion ; en conséquence, toutes les cours de justice, administrations municipales et académies étaient tenues ou invitées à faire connaître tout ce qu'elles sauraient du passé sur ce point, et de donner en même temps leurs opinions et renseignemens pour l'avenir.

Jamais mesure ne fut plus vaine et ne fit plus de mal ; elle ouvrit la porte à une foule d'écrits politiques et de brochures frondeuses ; en un mot, à tout ce qui éveillait les passions et substituait de vaines théories aux bases sages et fixes qu'on aurait établies sans le secours pernicieux de tant de personnes inutiles.

M. de Brienne, qui se permettait de temps en temps quelque petite menterie en homme qui comptait sur les indulgences de l'Église, ne cessait de parler de son désir d'assembler les états-généraux, tandis que personne ne les redoutait plus que lui.

Le 12 juin précédent, le roi était allé en la compagnie du comte d'Artois et de moi, du prince de Condé et de plusieurs autres grands personnages, visiter l'hôtel des Invalides. C'était la première fois depuis son règne qu'il venait dans cette demeure vénérable. Louis XVI augmenta encore l'amour de ces braves vétérans, par la bonté qu'il mit à les satisfaire. Il goûta la soupe et le vin des soldats, fit le même honneur aux officiers, signa les comptes de la maison qui avaient été arrêtés le matin, distribua six mille livres aux soldats, donna trente mille livres pour faire des pensions aux veuves, et un demi-mois de gratification aux officiers.

La reine qui vint à son tour visiter quelque temps après ce même établissement y laissa des marques de sa munificence, et dit qu'elle s'occuperait des moyens de procurer des secours durables aux pauvres filles des invalides auxquelles S. M. en accorda de *momentanés*. Elle joignit à ses dons ces paroles touchantes qui prouvaient l'excellence de son cœur de mère :

« S'il m'était possible d'oublier ces promesses,
« ma fille les rappellerait sans doute à mon sou-
« venir. »

Pourquoi ma belle-sœur, avec tant de moyens de se faire aimer, eut-elle le malheur de s'attirer un sentiment tout contraire? Une cruelle fatalité se plaisait à détruire l'effet de tout ce qu'il y avait d'aimable en elle. A la voir si belle, si affable, si bien douée, s'aliéner peu à peu tous les cœurs, je la comparais souvent en moi-même à ces princesses des contes que poursuivait une fée qu'on avait oublié d'appeler à leur naissance.

Le 15 juillet je tins, dans la chapelle de l'école militaire, un chapitre général de l'ordre de Saint-Lazare où je fis plusieurs nominations.

L'époque approchait où je devais cesser d'en faire de nouvelles, m'étant promis depuis la restauration de laisser éteindre cet ordre.

CHAPITRE XXI.

Position des provinces et de Paris. — Le duc d'Orléans. — Lettre du comte de... sur le Dauphiné. — Propos de la reine. — Réponse de Monsieur. — Intrigue de l'archevêque de Sens contre M. de Breteuil. — Qui se décide à quitter le ministère. — Le roi en est fâché. — Lettre de la reine à ce ministre sur son départ. — Ce que dit Monsieur. — Arrêté de convocation des états-généraux pour le 1er mai 1789. — L'organisation des grands bailliages est suspendue. — Le comte de Provence se décide à agir contre M. de Brienne.

Ce n'était plus seulement Versailles et Paris qui retentissaient de bruits d'alarmes, l'esprit de résistance gagnait les provinces; il ne restait plus au gouvernement que cette force factice qui soutient encore un mourant dans sa dernière heure.

Les récits les plus propres à inspirer l'effroi arrivaient de tous côtés à Versailles; le roi seul les ignorait en partie, tant on mettait de soin à le tromper. La Bretagne et le Dauphiné allaient proclamer leur résistance de manière à entraîner le reste du royaume.

Le mal s'était concentré d'abord dans Paris, que la faction d'Orléans ne cessait d'entretenir ; nous touchions à l'époque où la famille royale allait être forcée de courber la tête sous les calomnies dont on l'accablait avec une témérité sans égale. Le peuple, si léger et si versatile, commençait à porter aux nues le duc d'Orléans, oubliant que naguère il l'avait voué au mépris. Et maintenant il en faisait un héros, par cela seul qu'il avait balbutié à la séance royale de l'année précédente une protestation que lui avait dictée l'abbé Sabbatier.

On ne se souvenait plus ni de sa conduite à Ouessant, ni de sa frayeur lorsqu'il était monté en ballon, ni de ses mœurs, ni de ses vices. On réduisait au silence les propriétaires des maisons mitoyennes du Palais-Royal, dont on avait dans le principe tant appuyé les réclamations ; on oubliait les chansons, les épigrammes et les plaisanteries dont il avait été l'objet, à l'époque où il n'était point en opposition avec nous ; et sa nouvelle conduite devenait l'expiation voulue de ses turpitudes et de ses méfaits.

Je savais que ses amis fort de son consentement, avaient des émissaires dans toutes les provinces.

Voici ce que je reçus du Dauphiné, dont le duc d'Orléans était gouverneur, d'un gentilhomme qui jugeait les événemens sous leur véritable aspect :

« Monseigneur,

« Notre province est dans l'effervescence ; c'est
« à qui irritera les esprits, non seulement contre
« le ministère, mais en faveur du duc d'Or-
« léans; c'est à qui lui recrutera des partisans tandis
« qu'on cherche à discréditer la cour; on repré-
« sente ce prince comme le futur libérateur de la
« France. Ce ne serait pas le moment de rappeler
« son hésitation, sa faiblesse, son amour de l'ar-
« gent et le mauvais usage qu'il en fait. Le roi ne
« peut trop faire observer ce prince qui seul est
« peu à craindre par son incapacité ; mais qui mar-
« che entouré

De tout ces gens perdus de dettes et de crimes
Que poursuivent des lois les rigueurs légitimes ;
Qui, si tout n'est perdu, ne sauraient subsister.

« Ce sont ses auxiliaires ; et comme ils ont tout
« à gagner à un bouleversement, et rien à y per-
« dre, il est hors de doute qu'ils ébranleront la
« France dans l'espoir de s'en partager les dé-
« pouilles.

« On ne peut s'empêcher de voir avec inquié-
« tude que le roi n'a à lui opposer que des personnes
« sans mérite. Qui jamais en eut moins que notre
« commandant, le duc de Clermont-Tonnerre ?
« il ne sait autre chose que de combattre l'esprit
« public avec des lettres de cachet. Il a donné or-
« dre au parlement de partir pour l'exil ; le peuple

« prenant fait et cause de la magistrature, a sonné
« le tocsin, fermé les portes de la ville, et enlevé
« toutes les voitures des magistrats partans.

« Le pauvre duc qui, ainsi que les esprits à
« courte vue, ne comprenant pas que la troupe
« n'a de force qu'autant qu'on ne lui résiste pas,
« a fait prendre les armes à deux régimens. On
« s'est battu, le sang a coulé ; le duc de Clermont-
« Tonnerre, surpris dans son hôtel, est tombé au
« pouvoir de la populace mutinée. Il n'a pas su
« mourir avec honneur ; et quand il s'est vu le pis-
« tolet sous la gorge, il a honteusement cédé. Dès
« ce moment le crédit moral du gouvernement a
« été anéanti ; le duc a envoyé à la magistrature
« une révocation d'exil provisoire, puis il a rendu
« les clefs du palais, en faisant retirer dans les
« casernes la garde qui l'investissait, et non con-
« tent de ces marques de pusillanimité, il a fini
« par écrire au premier président en ces termes :

« Vous êtes prié, monsieur, de prendre toutes
« les mesures de prudence que vous suggérera
« votre sagesse, et notamment d'aller en robe au
« palais avec le nombre de messieurs de votre com-
« pagnie que vous pourrez rassembler, afin d'en
« imposer au peuple au nom du roi et du parle-
« ment. »

« Cela fut exécuté ; la ville demeura plusieurs
« jours dans cet état d'effervescence, et pour obéir
« à l'ordre d'exil de Sa Majesté, les magistrats ont
« dû feindre d'aller à la campagne.

« Depuis ce moment la force morale a cessé
« d'exister, et si le peuple se révolte, le Dauphiné
« donnera le signal...... »

Je supprime la fin de cette lettre qui m'était toute particulière; je ne pus m'empêcher de la mettre sous les yeux de la reine, bien que la rancune de Sa Majesté à mon égard subsistât toujours. J'espérais que cet écrit lui inspirerait de sérieuses réflexions; ma belle-sœur me répondit :

— Le duc de Clermont-Tonnerre a montré peu de caractère; à sa place j'aurais cessé de vivre, ou les ordres du roi eussent été exécutés.

— Madame, répliquai-je, ce dévouement eût été fort louable, mais malheureusement il est plus rare de rencontrer une Marie-Antoinette qu'un Clermont-Tonnerre.

Ce compliment, qui au fond n'était qu'un conseil adroit, ne déplut pas à la reine sans lui ouvrir les yeux. Elle en était venue à s'irriter contre les obstacles, et à ne plus tenir compte des meilleurs conseils. Nous en eûmes une preuve bien grande par le sacrifice qu'elle fit de M. de Breteuil au principal ministre.

Le premier, fort de l'amitié du roi et de celle de Marie-Antoinette, se maintenait dans une demi-indépendance vis-à-vis M. de Brienne auquel il cherchait à nuire sourdement, outre qu'il osait lui tenir tête dans le conseil. Le ministre de la maison du roi se sentait doublement appuyé par la faveur de ses maîtres, et par la haine qu'on avait pour l'archevêque de Sens. Ces querelles, sans cesse renaissantes, fatiguaient ce dernier. Il résolut d'en finir avec un adversaire aussi opiniâtre. Le garde-des-sceaux, d'ailleurs, lui fit observer que si M. de Breteuil restait en place, il finirait par les faire chasser tous les deux, et qu'il était urgent de le devancer.

L'archevêque, qui ne demandait pas mieux, saisait au prochain conseil un léger prétexte pour se fâcher contre M. de Breteuil. Une discussion assez vive s'engagea entre les deux parties; l'archevêque feignant d'être furieux se retire; le baron, au lieu de le suivre chez la reine, où il allait porter plainte, ne fait aucune démarche, se croyant sûr de la victoire, ayant pour lui le roi qui avait été témoin de la querelle.

Mais l'archevêque circonvint si bien Marie-Antoinette, il lui présenta ses griefs contre M. de Breteuil sous un aspect si défavorable, insinuant en même temps que le baron prenait chaque jour plus d'empire sur l'esprit du roi, que la reine lui répondit :

— S'il est nécessaire que l'union existe dans le conseil; si M. de Breteuil veut se séparer des autres ministres, je me verrai forcée de l'abandonner.

L'archevêque, charmé de voir Marie-Antoinette dans ces dispositions, envoya à la charge l'abbé de Vermont, qui haïssait plus encore le baron de Breteuil, qu'un Janséniste ne hait saint Ignace de

Loyola. Il en advint que le même soir la reine circonvint à son tour le roi contre le ministre en l'accusant d'entretenir des liaisons intimes avec le parlement. Louis XVI, mécontent, promit de s'en plaindre vivement au baron.

Celui-ci, qui s'imaginait avoir conservé son crédit sur Leurs Majestés, et qui avait trop d'orgueil pour passer sous silence l'impertinence de l'archevêque, alla le lendemain dans le cabinet du principal ministre, et avec beaucoup d'arrogance lui demanda satisfaction des propos désagréables qu'il lui avait tenus, et de ses mauvais procédés dans le dernier conseil. L'archevêque, surpris de cette incartade, et au fond le plus poltron des hommes, eut une telle frayeur de son adversaire dont il connaissait la violence, qu'il essaya de temporiser. Mais il fut durement repoussé; l'humeur se mit de la partie; et les deux ministres, semblables aux héros d'Homère qui s'apostrophent si durement avant de s'immoler, en vinrent des reproches à l'injure.

— Est-ce à mon ministère que vous en voulez! s'écria le baron avec colère. En effet, il conviendrait à merveille à l'une des nullités que vous ne manqueriez pas d'y mettre.

— Quant à cela, monsieur, répliqua l'archevêque, je serais libre dès aujourd'hui d'y placer qui bon me semble; car il est à ma disposition depuis hier soir.

— Je vois que votre éminence n'a pas perdu de

temps auprès du roi ; mais comme je ne voudrais pas vous devoir la moindre grâce, avant peu, monsieur, vous serez satisfait, car je vous ai compris..

Le baron sortit à ces mots et alla chez le monarque. Il dit sans préambule à Sa Majesté qu'il ne pouvait plus rester à son service tant que l'archevêque de Toulouse y serait lui-même, et que, ne prévoyant pas l'instant de sa chute, il priait le roi d'accepter sa démission.

Louis XVI, qui aimait le baron de Breteuil, fut enchanté de n'avoir point à lui donner son congé ; il lui accorda sa retraite en lui adressant ces paroles qui peignent si bien mon malheureux frère :

— Je suis désolé de votre départ ; j'ai pour vous autant d'amitié que de confiance ; mais des considérations particulières me forcent de conserver l'archevêque de Sens, et je me ferais, d'ailleurs, un scrupule de le renvoyer avant qu'il ait montré ce qu'il sait faire. Quant à vous, monsieur, votre disgrâce ne vous fera rien perdre dans mon estime, et je continuerai comme par le passé à vous demander vos conseils.

En effet, dès que le baron de Breteuil eut quitté le ministère, il devint chef du cabinet secret du roi, qui pour cela ne fut pas mieux dirigé. Louis XVI envoya la démission de ce ministre à M. de Brienne, qui se hâta de présenter un remplaçant au ministre démissionnaire, dans la crainte que la cabale ne le gagnât de vitesse ; il fit nommer à l'emploi du baron de Breteuil Laurent de Villedeuil, ex-contrôleur général qui avait cédé volontairement cette place à M. Lambert.

Marie-Antoinette refusa de voir le ministre disgracié; mais elle lui écrivit le billet suivant, qu'il montra à tout le monde, et dont il fit circuler des copies, voulant prouver que même en se retirant il conservait une partie de sa faveur :

« Je suis fâchée, Monsieur le baron, que vous
« ayez voulu prendre votre retraite; nous vous
« regrettons; votre service nous était agréable, et
« ce sera vous le prouver que de vous conserver
« notre confiance et notre amitié. Vous obtiendrez
« ce qu'il vous plaira de demander en récompense
« de travaux honorables, auxquels le roi ne re-
« nonce pas, etc., etc. »

On n'écrit pas ainsi à la cour aux personnes tombées en pleine disgrâce. L'archevêque le comprit, et il se demanda si en poussant à bout son ennemi il n'avait pas hâté sa propre chute. C'était mon avis, car je dis à ce sujet :

— Le baron de Breteuil, en tombant, a dérangé l'équilibre du principal ministre.

Il était bien temps que celui-ci, à son tour, fît place à un autre; son incapacité et son despotisme le rendaient à la fois odieux et ridicule. L'arrestation des douze gentilshommes que la Bretagne envoyait en députation auprès du roi pour mettre sous ses yeux les infractions que le ministre faisait aux capitulations de la Bretagne achevèrent d'exaspérer les esprits.

Le moment de la catastrophe approchait; les opérations de finances de l'archevêque étaient sans succès, le garde-des-sceaux réussissait encore moins dans ses entreprises contre la magistrature ; la cour plénière était morte le jour de sa naissance ; enfin, un changement de ministère devenait inévitable. Le roi, en attendant, reçut en audience solennelle, le 10 août, les ambassadeurs du nabab Tipoo, sultan de Bahadour. Ce fut un entr'acte au grand drame qu'on jouait.

Déjà, dès la veille, afin de calmer l'agitation toujours croissante, un arrêt du roi, contre-signé Laurent de Villedeuil, avait été rendu relativement aux états-généraux, dont la convocation était fixée au 1er mai 1789. Le principal ministre, bien décidé à ne pas laisser exécuter cette promesse royale, voulut avoir l'air néanmoins d'y consentir, espérant par là se relever quelque peu dans l'opinion.

Ce projet d'assemblée, qui cependant s'effectua, bien qu'à l'exception de Louis XVI personne ne l'approuvât au château, rend importantes les dispositions de cet arrêt. Il suspendait jusque après l'époque fixée l'exercice de la cour plénière, ce qui était avouer qu'on y renonçait, et que les dupes et les ambitieux qui avaient consenti dans les provinces à faire partie des grands bailliages seraient sacrifiés à la haine publique, ainsi qu'en

1774 l'avaient été les membres du parlement Maupeou. Voici les principales dispositions de l'arrêt :

« Sa Majesté a voulu se mettre à portée de
« convoquer les états-généraux de son royaume,
« et elle ne pouvait choisir une époque plus rap-
« prochée que celle de 1789, puisqu'il était né-
« cessaire, pour cette convocation, d'assembler
« avant les états provinciaux dans les provinces
« où ils existent, et de les rétablir dans quelques
« provinces où ils étaient suspendus, ainsi que de
« déterminer les préliminaires des élections, sur-
« tout dans les provinces réunies à la France de-
« puis 1614; enfin, de prendre une saison plus
« commode que l'hiver pour le transport et la réu-
« nion des députés de toutes les parties du
« royaume..... Sa Majesté n'a pas encore déter-
« miné le lieu où ils se tiendront, mais elle peut
« annoncer à ses sujets que l'assemblée est fixée
« au 1er mai prochain..... Sa Majesté a en même
« temps considéré que les états-généraux devant
« être assemblés au 1er mai, cinq mois au plus
« s'écouleront entre cette époque et celle à la-
« quelle est fixée l'assemblée de la cour plénière,
« dont elle a ordonné le rétablissement, et que
« pendant ce court espace de temps, et à la veille
« des états-généraux, aucune loi commune à tout
« le royaume ne serait envoyée à cette cour;
« qu'ainsi elle serait pendant ces cinq mois sans
« exercice et sans fonctions; et comme Sa Majesté

« est en même temps informée que le rétablisse-
» ment de cette cour a excité parmi un grand
« nombre de ses sujets des alarmes et des inquié-
« tudes que sa bonté la portera toujours à calmer,
« lors même qu'elles sont sans fondement, elle a
« résolu de suspendre ce rétablissement jusqu'a-
« près la tenue des états-généraux, et d'attendre
« sur l'existence de cette cour, ainsi que sur sa
« composition et son pouvoir, les représentations
« qu'il leur plaira de lui faire, etc. »

C'était assez avouer sa défaite et l'impuissance de la cour plénière ; mais le gouvernement désormais chancelant était réduit à éluder toutes les difficultés, à faire des concessions, après avoir parlé haut. C'est à cette époque de notre histoire que je me déterminai à me mettre en avant, que je jouai un rôle principal, mais avec discrétion, afin qu'il ne fût pas connu. Aussi le secret de mon action sur les déterminations du roi en cette circonstance fut si bien gardé, qu'on attribua tout l'honneur de mes propres œuvres au comte d'Artois, bien qu'à ma connaissance il ait plutôt mis obstacle au changement de ministère que rien fait pour l'amener.

CHAPITRE XXII.

Réfutation des *Mémoires* du baron de Bezenval. — Documens écrits par M. de Brienne. — Récit sur le changement du ministère. — Démarche auprès de Necker pour l'y faire rentrer. — Conversation du comte de Provence avec la reine. — Mauvaise humeur de Marie-Antoinette — Monsieur la décide à consentir au retour du Genevois.

M. de Bezenval a prétendu, dans ses Mémoires, que le comte d'Artois avait conseillé au roi de rappeler M. Necker, mais sa haine contre le Genevois était trop forte pour qu'il cherchât à le rétablir aux finances; et loin de là, dès la rentrée au ministère de ce personnage, mon jeune frère fomenta la cabale qui, plus tard, le fit chasser momentanément. Je pourrais encore réfuter cet auteur sur plusieurs autres faits qu'il cite avec aussi peu de justesse, mais je crois plus simple de raconter les choses telles que j'ai été à même de les connaître dans leurs plus secrètes particularités.

Je voyais avec effroi le trésor entièrement vide, sans prévoir les moyens de le remplir de longtemps; la mutinerie de la capitale et des provinces;

deux hommes inhabiles à la tête des affaires, et, dans ma juste inquiétude, je crus de mon devoir de sujet et de premier prince du royaume, après les fils du roi, de venir au secours de l'État. Bien qu'ayant une assez mince opinion des talens de M. Necker, je dus convenir que l'opinion publique étant pour lui, ce serait la rallier au trône que de le rappeler au ministère. Faisant taire en moi tout sentiment personnel devant de si grands intérêts, j'allai même jusqu'à croire que j'avais pu être injuste envers le Genevois, puisque l'universalité des citoyens espérait tant de lui.

Je résolus, en conséquence, de l'appuyer auprès du roi et de la reine ; mais avant de me prononcer positivement, je dus m'assurer de l'assentiment de Necker. J'avais peur qu'il ne mît à sa rentrée des conditions inadmissibles, et je lui envoyai le marquis de Montesquiou, avec lequel il était en relation. Montesquiou revint m'annoncer que M. Necker avait répondu au premier mot qu'il aimait trop la France pour refuser de lui consacrer ses services, mais qu'il ne pouvait remédier au mal tant que l'archevêque de Sens conserverait la direction suprême du cabinet. Montesquiou me conta que le comte de Mercy Argenteau avait aussi parlé à Necker de la part de l'archevêque de Sens qui offrait de lui confier les finances, en se réservant pour lui le principal ministère, et que le Genevois avait répondu par un refus.

— Vous êtes-vous bien expliqué avec Necker? demandai-je à Montesquiou.

— Oui, monseigneur, il n'exige rien.

— Ni cordon bleu, ni duché, ni aucune folie de ce genre.

— Rien, absolument. Le roi, m'a-t-il dit, le récompensera comme il le jugera convenable; il insiste seulement pour que M. de Brienne déguerpisse.

— Je l'entends bien ainsi, et ce n'est pas une condition.

Assuré donc d'avoir à proposer un homme capable, et sachant que la cabale avait l'audace d'intriguer dans ce moment pour M. de Calonne, je me donnai la secrète satisfaction de déjouer son plan, et sur-le-champ je passai chez la reine, à laquelle je demandai un entretien particulier. Elle allait partir pour Trianon, mais ayant contremandé son monde, nous passâmes ensemble dans son cabinet.

— Que voulez-vous? me dit Marie-Antoinette, non sans émotion, car elle comprit qu'un sujet important m'amenait en sa présence.

— Vous supplier, madame, repartis-je, de faire deux actes qui, je le sais, vous seront pénibles, mais que l'intérêt de l'État m'oblige à vous demander. Il s'agit d'abord du renvoi de l'archevêque de Sens.

— Et ensuite? dit la reine avec vivacité.

— Je vous exposerai ma seconde demande en son temps; mais discutons d'abord le premier point.

J'entrai immédiatement en matière, et exposai

à la princesse la situation de la France, les périls qui nous environnaient, leurs conséquences dangereuses, et la nécessité de sauver la meilleure part de la monarchie, ce qui n'était possible qu'en donnant congé au principal ministre.

La reine m'écouta avec attention, et un visible déplaisir; mais lorsque j'eus achevé, elle me dit:

— Ainsi il suffit que j'affectionne une personne pour que la nation la repousse, et me fasse une loi de m'en séparer. Certes on ne m'aurait pas laissé aussi long-temps madame de Polignac, si je ne l'eusse complétement isolée des affaires. Qu'ai-je donc fait aux Français?

Marie-Antoinette à ces mots versa des larmes; j'en fus touché, mais je ne poursuivis pas moins mon plan.

— Excusez ma franchise, répliquai-je, et permettez-moi de vous dire que se sont moins les personnes qui vous sont chères qu'on poursuit à ce titre, que leur manque de capacité et leur imprévoyance. M. de Calonne, par exemple, s'est fait renvoyer parce qu'il empruntait toujours et depassait la recette, mais non parce qu'il était honoré de votre protection. L'archevêque de Sens lui-même n'a pas répondu à l'attente générale; il n'a su administrer qu'en employant une force mal entendue, qu'en renversant les constitutions de la monarchie....

— Cela n'est pas, dit vivement la reine en m'interrompant.

— Cela est si bien, madame, repartis-je avec calme, que le roi vient d'être forcé de suspendre cette prétendue cour plénière, cause de l'éloignement qu'ont inspiré les deux ministres qui dirigent aujourd'hui : un mois encore, toutes les caisses seront épuisées, le crédit est éteint, l'argent a disparu, la banqueroute est inévitable, et je dois vous apprendre qu'elle n'aura lieu qu'en amenant la guerre civile à sa suite. Assurément, ma sœur, ni vous ni le roi ne consentirez à vous charger d'une telle responsabilité.

— Hé bien, puisque je dois me soumettre encore à cette nouvelle humiliation, qui me proposez-vous à la place de M. de Brienne?

— Un homme que je n'aime point, madame, et qui ne peut vous être agréable; je le sais.

— M. Necker, s'écria Marie-Antoinette en pâlissant : jamais je ne consentirai à le proposer au roi. Ce serait d'ailleurs prendre une peine inutile, car S. M. n'en voudrait pas.

— Mon frère accèdera à tout ce qui peut sauver la France. Mon opinion sur ce point n'est pas suspecte, puisqu'elle est contraire à ce financier; mais la nation qui lui suppose tous les talens, le demande à grands cris, et en le mettant à la tête des affaires, c'est lui ôter les moyens de se plaindre. S'il réussit, vous en aurez la gloire et le profit; et s'il échoue, on ne pourra vous faire aucun reproche.

Je m'aperçus que la reine était ébranlée, et, profitant de mon avantage, je lui présentai le duc d'Orléans épiant l'heure où il s'offrirait à la nation comme son sauveur ; et j'ajoutai que, pour prévenir cette calamité qui nous perdrait tous, il fallait satisfaire le peuple par la nomination de Necker.

— Il est si exigeant, si ridicule !

— Tant mieux, nous en rirons *in petto*.

— Il ne faudra rien moins pour le satisfaire que la grandesse d'Espagne, un duché-pairie ; mieux encore, peut-être madame Necker voudra la charge de dame d'honneur, et la fille Necker prétendra à la rédaction des préambules des édits.

— Rassurez-vous, ma sœur, le Genevois entrera au conseil sans condition aucune, abandonnant sa récompense aux soins du roi.

— L'orgueilleuse modestie ! êtes-vous certain de ce que vous avancez ?

— Je ne puis en douter, il l'a dit à Montesquiou et au comte de Mercy, qui vous conseille ce choix.

— Il me faut du temps pour m'y résoudre et pour préparer le roi. Nous verrons au commencement de septembre prochain.

— Ah ! madame, vous ne comprenez donc pas notre position : le moindre retard peut nous perdre.

— Eh bien ! demain vous aurez ma réponse ; mais surtout ne dites rien au roi avant que je vous aie revu. Si le temps est beau, venez demain à Trianon avec Madame, sur les cinq heures.

CHAPITRE XXIII.

La cabale Polignac seconde Monsieur contre l'archevêque de Sens. — La reine annonce à l'abbé de Vermont qu'il doit prévenir le principal ministre de sa disgrâce. — Celui-ci se retire. — Colère du comte d Artois. — Réponse du roi. — M. Necker. — Division dans la famille royale. — La reine comble M. de Brienne de marques de faveur. — On achète la retraite de M. de Lamoignon. — M. de Barentin garde-des-sceaux. — Rétablissement des parlemens. — Convocation des notables destinés à résoudre les cas relatifs aux états-généraux. — Discours du roi. — Celui du comte de Provence. — Composition de son bureau. — Le duc d'Orléans refuse de présider le sien. — Opinion de Monsieur relativement au double vote. — Assaut d'esprit à propos de citations. — Protestation du prince de Conti. — Surprise qu'elle cause. — Conversation à ce sujet avec le roi. — Réponse officielle qu'y fait Louis XVI.

J'ai su de la reine que dès ma sortie de son appartement elle était allée chez madame de Polignac pour lui rapporter ce que je venais de lui dire. La favorite n'aimait point M. Necker ; mais cette répugnance était contre-balancée ici pas sa haine plus prononcée encore contre l'archevêque de

Sens, qui, de concert avec l'abbé de Vermont, cherchait chaque jour à la perdre dans l'esprit de S. M. Elle saisit donc avec empressement l'occasion de renverser M. de Brienne ; et si elle avait su le latin, elle aurait chanté à mi-voix le vers de Phèdre :

Par pari refertur.

« La pareille est rendue par la pareille, » ou « A trom- « peur, trompeur et demi. »

Le comte de Vaudreuil et lé duc de Coigny secondèrent admirablement madame de Polignac ; ils accablèrent tous l'archevêque, élevèrent aux nues M. Necker ; enfin cette cabale fit tant auprès de la reine, qu'elle céda et prit l'engagement de décider Louis XVI au renvoi du principal ministre.

Le lendemain dans la matinée, l'abbé de Vermont vint, selon sa coutume, faire signer à Marie-Antoinette un travail particulier dont il s'occupait dans ce moment. La reine lui témoigna un vif chagrin de la non-réussite des plans de l'archevêque, car elle n'osait pas aborder le fond de la question. L'abbé, qui ne se doutait point encore de ce qui se passait, répondit qu'il ne fallait pas perdre patience si vite, et que M. de Brienne avec le temps déploierait tous ses moyens.

— Il est bien long à les mettre au jour, dit la reine ; malheureusement il a contre lui un parti puissant. A sa place je me retirerais.

Ces paroles furent un coup de foudre pour

l'abbé, qui, cette fois, comprit où S. M. voulait en venir. Il ne put retenir une exclamation de surprise, et s'écria :

Quoi ! madame, est-il possible que Votre Majesté abandonne M. de Brienne à la malice de ses ennemis ?

— Il ne s'agit pas de ses ennemis, monsieur l'abbé, mais de la famille royale et de la France. Je suis persuadée que l'une et l'autre sont perdues si l'archevêque ne prend point son congé.

— C'est le lui donner, madame, dit l'abbé consterné, que de vous exprimer ainsi.

— Je le regrette; je voudrais que le roi pût le conserver; mais il n'est aucun moyen de nous sauver s'il reste plus long-temps au ministère.

L'abbé tenta un nouvel effort en faveur de l'archevêque de Sens, mais ce fut en vain. Cependant la reine assura l'abbé de Vermont qu'en se séparant de M. de Brienne, elle ne voulait point se priver de ses conseils; elle engagea cet abbé à écrire au principal ministre pour l'engager à donner sa démission. Puis consommant le sacrifice en entier, Marie-Antoinette alla trouver le roi auquel elle répéta ce que je lui avais dit, et s'y prit enfin si adroitement que ce bon prince consentit encore à accepter un ministre qui lui déplaisait.

Ce fut le 25 août que M. de Brienne apporta sa démission. Sa chute entraîna celle de M. Lambert, contrôleur des finances, dont la place allait être remplie par M. Necker, qui y joignit le titre de ministre Secrétaire d'État. Dès que le comte d'Artois apprit ce changement, il s'emporta vivement, et nous dit à plusieurs reprises en famille :

— Vous avez voulu M. Necker, eh bien! vous verrez le mal qu'il nous fera.

Le roi lui répondit :

— On m'a forcé à le rappeler ; mais je crains aussi qu'on ne soit pas long-temps à s'en repentir. Néanmoins je suis décidé à faire tout ce qu'il me conseillera. Dieu veuille qu'il n'en arrive rien de fâcheux.

La reine, qui avait cédé à l'exigence des événemens, reprit son antipathie contre le Genevois (car c'est ainsi qu'elle le qualifiait dans son intérieur) dès qu'il fut rentré au ministère. La cabale, qui avait également cédé à la crainte en le rappelant, commença à redouter que ce réformateur sévère ne serrât trop les cordons de la bourse royale.

Nos tantes étaient divisées sur son compte ; le reste des courtisans l'aimait peu ; mais si à Versailles on vit avec un médiocre plaisir la rentrée du Genevois au ministère, la joie que cette nouvelle causa à Paris et dans les provinces alla jusqu'au délire.

J'aurais souhaité ardemment que ce changement de ministère fût profitable à la reine. Néanmoins il n'en fut rien ; cette malheureuse princesse, par une fierté honorable au fond, ne pouvait se décider à abandonner entièrement ceux que la force des choses arrachait à sa confiance. Elle prodigua donc dans cette circonstance à M. de Brienne des faveurs qu'il n'avait pas obtenues étant à la tête des affaires. Tout ce qu'elle lui fit accorder par le roi, qu'on n'attribua qu'à elle seule, produisit le plus mauvais effet. Sa Majesté lui fit avoir le chapeau de cardinal et de riches bénéfices, et la coadjutorerie de Sens pour son neveu, et la charge de dame du palais pour sa nièce. Le régiment de la reine, donné à M. de Canisy, acheva d'exaspérer le public en lui faisant croire que M. de Brienne, écarté seulement par mesure de prudence, ne tarderait pas à ressaisir l'autorité. Alors, loin de savoir gré de sa chute à Marie-Antoinette, on l'accusa de fausseté et de dissimulation.

On ne peut disconvenir que la confiance revint avec le retour de M. Necker. Je n'entrerai pas dans les détails des opérations qu'il tenta. La première fut de verser dans le trésor, entièrement vide, deux millions qui lui appartenaient et qui n'ont été remboursés à sa famille que depuis 1814. On m'a blâmé d'en avoir ordonné la restitution ; néanmoins je regarde cet acte de ma vie comme un de ceux dont je puis tirer le plus de vanité.

Quoi qu'il en soit, la disgrâce du principal ministre ne satisfaisait pas complétement la nation ; il existait un homme qui lui était au moins aussi odieux, le garde-des-sceaux Lamoignon, qu'on s'étonnait de voir encore en place après la chute de M. de Brienne. Cependant le roi le soutenait et paraissait vouloir le conserver. On conseilla à M. Necker d'obtenir, avec de l'or, ce qu'on ne pouvait se procurer autrement. En effet on acheta la personne récalcitrante quatre cent mille francs, dont deux cent mille comptant, et le reste payable en janvier 1789; on lui promit en outre un duché pour son fils dès qu'il aurait atteint sa vingt-cinquième année, ainsi que la première ambassade qui vaquerait à cette époque. Lamoignon partit ainsi avec tout ce qui pouvait le consoler des malédictions du public. Le chancelier Maupeou avait du moins emporté dans sa retraite les témoignages de l'estime publique. Le roi donna les sceaux à M. de Montchal Barentin, alors premier président de la cour des aides ; magistrat sage, érudit, mais manquant de fermeté et hors d'état de soutenir le fardeau qui allait peser sur lui.

Cette nomination acheva de désespérer M. d'Aligre, qui, prétendant toujours à la charge de garde-des-sceaux, ne la voyait pas sans un mortel dépit passer en d'autres mains. Le choix de M. de Barentin, qu'il regardait comme son inférieur, porta le dernier coup à son orgueil, et il donna sa démission de la présidence du parlement de Paris, sans qu'on fût forcé de la lui demander. Cette charge passa à M. d'Ormesson. M. de Lamoignon quitta les sceaux le 14 septembre, et son successeur prêta serment entre les mains du roi le 19 du même mois.

La retraite de Lamoignon nous sauva d'un lit de justice qu'il provoquait. La première séance du parlement fut une assemblée des chambres, où les gens du roi apportèrent un édit qui ordonnait la convocation des états-généraux pour le mois de janvier suivant, mesure qui n'eut pas lieu, puisqu'on revint à la première décision qui les reculait au mois de mai 1789.

Tous les autres parlemens, toutes les cours et tribunaux supprimés furent rétablis ; les hommes qui avaient consenti à figurer dans la magistrature des bailliages essuyèrent toutes sortes de dégoûts, le pouvoir les abandonna avec autant d'ingratitude qu'il avait mis de légèreté à les appeler.

Le 5 octobre un arrêt du conseil d'État convoqua pour le 3 novembre une assemblée des notables ; le travail de celle-ci devait se borner à résoudre toutes les questions en diverses séries, que le gouvernement lui présenterait, relativement aux états-généraux. Cette occupation demandait à être mûrement discutée, car chaque assemblée générale de la nation avait eu lieu d'après un mode particulier. On voulait qu'examinant tout ce qui avait été dit et fait à ce sujet, on parvînt à établir une règle fixe pour l'avenir.

Les notables appelés pour le 3 novembre ne furent installés que le 6. La cérémonie eut lieu, comme l'année précédente, dans la salle des ministres, où le roi se rendit en pompe. Voici en quels termes parla Sa Majesté :

« Messieurs,

« Les preuves que j'ai eues de vos lumières, de
« vos talens et de votre zèle pour le bien public,
« m'ont engagé de nouveau à vous rassembler

« près de moi. J'ai fixé au commencement de
« l'année prochaine l'assemblée des états-généraux
« de mon royaume. Mon cœur attend avec impa-
« tience le moment où, entouré des représentans
« de la nation, je pourrai maintenir l'autorité que
« j'ai reçue de mes ancêtres, assurer pour jamais
« le bonheur de mes peuples, qui en est insépa-
« rable, et qui sera toujours mon unique but.

« Avant de convoquer les états-généraux, j'ai
« voulu vous consulter, messieurs, sur la forme
« que je dois préférer pour les rendre plus utiles
« à mon royaume. J'ai ordonné qu'on mît sous vos
« yeux tous les renseignemens propres à vous
« éclairer dans l'examen des différens objets dont
« vous allez vous occuper. Je suis assuré d'avance
« que, par le zèle et la célérité que vous appor-
« terez dans votre travail, vous répondrez à ma
« confiance et à l'attente publique. »

Le garde-des-sceaux, M. de Barentin, parla ensuite un peu longuement du motif de la convocation ; mais nous le trouvâmes laconique quand vint le tour de M. Necker, qui voulut bien nous éviter tout travail préparatoire en nous traçant ce que nous avions à faire. On retrouva dans son discours sa gloriole et son amour-propre, dont il ne se départit jamais. Lorsqu'il eut achevé, le garde-des-sceaux alla prendre les ordres de Sa Majesté, puis dit à l'assemblée :

« Si quelqu'un désire exprimer au roi ses sen-
« timens, Sa Majesté lui permet de parler. »

Alors je me levai, au nom de la noblesse, et debout et couvert je m'exprimai ainsi :

« Sire, nous recevons la récompense la plus
« honorable que Votre Majesté pût nous donner
« des travaux auxquels elle nous a ordonné de
« nous livrer l'année passée. Elle nous rappelle
« une seconde fois autour d'elle; elle veut bien
« encore nous consulter. Le premier de nos senti-
« mens doit être la reconnaissance, et j'ose, au
« nom des gentilshommes assemblés ici par l'ordre
« de Votre Majesté, en déposer l'hommage à ses
« pieds. Notre devoir, dans ce moment, est de
« justifier une confiance aussi flatteuse, et notre
« unique ambition est de nous en montrer dignes.
« Zèle, respect, amour, tels sont les motifs qui
« nous animeront; puissent-ils être agréables à
« Votre Majesté, et puissent nos efforts nous mé-
« riter de nouveaux témoignages de son appro-
« bation ! »

L'archevêque de Narbonne parla ensuite au nom du clergé, et le nouveau premier-président au nom de la magistrature. On lut ensuite la formation des six bureaux ; le septième était supprimé à cause de l'état de souffrance du duc de Penthièvre. Voici de quelle manière la volonté du roi les composa :

Premier bureau : Monsieur.

L'archevêque de Narbonne, l'évêque de Nevers

(Seigueran), les ducs de Mortemart et de La Rochefoucauld, le maréchal de France de Beauvau, le duc du Châtelet, les comtes de Rochambeau et de Montboisier, le baron de Fleschlenden, M. Joly de Fleury, ministre d'État, doyen du conseil; Pontin, conseiller d'État; d'Ormesson, premier président du parlement de Paris; les présidens de Saron, de Gourgues, de Rossambo, Joly de Fleury, procureur général; le député du clergé de la province de Languedoc; celui de la noblesse de Bretagne; du tiers-état de Provence; le préteur royal de Strasbourg; le prevôt des marchands de Lyon; les maires de Marseille, de Rouen et de Nantes.

Second bureau : le comte d'Artois, président, etc.

Troisième bureau : le duc d'Orléans, président, etc.

Quatrième bureau : le prince de Condé et le duc d'Enghien, présidens, etc.

Cinquième bureau : le duc de Bourbon, président.

Sixième bureau : le prince de Conti, président.

Dès le premier jour le duc d'Orléans fit savoir à son bureau que son intention était de ne remplir aucune fonction de président. Les membres de ce bureau, surpris de cette décision, vinrent me demander à qui appartiendrait la présidence. Ne voulant pas prendre sur moi de résoudre cette question, je m'adressai au roi, dont je transmis la reponse à ces messieurs par le billet suivant :

« Le roi a décidé qu'en l'absence du président
« et du duc et pair, le bureau sera présidé par
« le maréchal de France, et à son défaut par le
« conseiller d'État. »

Nous ignorâmes toujours la cause de cette déclaration du duc d'Orléans, car il vint dix ou douze fois à son bureau, non y prendre séance, mais au moins le présider.

Le premier comité, composé de tous les présidens et de quatre membres de chaque bureau, pris parmi le clergé, la noblesse, la magistrature et la bourgeoisie, se réunit chez moi le 10 et le 11 novembre sous ma présidence. Ma place et celle de mon frère étaient marquées par un dais. Je n'entrerai pas dans les détails de ce qu'on traita dans cette séance et dans les suivantes ; il s'agissait de régler tous les cas qui se présenteraient soit pour l'admission aux assemblées par bailliage, soit pour la manière de fixer le nombre des députés, etc. On nous soumit diverses séries de questions auxquelles chaque bureau répondit séparément, et qu'on discuta ensuite en assemblée générale.

La question de la double représentation du tiers fut rejetée par cinq bureaux ; elle passa dans celui que je présidais, à la majorité d'une voix qui fut la mienne. Je dis à cette occasion :

« Les lois n'ont rien prononcé sur cétte ques-
« tion importante. ; les lettres de convocation ont
« toujours gardé le silence sur ce point ; si ma
« raison me condamne, mon cœur m'absout. »

J'ai constamment été l'ami d'une liberté sage, et c'est moins le double vote qui a causé toutes nos infortunes que la réunion en une seule assemblée des trois ordres : voilà d'où le mal est venu ; si j'ai eu tort, je l'ai partagé avec Louis XVI, qui, apprenant qu'une seule voix avait donné la majorité à cette question, dit vivement :

— Qu'on y ajoute la mienne, car je la lui donne.

Ce fut pendant cette réunion des notables qu'un membre, entraîné par la chaleur de la discussion, étaya son avis en citant ce vers de M. Lally-Tolendal, extrait d'une pièce intitulée le comte de Strafford :

La couronne a ses droits, mais le peuple a les siens.

Je répondis sur-le-champ par un autre vers de la même pièce :

Renverser un État n'est pas le réformer.

Un incident remarquable signala le cours de nos assemblées. La protestation du prince de Conti, à laquelle adhérèrent peu après le comte d'Artois, le prince de Condé, et les ducs de Bourbon et d'Enghien. Elle eut lieu en comité le 18 novembre et m'embarrassa fort. Voici en quels termes le prince de Conti s'exprima :

« Monsieur,

« Je dois à l'acquit de ma conscience, à mon
« nom et à la position critique de l'État, de vous
« faire observer que nous sommes infestés d'écrits
« scandaleux qui répandent de toutes parts dans
« le royaume le trouble et la confusion. La mo-
« narchie est attaquée; on veut son anéantisse-
« ment et nous touchons à ce moment fatal. Ainsi,
« Monsieur, il est impossible qu'enfin le roi n'ou-
« vre pas les yeux et que les princes ses frères ne
« l'imitent pas.

« Veuillez donc, Monsieur, représenter à Sa
« Majesté combien il est important pour la stabi-
« lité de son trône, pour les lois et le bon ordre,
« *que tous les nouveaux systèmes soient pros-*
« *crits à jamais, et que la constitution et les for-*
« *mes anciennes soient maintenues dans leur in-*
« *tégrité.* Au reste, Monsieur, quoi qu'il arrive, je
« n'aurai point à me reprocher de vous avoir
« laissé ignorer l'excès des maux dont nous som-
« mes accablés, et ceux plus grands encore qui
« nous menacent; et je ne cesserai de former les
« vœux les plus ardens pour la prospérité de l'É-
« tat et le bonheur du roi, qui en est inséparable.
« Je terminerai en vous priant, Monsieur, de vou
« loir bien mettre en délibération dans le comité
« où se trouvent rassemblés les commissaires des
« divers bureaux, et de faire parvenir au roi ce que
« je viens d'articuler.

« Dans le cas où messieurs les commissaires ne
« se croiraient pas munis de pouvoirs suffisans
« pour prononcer, je vous supplie, Monsieur, de
« les engager à en référer chacun à leurs bureaux,
« mon intention n'étant point de vous proposer
« une chose qu'ils n'accepteraient pas. »

Tous ceux qui étaient là, et même ceux qui pensaient comme le prince, n'osèrent prendre sur eux de répondre conformément à son vœu et décidèrent conséquemment que le rapport en serait fait dans les bureaux. Cet incident auquel je n'étais pas préparé me surprit ; je compris dès ce moment que la question allait prendre une autre face politique, et qu'elle classerait en deux parties distinctes le clergé et la noblesse, l'un contre le tiers-état, et l'autre pour les amis des idées nouvelles.

Je me consultai sur ce que j'avais à faire avant que cette protestation communiquée aux divers bureaux y jetât des semences de discorde. Je m'arrêtai à en référer d'abord au roi, et je lui remis la pièce que le prince de Conti avait déposée sur le tapis.

— Qu'est-ce que cela signifie ? dit Louis XVI ? pourquoi jeter ainsi l'alarme ? Le prince eût mieux fait de se tenir en repos, et vous, Monsieur, que feriez-vous à ma place ?

— Sire, répondis-je, avant de vous donner mon avis, je désirerais connaître ceux de messieurs Necker, de Montmorin, et de Villedeuil.

Le roi les fit appeler, et tous les trois convinrent

que l'acte du prince était intempestif et dangereux; qu'il fallait l'étouffer dès sa naissance afin de ne point diviser les notables et surtout d'éviter de semer des défiances au dehors, et que d'ailleurs, comme il ne disait rien de positif, il était inutile de faire délibérer sur des généralités. Je dis alors au roi que je pensais comme ses ministres, et il fut décidé que le lendemain la protestation me serait renvoyée avec une lettre ainsi conçue, que je minutai de moitié avec le roi.

« Je vous renvoie, mon cher frère, le papier
« que le prince de Conti a remis hier au comité:
« après l'avoir examiné, j'ai trouvé que l'objet
« dont il était question s'écartait absolument de
« ceux pour lesquels j'ai assemblé les notables;
« ainsi je défends aux bureaux de s'en occuper,
« et ils doivent continuer leur travail ordinaire.
« M. le prince de Conti, comme les autres prin-
« ces de mon sang, doivent s'adresser directement
« à moi, et je les écouterai toujours avec plaisir
« quand ils voudront me dire ce qu'ils croiront
« m'être utile. »

Signé Louis.

P. S. « Faites passer cette lettre aux autres bu-
« reaux, n'ayant pas le temps de la recopier. »

CHAPITRE XXIV.

Les bureaux refusent de donner suite à la protestation du prince de Conti. — Le bureau de ce prince propose l'impôt général. — Clôture de la seconde assemblée des notables. — Discours du roi. — Celui de Monsieur. — Protestation des princes. — Le comte de Provence en cause avec la reine. — Déclaration des parlemens contre les opinions nouvelles, — La cour et la magistrature craignent les états-généraux. — Démarche à cet effet des ducs et pairs. — Le duc du Châtelet colonel des gardes françaises. — M. de Talleyrand évêque d'Autun. — Le comte de Brienne se démet du ministère de la guerre. — Le comte de Puységur le remplace. — Mort de Charles III roi d'Espagne.

Les bureaux, d'après cette lettre, se refusèrent à voter sur la protestation du prince de Conti, qui se réunit alors au comte d'Artois et aux trois Condés, pour en rédiger une nouvelle qu'ils remirent au roi, après la clôture de l'assemblée des notables. Mais elle n'eut pas plus de succès que celle du clergé sur le même objet. Une terreur soudaine s'empara des princes, du clergé, et de la noblesse pendant la durée de cette seconde assemblée des notables ; cette terreur fut du moins salutaire en ce sens qu'elle leur inspira un nouveau genre de résistance, mieux entendu que le premier ; car au lieu de faire de l'opposition contre le trône, ils se réunirent au trône contre le tiers-état, qui dès ce moment devint leur ennemi.

Ce fut dans le but d'enlever au tiers-état le droit de se plaindre, que dans la dernière séance des bureaux particuliers, celui du prince de Conti prit l'arrêté suivant, concernant l'impôt qui devait frapper également sur les trois ordres :

« Le bureau a cru devoir, avant de se séparer, « déclarer formellement que, dans aucune des dé- « libérations qu'il a prises pendant le cours de la « présente assemblée, il n'a entendu donner at- « teinte aux formes, usages et priviléges relatifs à « la constitution des provinces et pays d'états. Le « bureau ne peut terminer ses séances, sans exa- « miner le vœu que chacun de ses membres a dans « son cœur, et qu'il n'a cessé de manifester dans « le cours des délibérations. »

« Il a vu avec peine qu'un des ordres de l'État, « si digne de fixer les vues paternelles de Sa Ma- « jesté et l'attention des états-généraux, se plai- « gnait d'impositions qui pesaient directement et « uniquement sur lui ; que ses plaintes s'éten- « daient même sur la répartition des subsides « communs à tous les ordres. C'est pour faire ces- « ser ces distinctions particulières dans la mesure « des impositions, c'est pour faire disparaître toute « inégalité dans la répartition, que le bureau a « arrêté d'adresser à Sa Majesté et à la nation, « aussitôt qu'elle serait assemblée, son vœu una-

« nime pour parvenir à un nouveau plan d'impo-
« sitions qui soit également réparti sur tous les or-
« dres de l'État, sans qu'aucun privilége personnel
« puisse préjudicier à l'égalité parfaite entre toutes
« les classes de citoyens, en matière de contribu-
« aux subsides de l'État. »

C'était renoncer à ne point payer l'impôt ; c'était ouvrir une large voie aux réformes. La noblesse, plus encore que le clergé, sentait que le temps arrivait où il ne serait plus possible de maintenir un privilége que le peuple ne pouvait plus admettre. Si alors on eût voulu s'entendre, les malheurs subséquens auraient été évités.

Nos travaux achevés, nos avis donnés en réponse à toutes les questions qui nous avaient été soumises, la clôture de l'assemblée des notables fut fixée au vendredi 12 décembre. Il faisait un froid excessif ; la rigueur de cet hiver est connue. Voulant éviter au roi de sortir du château, on nous réunit dans la salle des Gardes, disposée à cet effet. La reine assista à cette séance dans une tribune grillée. Lorsque nous fûmes tous arrivés, le roi, assis sur son trône, prononça un discours dans lequel il témoigna à l'assemblée sa satisfaction du zèle et de l'application qu'elle avait apportés à l'examen des différens objets soumis à ses délibérations. Sa Majesté rappela ensuite la prochaine convocation des états-généraux, en exprimant l'espérance qu'il avait qu'ils mettraient un terme à tous les maux du royaume.

Quand le garde-des-sceaux eut fait sa harangue et permis à chaque membre de prendre la parole, je dis :

« Sire, Votre Majesté vient de nous dire qu'elle « est satisfaite de notre zèle ; c'est la récompense « la plus douce que puissent espérer des Français, « des gentilhommes. Daignez donc, sire, per- « mettre au premier d'entre eux d'être auprès de « Votre Majesté l'interprète de leur reconnais- « sance, et recevoir avec bonté l'hommage de « notre amour et de notre profond respect. »

De telles phrases sont insignifiantes ; mais on n'en aurait pas toléré d'autres. Ceux qui parlèrent après moi furent l'archevêque de Narbonne, celui de Paris, MM. d'Ormesson, de Nicolaï, de Bois-gibeau, du Chilleau, Angrand-d'Ailleray, et le prevôt des marchands de Paris. La séance fut ensuite levée, et ce fut la dernière de l'assemblée des notables de 1788.

L'effervescence qui existait dans toutes les parties de la France ne fit que s'accroître. La cour et le parlement vivement alarmés se réunirent en secret contre la prochaine convocation des états-généraux, naguère encore demandée avec tant de chaleur. J'appris avec douleur que le comte d'Artois et les Condé allaient protester contre ce qui allait se faire, car j'étais fâché de voir que mon frère affectait de se montrer en opposition avec l'opinion populaire.

Le roi reçut la protestation des princes avec

peine ; ce fut la reine qui m'en parla la première.

— Comment la trouvez-vous? me dit-elle, et pourquoi ne l'avez-vous pas signée? est-ce que vous ne penseriez pas comme ces messieurs?

— Non, madame, répliquai-je ; d'ailleurs on le savait si bien qu'elle ne m'a point été présentée.

— Vous la jugez donc inutile?

— Et même dangereuse : elle ne servira qu'à irriter les esprits contre la famille royale. Le comte d'Artois ne sait pas tout le mal qu'il nous fait.

Le parlement vint ensuite ; c'était un coup monté : il jugea qu'une députation au roi était nécessaire dans la circonstance, et le premier président d'Ormesson, prenant la parole à l'audience qui fut accordée, s'exprima ainsi :

« Sire,

« Une effervescence dangereuse s'est répandue
« insensiblement dans le royaume; des idées d'inno-
« vation agitent les esprits. Des écrits téméraires
« nourrissent ces funestes divisions; il s'élève des
« disputes sérieuses, et bientôt tous les liens qui
« doivent unir les citoyens et forment les bases de
« l'ordre social seront brisés. Déja les partisans
« des idées opposées prennent ombrage les uns
« des autres ; ils se précipitent sans réflexion dans
« des associations plus redoutables qu'ils ne se l'i-
« maginent : ils croient conduire l'État à une ré-
« forme, et ils ne le conduisent qu'à sa ruine.....

« On ne craint pas de présenter au peuple,
« comme ses oppresseurs, les magistrats qui main-

« tiennent encore les lois et l'ordre public ; comme
« ses ennemis, les ecclésiastiques qui prêchent la
« morale et l'obéissance au pouvoir légitime ; on
« lui désigne enfin comme des tyrans les nobles
« qui honorent la monarchie par leurs exploits, et
« servent leur patrie dans les plus hauts emplois de
« la société.... On ajoute à cette commotion géné-
« rale par des idées d'égalité qu'on s'efforce d'éta-
« blir en système, comme s'il était possible que
« l'égalité subsistât en réalité. Cette spéculation,
« toute vaine qu'elle est, sème parmi les citoyens
« le germe de l'anarchie, etc., etc. »

On s'apercevait enfin du mal qu'on avait fait à l'autorité royale, dont maintenant on prenait la défense. Le parlement, au lieu de s'opposer aux ministres, ne cherchait plus qu'à soutenir la cause des priviléges, qui était la sienne ; il rendait arrêts sur arrêts dans ce sens, et redoutait, autant que la cour, les états-généraux devant lesquels il prévoyait son impuissance. Tous ceux qui vivaient d'abus les craignaient également ; on tâcha de les repousser, car on les regardait comme des fantômes désorganisateurs. Le motif principal qui les faisait convoquer était le besoin d'argent ; la haute noblesse décida que dans l'occurrence le moment était venu de faire un grand sacrifice ; les ducs et pairs, prenant l'initiative, rédigèrent la pièce suivante qu'ils apportèrent au roi.

« Sire,

« Les pairs de votre royaume s'empressent de

« donner à Votre Majesté et à la nation la preuve
« de leur zèle pour la prospérité de l'État, et de
« leur désir de cimenter l'union de tous les ordres,
« en suppliant Votre Majesté de recevoir le vœu
« solennel qu'ils portent au pied du trône, de sup-
« porter tous les impôts et charges publiques dans
« la juste proportion de leur fortune, sans exemp-
« tions pécuniaires, ne doutant pas que ces sen-
« timens soient ceux de tous les gentilshommes de
« votre royaume, s'ils se trouvaient réunis pour
« en déposer l'hommage dans le sein de Votre
« Majesté. »

Chacun s'était mis en règle, les princes, le clergé, le parlement et les pairs ; mais avant de donner les détails des intrigues qui avaient amené la rédaction de cette dernière pièce, et de m'occuper exclusivement de la révolution et de ses conséquences, je veux finir le récit des événemens.

Le maréchal de Biron mourut vers la fin de cette année. Il commandait le régiment des gardes françaises, où il avait su maintenir une discipline à la fois sévère et paternelle. Je me plais à croire que si sa carrière se fût prolongée, il aurait préservé ce corps de troupes d'élite de l'esprit révolutionnaire et de l'insubordination qui s'y introduisirent sous le commandement du duc du Châtelet son successeur. Ce dernier avait été ami intime et dévoué de M. de Choiseul, et à ce titre l'armée le soutenait. Il croyait remplacer ce qui lui manquait en talens militaires par une rigueur excessive qui ne tarda pas à lui attirer la haine des soldats. Haine dont les agitateurs profitèrent pour le porter à une sédition qui privât le roi d'une de ses principales forces.

Je signalerai une autre nomination qui amena sur la scène un homme appelé à jouer un grand rôle dans la sphère politique ; celle de l'abbé Maurice de Talleyrand-Périgord, agent général du clergé, à l'évêché d'Autun vacant par la translation de M. de Marbœuf à l'évêché de Lyon.

Le comte de Brienne, qui tenait toujours le ministère de la guerre, fut forcé de donner sa démission à cette époque ; il eut pour remplaçant le comte Chartane de Puységur. Ce choix sage reçut l'approbation des gens de bien.

La mort de Charles III, roi d'Espagne, ne doit pas être oubliée. La mémoire de ce prince honore d'une manière particulière la maison de Bourbon ; il possédait des qualités brillantes, des talens administratifs peu communs, et son règne devait faire ressortir peu favorablement celui de son successeur.

Quant à moi, je terminai l'année par une création de chevaliers-commandeurs de Saint-Lazare. Le moment approchait où la faux révolutionnaire allait détruire en France ces institutions du moyen âge qu'il sera difficile désormais de rétablir. On peut à ce sujet répéter avec Lucrèce :

> .... *Ætas commutat tempora rerum :*
> *Quod fuit in pretio, fit nullo denique honore.*

NOTE.

« La cour, délibérant au sujet des ordres du roi, apportés à cinq heures de relevée par le maître des cérémonies, a arrêté :

« Qu'obtempérant aux ordres dudit seigneur roi, la cour se transportera demain à Versailles, en robes rouges et en corps de cour ; et cependant, attendu le lieu où se tiendra le lit de justice, comme aussi dans le cas où seraient portés dans ladite séance aucuns édits, déclarations, lettres-patentes, ou autre objet qui n'aurait été communiqué à ladite cour, pour en être délibéré au lieu et en la manière accoutumés; ensemble, au cas où il serait introduit au lit de justice des personnes étrangères, et qu'en leur présence il serait demandé à ladite cour des suffrages qui ne pourraient être donnés à voix haute et librement, ladite cour, ne peut, ne doit, ni n'entend donner son avis, ni prendre aucune part à ce qui pourrait être fait au lit de justice ;

« A arrêté en outre que dans le cas où seraient portés audit lit de justice les édits et les déclarations sur lesquels la cour a déjà fait ses très humbles remontrances, M. le premier président sera chargé de remettre sous les yeux du roi les objets y contenus, et notamment de lui représenter que les vrais intérêts du roi, inséparables des intérêts de la nation, sont les seuls motifs qui ont conduit son parlement dans toutes ses délibérations ;

« Que son parlement se trouvant placé entre ledit seigneur roi, auquel il est attaché par les liens du respect et de l'obéissance, et dont il aura toujours à cœur de mériter les bontés ; et de l'autre part, entre les sujets pour lesquels il doit solliciter sans cesse la justice du souverain, conçoit difficilement comment on a pu conseiller au roi de déployer l'appareil de sa puissance suprême dans une circonstance où le parlement avait lieu d'espérer de ne voir éclater que la bienfaisance et la justice dudit seigneur roi ;

« Que ledit seigneur roi est prié de prendre en considération, que dans la crise où se trouve l'État, crise annoncée, avouée et reconnue dans l'assemblée des notables, le parlement ne pouvait délibérer légalement qu'avec le secours des connaissances et des lumières qu'il a sollicitées, et qui pouvaient seules guider et déterminer l'assemblée auguste à laquelle ont été adressés, de la part du roi, les écrits et déclarations soumis à sa délibération ;

« Que son parlement, affligé d'avoir eu à donner depuis douze ans son suffrage sur des impôts accumulés, et dont les projets présentés porteraient la masse jusqu'à plus de deux cent millions d'accroissement, depuis l'avénement du roi à la couronne, n'a pas cru avoir des pouvoirs suffisans pour se rendre garant de l'exécution des édits vis-à-vis de ses peuples, qui ne connaîtraient pas de bornes à leur amour et à leur zèle, mais qui voient avec effroi les suites fâcheuses d'une administration dont la déprédation excessive ne leur paraît pas même possible;

« Que le dit seigneur roi n'ignore pas que le principe constitutionnel de la monarchie française est que les impôts soient consentis par ceux qui doivent les supporter ; qu'il n'est pas dans le cœur d'un roi bienfaisant d'altérer ce principe qui tient aux lois primitives de l'État, à celui qui assure l'autre, et à celles qui garantissent l'obéissance ;

» Que si le parlement a cru, depuis plusieurs années, répondre au roi de l'obéissance des peuples en matière d'impôts, il a souvent plus consulté son zèle que son pouvoir, puisqu'il est démontré que le troisième vingtième n'a pas été payé dans plusieurs provinces du royaume, et les administrateurs les plus actifs pour la perception n'ont pas cru prudent d'ajouter la peine de la contrainte au défaut du pouvoir des contribuables ;

« Que souvent aussi son parlement, qui a cru connaître le terme de la libération des dettes, l'étendue du secours et de la quotité déterminée de l'impôt, s'est laissé éblouir par ces illusions que lui ont faites successivement plusieurs administrateurs; que l'espoir de la libération prochaine de l'État est une perspective si douce pour les magistrats et si désirable pour les peuples, que son parlement doit être excusé s'il s'est laissé tromper par les annonces qu'il voyait insérées dans chaque édit par un administrateur qui a dû desservir le parlement auprès du roi, et faire protéger auprès du trône ses dissipations ;

« Que dans ce moment où, après cinq ans de paix, tout espoir de soulagement prochain est perdu, et où les peuples se trouvent menacés d'une surcharge à laquelle ils ne voient plus de terme, les magistrats ne peuvent accorder un acquiescement que le parlement donnerait sans qualité, sans fruit, sans effet pour le service du roi, à des exigences qui excèdent évidemment les facultés des sujets ;

« Que la nature des impôts proposés a affligé son parlement au point qu'il a eu peine à se livrer à quelques détails sur les malheurs qu'ils annoncent; que le timbre plus désastreux que la gabelle que le roi a jugée et condamnée, a excité une consternation générale dans le cœur de tous ses sujets ; qu'il tend à établir une sorte de guerre intestine entre tous les ordres des citoyens ; qu'il va jusqu'à inquiéter dans leur retraite les laboureurs qui voudraient profiter de la liberté du commerce des grains que le roi s'est proposé d'établir par une loi récente ; que le commerçant en gros ne serait pas plus tranquille dans ses opérations combinées que le marchand pauvre à son comptoir, dans son trafic ou travail; que tous auraient également à redouter l'inquisition, la vexation et l'extorsion, caractères inséparables du projet seul de la déclaration du timbre, et qui la rendent entièrement inadmissible ;

« Que ce même impôt, présenté sous la dénomination de subvention territoriale, a le même caractère d'immoralité ; qu'au lieu de l'imposition du vingtième, qui est par sa nature un impôt de qualité, dont chaque contribuable est quitte quand il a payé une portion fixe et déterminée sur ses revenus, on conseille au roi une imposition nouvelle, qui établit entre les provinces une sorte de jalousie au profit du roi ; entre les élections d'une même généralité une recherche préventive, tendant toujours à la surcharge ; entre les habitans d'une même paroisse, une contribution solidaire qui expose chaque citoyen à une discussion domestique établie et fomentée tous les jours par le gouvernement : discussion capable de mettre aux prises les pères et les enfans, chaque membre d'une famille, les seigneurs et les vassaux, personne ne pouvant savoir au juste à quel terme doit finir la contribution dont il peut être redevable à l'État;

« Que dans l'impossibilité où se trouve le parlement de voter pour des impôts aussi accablans, il ne peut que réitérer les instances les plus vives à l'effet de supplier le roi, pour le maintien de son autorité, la gloire de son règne, pour le rétablissement des finances, qu'il lui plaise accorder la convocation des états-généraux, qui seuls peuvent sonder les plaies profondes de l'État, et donner au roi des conseils utiles sur toutes les parties de l'administration, relatives aux corrections, améliorations et suppressions nécessaires à exécuter dans chacun des départemens des finances ;

« Que si, malgré les supplications, les instances et les représentations de son parlement, le roi croit encore devoir déployer le pouvoir absolu, son parlement ne cessera d'employer tout son zèle, d'élever sa voix, avec autant de fermeté que de respect, contre des impositions dont l'essence serait aussi funeste que la perception illégale.

FIN DU TOME TROISIÈME.

TABLE DES MATIÈRES

CONTENUES

DANS LE TOME TROISIÈME.

CHAPITRE PREMIER. 1
Le comte de Provence entre dans une carrière nouvelle.— Il doit changer de manière de vivre. — Intérêt que ses mémoires offriront désormais. — Préambule politique. — M. de Calonne regrette d'avoir convoqué les notables. — Composition de cette assemblée. — Trois partis la divisent. — On partage le travail en sept bureaux. — Ce qu'on y envoie. — Lettre du maire de Cognac. — Calonne retarde la séance d'ouverture. — Bon mot. — Plaisanteries. — Les notables à Versailles. — Mort du comte de Vergennes. — Le comte de Montmorin le remplace aux affaires étrangères. — Ambition du baron de Breteuil. — Plaisanterie du comte d'Artois. — Défiance du roi.

CHAPITRE II. 23
Une personne du plus haut rang veut rendre le comte de Provence favorable à M. de Calonne. — Le prince a une conférence avec le contrôleur général. — La personne qui le protége revient à la charge auprès du comte de Provence. — *Monsieur* maintient son indépendance. — Ouverture de l'assemblée des notables. — Marche du cortége. — Cérémonial observé. — Discours du roi. — Effet qu'il produit. — Discours du garde-des-sceaux. — Analyse de celui du contrôleur-général. — Réflexions. — Autre discours. — Conversation de la famille royale. — Flatteurs de M. de Calonne. — Ce qu'il leur dit.

CHAPITRE III. 41
Discours que le comte de Provence prononce à l'ouverture de son bureau. — Débats en commençant. — L'archevêque de Narbonne se déclare contre M. de Calonne. — Comment celui-ci se défend. — Matières discutées. —

30.

Réunions successives. — On adopte plusieurs objets importans. — Mot de M. de Calonne. — On fait passer un Mémoire secret au comte de Provence. — Le duc de Liancourt. — Il cause avec Monsieur. — Le prince de Conti. — Projets. — Bureau du comte de Provence. — On entre en lutte. — Ce que dit Monsieur. — L'évêque de Nevers. — La colique politique, anecdote épiscopale. — MM. de Contades, de Beauveau, du Châtelet. etc. etc. — Un maire et deux étourdis, anecdote. — Causerie de Monsieur avec le comte d'Artois. — Cabale en jeu — — Conseil secret chez les Polignac. — Subterfuge adopté. — Colère du roi.

CHAPITRE IV. 57
Comité général. — Avis mystérieux donné au comte de Provence. — Son discours au comité. — Discours du comte d'Artois à son bureau. — Discussions entamées. — Déficit révélé. — Consternation qu'il cause. — Ce que le comte de Provence en dit au roi. — Ce que le roi lui répond. — Suite importante de cet entretien. — Continuation du travail des bureaux. — Le prince de Conti. — Lui et M. de Calonne. — Le prince de Conti et le roi. — Assemblée générale des notables. — Pourquoi le comte de Provence la préside. — Comment il s'y conduit. — Discours de M. de Calonne. — Effet qu'il produit. — Réunion des bureaux. — Discours de M. de Dillon. — Arrêté du sixième bureau. — Le prince de Conti va le porter au roi. — Il en écrit à M. de Calonne. — Celui-ci et le roi.

CHAPITRE V 72
Discours piteux et intéressé du duc d'Orléans. — Ce prince était avare. — Fausseté prouvée de ce qu'il avançait. — Envoi aux bureaux du discours de M. de Calonne. — Lettre de celui-ci aux sept présidens. — Discours de MM. de Dillon et de Larochefouchauld. — Arrêté pris par le bureau de Monsieur. — Le prince le porte au roi. — Conversation curieuse avec le monarque. — Le comte d'Artois soutient M. de Calonne. — Unanimité des bureaux contre ce ministre. — Ce que le duc de Nivernais raconte. — Causerie plaisante entre MM. de Lamoignon et de Calonne. — MM. de Machault et de Fourqueux. — Intrigues de l'archevêque de Toulouse.

CHAPITRE VI. 86
Aspect de la cour. — Partis qui la divisent. — Comment ils

étaient composés. — De quelle façon on trompait la reine.
— Détails curieux. — Intrigues de M. de Calonne. —
Son combat polémique avec M. Necker. — Il continue.
— Le roi en jeu. — Révélation de M. de Fleury. —
Lettre du contrôleur général aux curés. — Effets qu'elle
produit. — Colère des bureaux. — Arrêtés qu'ils pren-
nent à ce sujet. — Conversation de Monsieur avec le
roi. — Entretien avec M. de Dillon.

Chapitre VII 101
La reine et le baron de Breteuil. — Révélation du plus haut
intérêt. — Suites de cabales. — Le roi et la reine se déterminent à renvoyer MM. de Miromesnil et de Calonne.
— Le comte de Provence excite le roi. — Disgrace des
deux ministres. — Lettres de renvoi. — Billet du comte
d'Artois à M. de Calonne. — Dialogue entre celui-ci et
le baron de Breteuil. — M. de la Millière refuse le contrôle-général. — On prend M. de Fourqueux en attendant. — Noble conduite de M. de Miromesnil. — Sa lettre
au roi. — Cascades de lettres-de-cachet adressées à M.
de Calonne. — Joie que son départ cause à la nation. —
Elle est bientôt calmée. — Intrigues déçues. — Le roi
ne veut pas de M. de Lamoignon, et le prend cependant
— Un mot des notables. — Conseil tenu à leur sujet. —
On se décide à les conserver encore. — Mensonge de M.
de Calonne prouvés par le roi.

Chapitre VIII. 117
Nomination dans la maison de Monsieur. — Séance royale
aux notables, le 23 avril 1787. — Propos du roi avant d'y
aller. — Réponse. — Détails de la séance. — Discours du
roi. — Agitation de Marie-Antoinette. — Conversation
du comte de Provence avec cette princesse. — Elle veut
M. de Brienne au ministère. — Les notables insistent sur
l'envoi des états complets de dépense et de recette. — On
les refuse. — Embarras de M. Fourqueux — MM. Necker et de Brienne. — Position fatale du roi. — La reine
et M. de Lamoignon. — La reine et le baron de Breteuil.
— Les ministres dirigeans. — Billet de la reine à M. de
Montmorin. — Les ministres chez le roi. — Ils demandent le concours de M. de Brienne. — Répugnance du
roi à l'accorder. — Il cède. — Parole désagréable dont il
se sert à l'égard de M. de Brienne.

CHAPITRE IX. 131
Ce que pensait M. de Brienne de l'opinion que le roi avait de lui. — A quel titre il entre au conseil. — Renvoi de M. de Fourqueux. — M. Laurent de Villedeuil au contrôle général. — Colère de M. Necker. — Joie et propos de l'abbé de Vermont.—Protestations de M. de Brienne à la reine. — Juste dépit des maréchaux de Castries et de Ségur. — Ce que le roi leur dit. — M. Ségur chèz Marie-Antoinette. — La reine conduit Monsieur chez le roi pour le décider à bien recevoir M. de Brienne. — Scène véhémente chez Louis XVI. — L'archevêque de Toulouse est bien reçu du roi. — Espérance des notables. — Projet d'un conseil de finance permanent. — Lettre du roi aux notables. — Mauvais effet qu'elle produit. — Le comte de Provence a une explication avec M. de Brienne. — Conversation de la reine avec ce prince. — L'abbé de Vermont en jeu.

CHAPITRE X. 146
Débats entre les notables et le président du conseil des finances. — Sortie de l'évêque de Nevers. — Propos dur. — Citation non moins amère. — M. de Brienne perd son crédit.—Arrêté du bureau de Monsieur.—M. de Brienne décide le renvoi des notables. — Séance de clôture. — Discours du roi. — Du garde-des-sceaux. — Du comte de Provence. — Autres discours analysés. — Satisfaction de l'archevêque de Toulouse. — Les notables rendent leurs devoirs au roi et aux princes. — Déconsidération de M. de Brienne. — Noirceur des ennemis de la famille royale. — Le voleur de porcelaine. — Opinion fâcheuse qu'on avait de la reine. — Ce que M. de Senaux rapporte au comte de Provence — Il le détrompe de ces calomnies.

CHAPITRE XI. 160
M. d'Aligre ennemi de MM. de Brienne et de Lamoignon.— Disposition du parlement contre ces deux ministres. — Il enregistre les deux premiers édits. — Monsieur entraîne le parlement dans cette séance. — Composition de cette cour souveraine. — Comment était formé le conseil du roi. — On en écarte le comte de Provence. — Le duc de Nivernais. — M. de Malesherbes. — Usage observé entre le ministre et le parlement, avant de présenter les édits à l'enregistrement. — L'édit du timbre est présenté sans avoir été communiqué. — Quelques conseillers. — M.

d'Esprémesnil. — Séance des chambres du 22 juin 1787.
— Le comte de Provence avant d'y aller cause avec le
comte d'Artois. — Véhémence des avis. — Celui de M.
d'Esprémesnil. — Celui du comte d'Artois, qui déplaît. —
Celui de Monsieur l'emporte. — Séance du 6 juillet. —
MM. Pasquier et d'Esprémesnil proposent chacun un projet de remontrance. — Le comte d'Artois fait décider que
des deux on en fera un. — Remontrances au roi. — Propos du comte d'Artois, qui se justifie de son avis sur les
deux projets.

CHAPITRE XII 173
Les Polignac reviennent d'Angleterre. —Mauvaise humeur
de la reine envers Monsieur. — Conversation entre Marie-Antoinette, le comte de Provence et le comte d'Artois. — Le second se fâche. — La reine va à Trianon. —
Détails sur sa société. — Embarras de M. de Brienne. —
Réponse du roi à l'arrêt du parlement. — Séance du 9
juillet. — Opinion de Monsieur. —Sensation qu'elle produit. — Les voix partagées inégalement. — Réponse du
roi à la députation. — Causerie du comte de Provence
avec l'archevêque de Sens. — Il le traite mal. — Il fait
un éclat à Trianon. — Le roi l'approuve. — Séance du
16 juillet. — Avis de M. Huguet de Sémonville. — Étourderie du comte d'Artois. — Affaire des gardes.

CHAPITRE XIII 187
Suite de l'affaire des gardes. — Scène au palais. — Le
comte de Provence termine ce fâcheux débat. — Séance
du 24 juillet. — Remontrances. — Réponse du roi. —
Ce qu'il charge Monsieur de dire au parlement. — Le
prince s'en acquitte sans succès. — On demande la convocation des états-généraux. — On décide de nouvelles remontrances. — Aveu personnel du comte de Provence.—
Réponse sèche du roi. — Monsieur tente en vain de négocier la paix. — Le parlement rend un arrêt pour provoquer la convocation des états-généraux. — Effroi qu'il
cause à Versailles.—Mot du roi. — Séance du 4 août. —
Retrait des édits. — On attaque M. de Calonne. — Intrigues au château. — Chagrin de la reine. — Sa conversation avec M. de Bezenval. — Conseil privé du 4 août au
soir. — Lit de justice décidé. — Le parlement proteste
par avance. — Terreur panique à Versailles.

CHAPITRE XIV . . , ... 200
Lit de justice du 3 août. — Cérémonial. — Discours du roi. — De MM. de Lamoignon et Séguier. — Ce que fait le roi. — Joie maladroite du comte d'Artois. — Contenance de Monsieur. — La reine le fait appeler. — Conversation. — Quatrain épigrammatique — Fête à Trianon. — Conversation dramatique avec Marie-Antoinette. — Entretien plus sérieux. — Budget du duc de Coigny. — Interruption mystérieuse — Conversation vive. — La reine prête à s'évanouir. — Son désespoir. — Séance du 7 août. — Le lit de justice est déclaré illégal. — Séance du 10 employée contre M. de Calonne. — Séance du 13. — Discours du duc de Nivernais. — Réplique de M. d'Éprémesnil. — Colère du public. — Réformes dans la maison du roi. — Suite du budget du duc de Coigny. — Note historique.

CHAPITRE XV. 215
Le duc de Polignac. — Conseil privé tenu au sujet des parlemens. — Conversation importante avec le roi. — Qui apprend au comte de Provence les intrigues du duc d'Orléans pour obtenir le premier ministère. — Quelle opinion le roi avait de ce prince. — Exil des parlemens à Troyes. — Lettre de cachet. — Effet que cet acte produit dans Paris. — Scène à la procession du 3 août. — Le roi veut envoyer le comte de Provence à la cour des comptes. — Conversation en famille. — Monsieur refuse d'abord cette mission. — Discours de M. de Lamoignon. — Monsieur cède à la volonté du roi. — Comment il exécute sa mission. — Comment le comte d'Artois entreprend la sienne. — Fureurs du peuple. — Dangers que court ce prince. — Sa juste frayeur. — Arrêt du parlement à Troyes. — Propos impudent de M. de Brienne à la comtesse de B.

CHAPITRE XVI 231
M. de Brienne est nommé principal ministre. — Comment les maréchaux de Ségur et de Castries donnent leur démission. — Les autres ministres restent. — On retarde de faire connaître les successeurs des deux premiers. — M. de la Luzerne, ministre de la marine. — Le comte de Brienne, ministre de la guerre. — Monsieur apprend par le comte d'Artois qu'on négocie avec le parlement. — Arrêt que rend celui-ci. — Conditions réciproques du retour. — Lettre du roi. — Le premier président à Versailles. —

TABLE. 359

Son discours. — La réponse du roi. — Rentrée du parlement. — Paix momentanée. — Création d'un conseil de la guerre. — Comment on le compose, etc.

Chapitre XVII. 247
Scène séditieuse sur le Pont-Neuf. — Madame Lebrun.— M. de Brienne espère triompher du parlement. — Des intrigans le trompent. — Assemblée des chambres le 19 novembre 1787. — Le roi et ses deux frères vont à la séance. Détails. — Discours du roi. — Discours de M. de Lamoignon. — On ouvre les avis. — Aveu d'un déficit immense.— Discours de M. Robert de Saint-Vincent. — De l'abbé le Coigneux. — De d'Esprémesnil. — Effet qu'il produit sur le roi. — Dépit du garde-des-sceaux. — M. de Ferrand. — La séance devient un lit de justice, etc.

Chapitre XVIII. 260
Mot du roi au comte d'Artois. — Aspect de Paris. — Ce que Madame dit au comte de Provence. — La reine et ce prince. — La séance au parlement continue après le départ du roi et de ses frères. — Le duc d'Orléans rédige sa protestation. — Qui la lui souffle. — Exil du duc d'Orléans. — La famille royale en action. — Réponse du roi au parlement. — Autre réponse. — Mémoires et protestations des ducs et pairs pour la conservation de leurs droits. — Affaires politiques. — Nominations dans l'ordre de Saint-Lazare, etc.

Chapitre XIX 278
Mouvemens dans les divers parlemens de France. — On projette des arrestations parmi les magistrats. — Le duc de Breteuil trahit le secret. — Les conseillers d'Esprémesnil et de Montsabert se réfugient au palais.— Détails de la fameuse séance du 3 mai 1788. — Propos du roi.— Il refuse de recevoir la députation du parlement, etc.

Chapitre XX 293
Indignation du public. — Le comte de Provence se range du côté de la nation. — Et présente à ce sujet un mémoire au roi. — Louis XVI l'approuve. — L'abbé de Vermont conseille à la reine de faire arrêter Monsieur. — Séance unique de la cour plénière. — Exécution des grandes mesures contre la haute magistrature. — Résistance des provinces. — Mal que produit l'opiniâtreté du ministère. — Remontrances du clergé. — Réponse du roi, etc.

Chapitre XXI 308
Position des provinces et de Paris. — Le duc d'Orléans. — Lettre du comte de... sur le Dauphiné. — Propos de la reine. — Réponse de Monsieur. — Intrigue de l'archevêque de Sens contre M. de Breteuil. — Qui se décide à quitter le ministère. — Le roi en est fâché. — Lettre de la reine à ce ministre sur son départ. — Ce que dit Monsieur. — Arrêté de convocation des états-généraux pour le 1er mai 1789. — L'organisation des grands bailliages est suspendue. — Le comte de Provence se décide à agir contre M. de Brienne.

Chapitre XXII. 320
Réfutation des *Mémoires* du baron de Bezenval. — Documens écrits par M. de Brienne. — Récit sur le changement du ministère. — Démarche auprès de Necker pour l'y faire rentrer. — Conversation du comte de Provence avec la reine. — Mauvaise humeur de Marie-Antoinette. — Monsieur la décide à consentir au retour du Genevois.

Chapitre XXIII. 326
La cabale Polignac seconde Monsieur contre l'archevêque de Sens. — La reine annonce à l'abbé de Vermont qu'il doit prévenir le principal ministre de sa disgrâce — Celui-ci se retire. — Colère du comte d'Artois. — Réponse du roi. — M. Necker. — Division dans la famille royale. — La reine comble M. de Brienne de marques de faveur. — On achète la retraite de M. de Lamoignon. — M. de Barentin garde-des-sceaux. — Rétablissement des parlemens. — Convocation des notables destinés à résoudre les cas relatifs aux états-généraux. etc.

Chapitre XXIV. 341
Les bureaux refusent de donner suite à la protestation du prince de Conti. — Le bureau de ce prince propose l'impôt général. — Clôture de la seconde assemblée des notables. — Discours du roi. — Celui de Monsieur — Protestation des princes. — Le comte de Provence en cause avec la reine. — Déclaration des parlemens contre les opinions nouvelles, etc.

FIN DE LA TABLE DU TOME TROISIÈME.

www.ingramcontent.com/pod-product-compliance
Lightning Source LLC
Chambersburg PA
CBHW050750170426
43202CB00013B/2372